O ANTIGO REGIME
E A REVOLUÇÃO

O ANTIGO REGIME E A REVOLUÇÃO

Alexis de Tocqueville

Organizado por J.-P. Mayer

Tradução
ROSEMARY COSTHEK ABÍLIO

wmf **martinsfontes**

Título do original francês: L'ANCIEN RÉGIME ET LA RÉVOLUTION
Copyright © 2009, Editora WMF Martins Fontes Ltda.,
São Paulo, para a presente edição.

1ª edição *2009*
2ª edição *2016*
2ª tiragem *2017*

Tradução
ROSEMARY COSTHEK ABILIO

Acompanhamento editorial
Luciana Veit
Preparação do original
Helena Guimarães Bittencourt
Revisões gráficas
Letícia Braun Castelo Branco
Adriana Bairrada
Produção gráfica
Geraldo Alves
Paginação
Studio 3 Desenvolvimento Editorial

Dados Internacionais de Catalogação na Publicação (CIP)
(Câmara Brasileira do Livro, SP, Brasil)

Tocqueville, Alexis de, 1805-1859.
  O Antigo Regime e a Revolução / Alexis de Tocqueville ; organizado por J.-P. Mayer ; tradução Rosemary Costhek Abílio. – 2ª ed. – São Paulo : Editora WMF Martins Fontes, 2016.

Título original: L'Ancien régime et la Révolution.
Bibliografia.
ISBN 978-85-469-0020-6

1. França – História – Revolução, 1789-1799 – Causas I. Mayer, J.-P.. II. Título.

16-00058   CDD-944.04

Índices para catálogo sistemático:
1. Revolução Francesa : Causas : História   944.04

Todos os direitos desta edição reservados à
Editora WMF Martins Fontes Ltda.
Rua Prof. Laerte Ramos de Carvalho, 133 01325-030 São Paulo SP Brasil
Tel. (11) 3293-8150 Fax (11) 3101-1042
e-mail: info@wmfmartinsfontes.com.br http://www.wmfmartinsfontes.com.br

ÍNDICE

Introdução de J.-P. Mayer XI
Prefácio XLI

LIVRO I

CAPÍTULO 1. Pareceres contraditórios que são formulados sobre a Revolução em seu nascimento . 3
CAPÍTULO 2. Que o objetivo fundamental e final da Revolução não era, como se acreditou, abolir o poder religioso e debilitar o poder político 8
CAPÍTULO 3. Como a Revolução Francesa foi uma revolução política que procedeu à maneira das revoluções religiosas e por quê 13
CAPÍTULO 4. Como quase toda a Europa tivera precisamente as mesmas instituições e como em toda parte essas instituições estavam caindo em ruínas. 18
CAPÍTULO 5. Qual foi a obra específica da Revolução Francesa 23

LIVRO II

CAPÍTULO 1. Por que na França os direitos feudais haviam se tornado mais odiosos para o povo do que em todos os outros lugares 29

CAPÍTULO 2. Que a centralização administrativa é uma instituição do Antigo Regime e não uma obra da Revolução nem do Império, como se diz.. 40
CAPÍTULO 3. Como o que hoje se denomina tutela administrativa é uma instituição do Antigo Regime 50
CAPÍTULO 4. Que a justiça administrativa e a proteção aos funcionários são instituições do Antigo Regime.. 61
CAPÍTULO 5. Como a centralização pudera introduzir-se assim no meio dos antigos poderes e suplantá-los sem destruí-los 66
CAPÍTULO 6. Dos costumes administrativos sob o Antigo Regime... 70
CAPÍTULO 7. Como, de todos os países da Europa, a França já era aquele cuja capital adquirira mais preponderância sobre as províncias e mais absorvia todo o império 81
CAPÍTULO 8. Que a França era o país onde os homens haviam se tornado mais semelhantes entre si.. 87
CAPÍTULO 9. Como esses homens tão semelhantes estavam mais separados do que nunca em pequenos grupos mutuamente estranhos e indiferentes 92
CAPÍTULO 10. Como a eliminação da liberdade política e a separação de classes causaram quase todas as doenças de que o Antigo Regime morreu 108
CAPÍTULO 11. Da espécie de liberdade que existia sob o Antigo Regime e de sua influência sobre a Revolução.. 119
CAPÍTULO 12. Como, apesar dos avanços da civilização, às vezes a situação do camponês francês era pior no século XVIII do que havia sido no século XIII.. 132

LIVRO III

CAPÍTULO 1. Como, em meados do século XVIII, os literatos tornaram-se os principais homens políticos do país, e dos efeitos que disso resultaram 153
CAPÍTULO 2. Como a irreligiosidade pôde tornar-se uma paixão geral e dominante entre os franceses do século XVIII e que espécie de influência isso teve sobre o caráter da Revolução 165
CAPÍTULO 3. Como os franceses quiseram reformas antes de querer liberdades 175
CAPÍTULO 4. Que o reinado de Luís XVI foi a época mais próspera da antiga monarquia e como essa mesma prosperidade apressou a Revolução 187
CAPÍTULO 5. Como, tentando ajudar o povo, amotinaram-no 198
CAPÍTULO 6. De algumas práticas por meio das quais o governo completou a educação revolucionária do povo 206
CAPÍTULO 7. Como uma grande revolução administrativa precedera a revolução política e das consequências que isso teve 212
CAPÍTULO 8. Como a Revolução surgiu naturalmente do que a precede 223

APÊNDICE. Dos *pays d'états* e particularmente de Languedoc 233

Notas.. 247
Bibliografia sumária 281

NOTA PRELIMINAR

Este livro apresenta o texto integral da obra de Tocqueville; porém, entre as notas que ele acrescentara no final do volume, não mantivemos as de cunho excessivamente técnico ou especializado.

Londres, janeiro de 1964
J.-P. Mayer

INTRODUÇÃO

Materiais para uma história da influência de O Antigo Regime

Em 26 de dezembro de 1850, Tocqueville escreveu de Sorrento para seu amigo Gustave de Beaumont: *"Faz muito tempo, como você sabe, que venho cogitando em encetar um novo livro. Pensei cem vezes que, se devo deixar algumas marcas de mim neste mundo, será bem mais pelo que terei escrito do que pelo que terei feito. Além disso, sinto-me mais em condições de escrever um livro hoje do que há quinze anos. Assim, enquanto percorria as montanhas de Sorrento, pus-me a buscar um tema.* Precisava que fosse contemporâneo e que me possibilitasse mesclar os fatos com as ideias, a filosofia da História com a própria História [grifo nosso]. *São essas, para mim, as condições do problema. Frequentemente havia pensado no Império, esse ato singular do drama ainda sem desfecho que chamamos de Revolução Francesa. Mas sempre fui desencorajado pela visão de obstáculos intransponíveis e sobretudo pela ideia de como seria se eu quisesse reescrever livros célebres já escritos. Mas agora o tema me surgiu sob uma forma nova que me pareceu torná-lo mais abordável. Pensei que não devia empreender a história do Império e sim tentar mostrar e explicar a causa, o caráter, o alcance dos grandes eventos que formavam os elos principais do encadeamento desse período. Então a narração dos fatos já não seria o objetivo do livro. Os fatos, de certa forma, seriam apenas a base sólida e contínua em que se apoiariam todas as ideias que tenho na cabeça, não apenas sobre essa época mas sobre a que a precedeu e seguiu, sobre seu caráter, sobre o homem extraordinário que a realizou, sobre a direção que deu ao movimento da Revolução Francesa, à sorte da nação e ao destino de toda a Europa. Assim seria possível fazer um livro bem curto, um volume ou talvez dois, que teria interesse e poderia ter grandeza. Minha mente trabalhou nesse novo quadro e encontrou, animando-se um pouco, muitas ideias diversas que de início não lhe haviam causado impressão. Tudo isso ainda é apenas uma nuvem que flutua diante de minha imaginação. O que você acha da ideia-mãe?"*[1]

Uma outra carta de Tocqueville, endereçada ao conde Louis de Kergorlay e datada de 15 de dezembro de 1850, também de Sorrento, revela a intenção do autor ainda melhor do que as linhas acima citadas. *"Já há muito tempo"*, lemos nessa carta, *"sou tomado, poderia dizer perturbado, pela ideia de intentar novamente uma grande obra. Parece-me que meu verdadeiro valor está sobretudo nesses trabalhos do espírito; que valho mais no pensamento que na ação; e que, se jamais restar algo de mim neste mundo, será muito mais a marca do que escrevi do que a lembrança do que terei feito. Os últimos dez anos, que em muitos aspectos foram bastante estéreis para mim, deram-me entretanto luzes mais certas sobre as coisas humanas e um senso mais prático dos detalhes, sem fazer-me perder o hábito que minha inteligência adquirira de olhar por massas os assuntos dos homens. Portanto me considero mais capacitado do que estava quando escrevi* A Democracia *para tratar bem um grande tema de literatura política. Mas qual tema escolher? Mais de metade das possibilidades de êxito está nisso, não só porque é preciso en-*

---

[1]. Ver: Tocqueville, *Oeuvres complètes*, dir. de J.-P. Mayer, Paris, 1967, VIII, 2, pp. 343 ss.

contrar um assunto que interesse ao público, mas sobretudo porque é preciso encontrar um que anime a mim mesmo e extraia de mim tudo o que posso dar. Sou no mundo o homem menos capaz de trabalhar com algum proveito à contracorrente de meu espírito e de meu gosto; e caio bem abaixo do medíocre no momento em que não sinto um prazer apaixonado no que faço. Por isso há alguns anos venho procurando frequentemente (pelo menos sempre que um pouco de tranquilidade me permitia olhar ao redor e ver outra coisa e mais longe do que a pequena peleja na qual estava engajado), venho procurando, dizia eu, qual assunto poderia escolher; e nunca enxerguei algum que me agradasse completamente, ou melhor, que me empolgasse. Enquanto isso, eis que a juventude passou, e o tempo, que caminha, ou mais precisamente, que corre no declive da idade madura; os limites da vida mostram-se mais claramente e mais de perto, e o campo de ação estreita-se. Todas essas reflexões, poderia dizer todas essas agitações mentais, levaram-me naturalmente, na solidão em que vivo, a buscar com mais seriedade e mais profundamente a ideia-mãe de um livro; e senti vontade de comunicar-te o que imaginei e pedir tua opinião. Só posso pensar em um assunto contemporâneo. No fundo, as coisas de nosso tempo são as únicas que interessam ao público e que interessam a mim mesmo. A grandeza e a singularidade do espetáculo que o mundo de nossos dias apresenta absorvem demais a atenção para que se possa atribuir muito valor a essas curiosidades históricas que contentam as sociedades ociosas e eruditas. Mas qual assunto contemporâneo escolher? O que teria mais originalidade e conviria melhor à natureza e aos hábitos de minha inteligência seria um conjunto de reflexões e observações sobre a época atual, um livre julgamento sobre nossas sociedades modernas e a previsão de seu futuro provável. Mas, quando chego a buscar o nó central de um tema como esse, o ponto em que todas as ideias que ele gera se encon-

tram e se unem, não o acho. Vejo partes de uma obra assim, não enxergo o todo; tenho os fios, mas falta-me a trama para fazer a tela. Preciso encontrar em algum lugar, para minhas ideias, a base sólida e contínua dos fatos. E isso só posso encontrar escrevendo a História, apegando-me a uma época cuja narrativa me sirva de oportunidade para pintar os homens e as coisas de nosso século e me permita fazer de todas essas tintas isoladas um quadro. Apenas o longo drama da Revolução Francesa pode fornecer-me essa época. Desde muito tempo tenho a ideia, que já te contei, creio, de escolher nessa grande extensão de tempo que vai de 1789 até nossos dias, e que continuo a chamar de Revolução Francesa, os dez anos do Império, o nascimento, o desenvolvimento, a decadência e a queda desse prodigioso empreendimento. Quanto mais reflito, mais acredito que a época a pintar estaria bem escolhida. Ela em si é não apenas grande mas singular, única mesmo; e entretanto até agora, pelo menos em minha opinião, foi reproduzida com cores errôneas ou vulgares. Além disso, lança uma viva luz sobre a época que a precedeu e sobre a que a sucede. Seguramente é um dos atos da Revolução Francesa que mais ajudam a julgar a peça toda e mais permitem dizer sobre seu conjunto tudo o que se pode ter a dizer. Minha dúvida recai bem menos na escolha do assunto do que no modo de tratá-lo. Minha ideia havia sido refazer à minha maneira o livro de Thiers; escrever inclusive sobre a atuação do Império, evitando apenas alongar-me na parte militar, que Thiers, ao contrário, reproduziu com tanta complacência e talento. Mas, refletindo, vieram-me grandes dúvidas quanto a tratar o assunto desse modo. Planejada assim, a obra seria um empreendimento de longuíssimo fôlego. Além disso, o mérito principal do historiador é saber fazer bem o tecido dos fatos e ignoro se essa arte está a meu alcance. O que até agora consegui melhor foi julgar os fatos mais do que narrá-los; e nessa história propriamente dita, essa faculdade que reconheço em mim só teria de exercer-se de longe em longe e de modo secundário, a não ser que eu saísse do gênero e sobrecarregasse a narrativa. Por fim, há uma certa afetação em retomar o caminho que Thiers acaba de seguir. O público raramente agradece essas tentativas; e, quando dois escritores tomam o mesmo assunto, é naturalmente levado a crer que o segundo nada mais tem a ensinar-lhe. Eis aí minhas dúvidas; exponho-as para que me dês tua opinião.

"*A essa primeira forma de ver o tema sucedeu-se em minha mente uma outra que é a seguinte: não se trataria mais de uma obra longa, e sim de um livro bastante curto, talvez um volume. Eu já não escreveria propriamente a história do Império, mas um conjunto de reflexões e pareceres sobre essa história. Indicaria os fatos, sem dúvida, e seguiria seu fio; mas minha ocupação principal não seria narrá-los. Teria, sobretudo, de explicar os principais, de mostrar as causas diversas que nasceram deles; como o Império surgiu; como pôde estabelecer-se em plena sociedade criada pela Revolução; de quais meios se serviu; qual era a verdadeira natureza do homem que o fundou; o que causou seu sucesso, o que causou seus reveses; a influência passageira e a influência duradoura que exerceu sobre os destinos do mundo e em particular sobre os da França. Parece-me que nisso está a matéria de um grande livro.* Mas as dificuldades são imensas. Uma das que mais perturbam meu espírito vem da mistura de História propriamente dita com a filosofia histórica [grifo nosso]. *Ainda não vejo como mesclar as duas coisas (e no entanto é preciso que o sejam, pois se poderia dizer que a primeira é a tela e a segunda é a cor, e que é preciso ter simultaneamente as duas para fazer o quadro). Receio que uma prejudique a outra e que me falte a arte infinita que seria necessária para escolher bem os fatos que devem, por assim dizer, sustentar as ideias; contar sobre eles o bastante para que o leitor seja conduzido naturalmente de uma reflexão a outra pelo interesse da narrativa, e não contar demasiado, para que o caráter da obra permaneça visível. O modelo inimitável desse gênero é o livro de Montesquieu sobre a grandeza e a decadência dos romanos. Nele, por assim dizer, passamos através da história romana sem nos determos; entretanto vemos dessa história o bastante para desejarmos as explicações do autor e para compreendê-las. Mas, independentemente de modelos tão grandes estarem sempre muito acima de todas as cópias, Montesquieu encontrou em seu livro facilidades que não teria nesse de que falo. Ocupando-se de uma época muito extensa e muito distante, ele podia escolher apenas de longe em longe os fatos maiores e dizer a respeito desses fatos apenas coisas muito gerais. Se tivesse precisado restringir-se a um espaço de dez anos e procurar seu caminho através de uma infinidade de fatos detalhados e precisos, seguramente a dificuldade da obra teria sido muito maior.*

"Procurei com tudo isso acima fazer-te compreender bem o estado de meu espírito. Todas as ideias que acabo de expor fizeram-no trabalhar muito; mas ele ainda se agita em meio às trevas, ou pelo menos só entrevê meias-luzes que apenas lhe permitem perceber a grandeza do assunto, sem torná-lo capaz de reconhecer o que existe nesse vasto espaço. Gostaria muito que me ajudasses a ver mais claro. Tenho o orgulho de acreditar que possuo mais condições que ninguém de colocar em um tema como esse uma grande liberdade de espírito e de falar sem paixão e sem reticência sobre os homens e as coisas. Pois, quanto aos homens, embora tenham vivido em nossa época, tenho certeza de não sentir por eles nem amor nem ódio; e, quanto às formas das coisas que denominamos constituições, leis, dinastias, classes, a meus olhos elas não têm propriamente, não direi valor, mas existência, independentemente dos efeitos que produzem. Não tenho tradições, não tenho partido, não tenho causa, a não ser a da liberdade e

INTRODUÇÃO XVII

da dignidade humana; disso estou seguro; e, para um trabalho assim, uma disposição e uma índole dessa espécie são tão úteis quanto costumam ser prejudiciais quando já não se trata de falar sobre os assuntos humanos e sim de tomar parte neles..."

Ninguém poderia definir o objetivo e o método de *O Antigo Regime* mais claramente do que o próprio autor. Talvez seja preciso salientar que Tocqueville menciona nessas duas cartas a dificuldade que mais o perturba: a *"mistura de História propriamente dita com a filosofia histórica"*. De fato, o que dá a seu livro um caráter único é essa *"mistura"*. Todas as histórias da Revolução, escritas antes ou depois de Tocqueville, são datadas, marcadas pelas épocas que as geraram; mas a obra de Tocqueville permanecerá sempre atual e nova, porque se trata de um livro de sociologia histórica comparada. Nem a *Scienza Nuova* de Vico, nem o *Espírito das leis* de Montesquieu, nem as *Reflexões sobre a história universal* de Burckhardt envelheceram, ainda que nossos métodos históricos ou sociológicos tenham se tornado mais especializados. Sem a menor dúvida é preciso colocar *O Antigo Regime* nessa ordem de livros clássicos.

Em junho de 1856, após cinco anos de profundas pesquisas, *O Antigo Regime* foi publicado. Quase simultaneamente a obra apareceu também na Inglaterra, traduzida pelo amigo de Tocqueville, Henry Reeve, que já traduzira *A democracia na América*; sua prima, lady Duff Gordon, ajudou-o na tradução. *"Ela faz esse trabalho com perfeição"*, escreveu Reeve a Tocqueville. Na mesma carta de 27 de abril de 1856, Reeve diz ao amigo: *"Quanto mais me adianto nos capítulos que já recebi de seu livro, mais eles me conquistam e me encantam. Tudo é cinzelado como uma obra de arte, e descubro neles a marca e a fidelidade da escultura grega."* Reeve era o primeiro leitor da obra de Tocqueville. Ele compara *O Antigo Regime* na obra de Tocqueville com o lugar que o *Espírito das leis* assume nos trabalhos de Montesquieu. (Carta de Reeve a Tocqueville, de 20 de maio de 1856.)

Entre 1856 e 1859 – ano da morte prematura de Tocqueville – a obra chegou a quatro edições na França: duas em 1856, uma em 1857 e a última, que constitui a base da presente edição, em 1859, mas publicada em dezembro de 1858. É a quarta edição; em 1860 saiu uma outra, chamada também de quarta edição. Uma nova edição, erroneamente denominada sétima, foi publicada em 1866 por Gustave de Beaumont, como tomo IV de sua edição das *Oeuvres complètes*. Consegui encontrar as seguintes edições posteriores a 1866: 1878, 1887, 1900, 1902, 1906, 1911, 1919, 1924, 1928, 1934 – o que dá um total de 16 edições na França, representando 25 mil exemplares[2]. Na Inglaterra, a segunda edição Reeve veio a público em 1873, com mais sete capítulos extraídos do volume VIII das *Oeuvres complètes* (ed. Beaumont); a terceira edição Reeve saiu em 1888. Em 1904, The Clarendon Press, Oxford, publicou uma edição francesa de *O Antigo Regime* com introdução e notas de G. W. Headlam; essa edição foi reimpressa em 1916, 1921, 1923, 1925, 1933 e 1949. Além disso, a livraria Basil Blackwell publicou em 1933 uma nova tradução inglesa de *O Antigo Regime*, aos cuidados de M. W. Patterson, infelizmente sem as notas importantes que Tocqueville acrescentara à sua obra; essa edição foi reimpressa em 1947 e 1949. Como se vê, há até agora 13 edições de *O Antigo Regime* na Inglaterra. O livro tornou-se parte integrante da civilização britânica. Não é difícil explicar esse fato. No início do século XX as autoridades da Universidade de Oxford instituíram *O Antigo Regime* como *textbook*, manual básico para todos os estudantes de História e de Ciências Sociais. Na América a obra de Tocqueville também foi publicada em 1856, com o título *The Old*

---

2. Somos profundamente gratos às Éditions Calmann-Lévy pela gentileza de nos fornecer essa informação.

Regime and the Revolution, traduzida por John Bonner; os editores eram Harper and Brothers. Uma tradução alemã, por Arnold Boscowitz, intitulada *Das alte Staatswesen und die Revolution,* veio a público em 1856; o editor era Hermann Mendelsohn, Leipzig.

Facilmente se poderia escrever um livro sobre a penetração das ideias de *O Antigo Regime* entre os leitores contemporâneos. Indicaremos apenas algumas filiações. Charles de Rémusat, no artigo já citado sobre a obra de seu amigo, escreveu: *"É preciso lembrar a ideia fundamental de sua primeira obra. Há mais de vinte anos que, aplicando essa ideia à Europa, ele encerrava seu livro sobre a América com a conclusão cujos termos são os seguintes: 'Parecem-me bem cegos os que pensam reencontrar a monarquia de Henrique IV ou de Luís XIV. Quanto a mim, quando considero o estado a que já chegaram várias nações europeias e o estado para o qual todas as outras tendem, sinto-me levado a crer que entre elas em breve só haverá lugar para a liberdade democrática[3] ou para a tirania dos césares.' Dessa ideia, concebida há muito tempo, ele pôde desde então estudar nas coisas a força e a fragilidade, restringir a generalidade, limitar a aplicação ou constatar a exatidão; mas a democracia não cessou de parecer-lhe o fato dominante do mundo contemporâneo, o perigo ou a esperança, a grandeza ou a pequenez das sociedades atuais em um futuro próximo. No prefácio de seu novo livro, resumiu de forma viva e marcante as características dessas sociedades quando o princípio democrático começou a apossar-se delas. O quadro é traçado com mão firme e segura, que nada exagera, nada negligencia, que sabe unir a precisão do desenho à autentici-*

---

3. Rémusat acrescenta em uma nota: *"Não se deve julgar que por essa expressão o autor entendesse exclusivamente a liberdade sob a forma republicana. No mesmo capítulo ele diz formalmente que, para outros lugares que não a América, acredita na possibilidade de uma aliança entre a monarquia, a democracia e a liberdade."*

dade do colorido. Vê-se bem que o pintor, juntamente com o talento, conservou seu ponto de vista. Não mudou de sistema, de maneira ou de ideias. Nem uma experiência de vinte anos nem quatro anos de estudos e reflexões dedicados à obra alteraram suas convicções. Graças lhe sejam dadas por isso, ele ainda acredita no que pensa." Acrescentemos a essas linhas o testemunho de outro amigo de Tocqueville, Jean-Jacques Ampère: *"Hoje Tocqueville, depois de viver nas Câmaras e passar pelo poder, confirmar suas teorias pela experiência e dar a seus princípios a autoridade de seu caráter, empregou o tempo livre que as circunstâncias atuais lhe proporcionam em meditar sobre um fato mais amplo que a democracia americana: a Revolução Francesa. Ele quis explicar esse grande fato, pois a necessidade de seu espírito é procurar nas coisas a razão das coisas. Seu objetivo foi descobrir pela História como a Revolução Francesa havia nascido do Antigo Regime. Para consegui-lo, tentou – o que praticamente não se pensara antes dele – reencontrar e reconstruir o verdadeiro estado da antiga sociedade francesa. Foi uma obra de autêntica erudição alimentada nas fontes, apoiada em arquivos manuscritos de várias províncias; atestam-no notas muito interessantes, colocadas no final do volume. Esse trabalho, por si só, teria sido muito importante e muito instrutivo; mas, na mente desse que teve a coragem de empreendê-lo e persegui-lo, era apenas um meio de chegar à interpretação histórica da Revolução Francesa, de compreender essa Revolução e torná-la compreendida..."*

Da resenha muito detalhada de Ampère extraímos apenas estas linhas: *"Somos tomados de espanto ao ver no livro de Tocqueville a que ponto quase tudo o que consideramos como resultados – ou, segundo se diz, conquistas da Revolução – existia no Antigo Regime: centralização administrativa, tutela administrativa, costumes administrativos, proteção do funcionário contra o cidadão, multiplicidade de cargos e amor por eles, conscrição mesmo,*

INTRODUÇÃO XXI

preponderância de Paris, extrema divisão da propriedade, tudo isso é anterior a 1789. Portanto, nenhuma vida local verdadeira; a nobreza tem apenas títulos e privilégios, já não exerce a menor influência em torno de si, tudo é feito pelo conselho do rei, pelo intendente ou pelo subdelegado; nós diríamos o conselho de Estado, o administrador do departamento e o administrador do distrito. Uma comuna não leva menos de um ano para obter do poder central permissão para reconstruir seu presbitério ou reerguer o campanário. Isso praticamente não foi superado desde então. Se o senhor já nada pode, a municipalidade, exceto nos pays d'états[4] – *pouco numerosos, como se sabe, e aos quais o livro de Tocqueville dedica um excelente apêndice –, a municipalidade não pode mais que ele. Em toda parte a verdadeira representação municipal desapareceu, desde quando Luís XIV colocou as municipalidades* em ofício, *ou seja, vendeu-as: grande revolução realizada sem intuito político mas apenas para conseguir dinheiro, o que, diz com razão Tocqueville, merece todo o desprezo da História. A heroica comuna da Idade Média, que, transportada para a América, tornou-se a* township *dos Estados Unidos, autoadministrando-se e autogovernando-se, na França não administrava nem governava coisa alguma. O funcionário podia tudo e, para tornar-lhe mais cômodo o despotismo, o Estado protegia-o cuidadosamente contra o poder daqueles que havia lesado. Lendo essas coisas, perguntamo-nos o que a Revolução mudou e por que foi feita. Mas outros capítulos explicam muito bem por que foi feita e como desandou assim..."*

Sobre o estilo da obra de Tocqueville, o eminente historiador da literatura comparada declara: *"Mal ouso avaliar em uma obra tão séria as qualidades puramente literárias; entretanto não posso deixar de dizer que o estilo do escritor cresceu ainda mais. Esse estilo está ao mesmo tem-*

---

4. Ver a nota 1 do Livro I, cap. 2, p. 11. (N. da T.)

po mais amplo e mais flexível. Em Tocqueville a gravidade não exclui a sutileza e, ao lado das mais elevadas considerações, o leitor depara com uma anedota que retrata ou uma tirada mordaz que pela ironia alivia a indignação. Um fogo interior corre através dessas páginas de uma razão tão nova e tão sábia: a paixão de uma alma generosa anima-as sempre; ouve-se como que um tom de honestidade sem ilusão e de sinceridade sem violência que honra o homem no autor e inspira ao mesmo tempo simpatia e veneração" (J.-J. Ampère, *op. cit.*).

Mesmo na correspondência privada da época encontra-se o eco da obra de Tocqueville. Assim, Cuvillier-Fleury escreve ao duque de Aumale: "*Leu* O Antigo Regime, *de Tocqueville? Livro escrito com um grande discernimento, em minha opinião, uma erudição superior e um verdadeiro talento (à Montesquieu) em algumas partes; um pouco vago porém em suas conclusões, esse livro parece indicar uma falta de simpatia verdadeira pela Revolução Francesa, apesar de repleto da mais significativa aversão pela tirania. De qualquer forma, a conclusão a extrair da obra, independentemente mesmo das opiniões do autor, é que a Revolução Francesa era provocada pelas causas mais legítimas, que o temperamento das classes superiores a tornava inevitável e o do povo, irreprimível, e que este a fez com tanto de cólera quanto de razões. Quanto a mim, isso me basta. Literariamente, o erro do livro é apresentar como revelações e em um tom de iniciador verdades quase todas conhecidas e demonstradas já há muito tempo, algumas principalmente no primeiro e notável volume da* Histoire des causes de la Révolution française, *de Granier de Cassagnac...*" O duque de Aumale respondeu: "*... gostaria de falar-lhe do livro do sr. de Tocqueville, que acabo de ler neste momento. Li-o com o mais vivo interesse e dou-lhe a maior importância, embora não compartilhe todas as opiniões do autor e não considere novo tudo o que apresenta como tal. Eis como resumo as impressões que essa leitura me deixa:*

INTRODUÇÃO XXIII

"*Tocqueville mostra bem que a Revolução era necessária, legítima, apesar de seus excessos; que apenas ela podia suprimir os abusos, libertar o povo, os camponeses, como diz o autor. Absolve a Revolução de haver criado uma centralização exagerada e muitos instrumentos de tirania: tudo isso existia antes dela; absolve-a de haver eliminado os contrapesos que podiam deter a anarquia ou a tirania: haviam desaparecido antes dela. Mas acusa-a, não sem uma certa plausibilidade, de até agora não ter sabido criar nenhum desses contrapesos cujo lugar, pelo menos, ainda estava marcado sob a antiga monarquia. Acusa-a de haver retomado toda a máquina governamental do Antigo Regime e constituído uma situação tal que ao cabo de sessenta anos fomos reconduzidos, pela segunda vez e Deus sabe por quanto tempo, a uma tirania mais lógica, mais uniforme, porém seguramente mais completa que a antiga.*

"*O defeito do livro está em não concluir; em ser um pouco desesperançado, não destacar suficientemente o bem, não indicar o remédio para o mal. É bom dizer a verdade ao povo, mas não em um tom desencorajador; sobretudo não se deve dar a impressão de estar dizendo a uma grande nação que ela é indigna da liberdade: isso alegra demais os opressores, os servis e os egoístas.*

"*Com tudo isso, é um belo livro, que admiro e que merece ser elogiado, creio eu, tanto pelo fundo como pela forma. Pois, como dizeis, respira-se nele um horror sincero pela tirania, e é aí que está o inimigo. O Antigo Regime morreu e não volta mais; porém não é possível crer que sobre suas ruínas só se possa reconstruir o despotismo ou a anarquia: esses são os bastardos da Revolução; apenas a liberdade é sua filha legítima e, com a ajuda de Deus, um dia expulsará os intrusos*" (*Correspondance du duc d'Aumale et de Cuvillier-Fleury*, 4 vols., Paris, 1910-1914, vol. II, pp. 333 ss.).

Visto que *O Antigo Regime* é também um livro inglês, precisamos dizer uma palavra sobre a acolhida que recebeu na Inglaterra. Já falamos de Henry Reeve; como diretor da revista inglesa mais importante da época, *The Edinburgh Review*, e na qualidade de redator-chefe do *Times*, sua opinião entusiástica sobre o livro tinha grande peso. Seu amigo G. W. Greg publicou uma resenha em dois artigos nesse grande jornal que, como hoje, dava o tom para a opinião pública. Vamos citar algumas linhas desses artigos: *"Raramente é prudente aventurar uma previsão, pois as circunstâncias podem não tornar inevitável o acontecimento. Mas neste caso podemos dizer com confiança que a glória do sr. de Tocqueville continuará crescente e que a posteridade alargará a avaliação de seus contemporâneos..."* Greg apresenta então uma longa análise do livro; ela seria reeditada um dia em uma coleção de estudos sobre Alexis de Tocqueville. Quase no final desse estudo minucioso, Greg escreve: *"Acreditamos ter indicado a nossos leitores que o sr. de Tocqueville escreveu um livro de grande importância, um livro quase totalmente cheio de fatos desconhecidos que levam a visões da História que realmente constituem descobertas, e descobertas de valor permanente. Entretanto esse livro é apenas uma parte de uma obra que ele nos promete e que apresentará a aplicação de todas suas investigações, pois, se entendemos bem, o volume atual e os anteriores sobre a América são apenas partes isoladas do mesmo trabalho – o trabalho literário de sua vida – para estimar as perspectivas da sociedade na etapa atual de seu desenvolvimento."*

Seu amigo sir George Cornewall Lewis, chanceler das Finanças e notável erudito, agradece a Tocqueville o envio de um exemplar de *O Antigo Regime* e escreve-lhe em uma carta de 30 de julho de 1856: *"Dos livros que já li, foi o único que satisfez meu espírito, porque dá uma visão totalmente verídica e racional das causas e do caráter da Revolução Francesa..."*[5] Neste ponto vamos deixar de lado

---

5. Há uma biografia de sir George Cornewall Lewis em: G. Cornewall Lewis, *Histoire gouvernementale de l'Angleterre depuis 1770 jusqu'à 1830*, Paris, 1867.

os exemplos que ainda poderíamos dar sobre a acolhida que a obra de Tocqueville recebeu na Inglaterra.

Eis agora alguns testemunhos da influência que *O Antigo Regime* exerceu sobre as gerações posteriores. (Em seu notável livrinho *Histoire d'une Histoire esquissée pour le troisième Cinquantenaire de la Révolution française,* Paris, 1939, p. 24, Daniel Halévy escreve: *"Entretanto é preciso mencionar um grande livro, que é de Tocqueville... Em 1856 Tocqueville publica* O Antigo Regime e a Revolução; *a obra exercerá uma longa influência, mas não vamos falar dela agora."* Ora, é justamente dessa influência que eu gostaria de falar.)

Já indicamos em nossa bibliografia anotada para *La Démocratie en Amérique* (I, 2, p. 389)* que a educação política da geração que fez a Constituição de 1875 estava profundamente impregnada das obras de Tocqueville, Broglie e Prévost-Paradol. O livro do duque de Broglie, *Vues sur le Gouvernement de la France* (Paris, 1870), reconstitui a atmosfera do Antigo Regime, como muitas referências mostram[6].

A influência de Tocqueville sobre Taine foi considerável. Quem estudar *Les Origines de la France contemporaine* encontrará numerosas citações referentes à obra de Tocqueville (ver, por exemplo, *O Antigo Regime*, de Taine, 3ª ed., Paris, 1876, p. 99). Nesse livro Taine escreve: *"Pois não foi a Revolução, foi a monarquia que implantou a centralização na França."* Taine acrescenta então a seu texto a seguinte nota: *"De Tocqueville, livro II. Essa verdade capital foi estabelecida por Tocqueville com uma perspicácia superior."* Ver também a condensação das notas preparatórias para *Les Origines de la France contemporaine,* apêndice da obra *H. Taine, Sa vie et sa correspondance* (tomo III, Paris, 1905), que contém referências à

---

* Oeuvres Complètes (I, 2), Paris, Gallimard, 1951. (Nota da Edição)

6. Essa obra, da qual em 1861 imprimiu-se um pequeno número de exemplares, foi apreendida pela polícia imperial.

obra de Tocqueville (cf. pp. 300 e 319). Sem a menor dúvida a influência da obra de Tocqueville sobre Taine mereceria um estudo aprofundado. A análise perspicaz de Victor Giraud, *Essai sur Taine. Son oeuvre et son influence* (Paris, 1932), dá apenas um esboço do problema. Giraud escreve: "*... seguramente seriam necessárias longas páginas para destrinçar com a exatidão e a precisão desejáveis todas as informações, indicações fecundas, visões globais e detalhadas que ele* [Taine] *pode ter buscado na obra de Tocqueville. Este... pretendera tratar justamente todo o assunto que Taine ia abordar. Mas só pudera concluir, em* O Antigo Regime e a Revolução, *a primeira parte dessa grande obra; da sequência, que prometia ser tão notável, temos apenas 'Notas', fragmentos, capítulos meio rascunhados, rápidos e poderosos esboços de uma mente que em plena força a morte ceifou. Taine veio utilizar os materiais esparsos, reconstruir recomeçando do princípio e sobre bases mais amplas o edifício inacabado; substituiu as linhas severas, a majestade um tanto nua do monumento primitivo pelos ricos esplendores de seu estilo; mas conservou várias partes importantes e até mesmo o plano geral. A ideia-mestra das* Origines, *de que a Revolução tem em toda nossa história anterior as mais profundas raízes, era também a do livro de Tocqueville; e eu quase ousaria afirmar que as tendências 'descentralizadoras' de Taine lhe vêm em grande parte de seu perspicaz e ousado predecessor*". Como acabo de dizer, um estudo sobre Tocqueville e Taine ainda está por ser feito. A diferença entre os dois pensadores talvez se explique pela formação intelectual de cada um deles. Tocqueville abordava os problemas sociológicos em primeiro lugar pela experiência prática e por um estudo profundo da história administrativa e do direito, ao passo que Taine era formado sobretudo pela literatura, pela filosofia e pela arte. Seja-me permitido inserir aqui uma passagem que revela a filosofia política de Taine, passagem extraída de sua corres-

INTRODUÇÃO XXVII

pondência (*op. cit.*, tomo II, Paris, 1904, pp. 263 ss.): *"Tenho sim um ideal em política e em religião"*, escrevia Taine em outubro de 1862, *"mas sei que ele é impossível na França; é por isso que só posso ter uma vida especulativa e não prática. O protestantismo livre, como na Alemanha sob Schleiermacher ou aproximadamente como hoje na Inglaterra, as liberdades locais ou municipais, como hoje na Bélgica, Holanda, Inglaterra, levam a uma representação central. Mas o protestantismo é contrário à natureza do francês, e a vida política local é contrária à constituição da propriedade e da sociedade na França. Nada a fazer exceto atenuar a centralização excessiva, persuadir o governo, em seu próprio interesse, a deixar que falem um pouco, amenizar a violência do catolicismo e do anticatolicismo, ir convivendo com os temperamentos. É para outras coisas que as forças devem ser direcionadas: para a ciência pura, para o belo estilo, para certas partes das artes, para a indústria elegante, para a vida agradável e belamente mundana, para as grandes ideias desinteressadas e universais, para o aumento do bem-estar geral"* (cf. *Taine. Formation de sa pensée*, de André Chevrillon, Paris, 1932; F. C. Roe, *Taine et l'Angleterre*, Paris, 1923; ver também A. Aulard, *Taine Historien de la Révolution française*, Paris, 1907; Augustin Cochin, "La Crise de l'Histoire révolutionnaire", em *Les Sociétés de pensée et de la Démocratie*, Paris, 1921. Ver igualmente Heinrich von Sybel, "Der alte Staat und die Revolution in Frankreich", em *Kleine historische Schriften*, Stuttgart, 1880, pp. 229 ss.). Sybel, que também é autor de uma obra importante sobre a Revolução Francesa, analisa nesse ensaio o primeiro volume das *Origines*, não sem remeter seus leitores ao *"livro célebre"* de Tocqueville (cf. H. von Sybel, *Geschichte der Revolutionszeit, 1789-1800*, 10 vols., Stuttgart, 1897). Sybel começara a publicar sua obra em 1853.

Como se sabe, o *Origines* de Taine inspirava-se na experiência da derrota da França em 1871 e na Comuna; em comparação com *O Antigo Regime*, essa última obra era muito mais um estudo sociológico de política comparada. Tocqueville pensava nas tendências do ritmo universal do mundo ocidental, enquanto Taine abordava seu tema do ponto de vista de uma revolução da sociedade francesa.

Em 1864 foi publicado *A cidade antiga*, de Fustel de Coulanges. A obra porta a marca profunda de *O Antigo Regime*. C. Jullian, em seu precioso manual *Extraits des Historiens français du XIXe siècle* (1ª ed., Paris, 1896; vamos citar da 7ª ed. revista, Paris, 1913), escreve: "*Quanto a influências históricas, percebe-se em Fustel de Coulanges primeiramente a de Montesquieu (o estudo das formas de governo), talvez a de Michelet, e muito mais a de Tocqueville (o papel do sentimento religioso na vida da sociedade). Não seria surpreendente que* O Antigo Regime *exercesse uma ação decisiva sobre o talento de Fustel:* em A cidade antiga *reencontraremos o mesmo modo de expor, o mesmo andamento indutivo e o mesmo desejo de reduzir um livro a duas ou três ideias diretivas*" (pp. 91 ss.). Algumas páginas adiante Jullian volta a esse assunto: "*Entretanto a ação de Tocqueville em* A cidade antiga *é ainda mais acentuada que a de Michelet. O próprio título da Introdução:* 'Da necessidade de estudar as mais velhas crenças dos antigos para conhecer suas instituições' *parece calcado no início de* A democracia na América. *Um dos grandes méritos de* O Antigo Regime e a Revolução *é ter demonstrado o quanto, depois de 1789, as instituições, os hábitos, o estado de espírito de outrora persistiram na França nova, inconscientemente legatária universal da França monárquica. Fustel de Coulanges mostrava em seu livro a longa persistência das tradições e dos costumes religiosos; e em lugar algum essa lei da continuidade foi mais admiravelmente definida do que nestas linhas de* A cidade antiga: '*O passado nunca morre completamente para o homem. O homem pode bem esquecê-lo, mas conserva-o sempre dentro de si. Pois, tal como ele for em cada*

INTRODUÇÃO XXIX

época, é o produto e o resumo de todas as épocas anteriores. Se mergulhar na própria alma, consegue reencontrar e distinguir essas diferentes épocas pelo que cada uma deixou nele.'" Sobre Fustel de Coulanges, ver: a obra fundamental do historiador suíço E. Fueter, *Geschichte der neueren Historiographie* (Munique e Berlim, 1911, pp. 560 ss.); E. Champion, *Les Idées politiques et religieuses de Fustel de Coulanges* (Paris, 1903); J.-M. Tourneur-Aumont, *Fustel de Coulanges* (Paris, 1931, pp. 59 ss.).

Além disso, no livro de Jullian anteriormente citado encontra-se uma breve e belíssima apreciação da importância da obra de Tocqueville, apreciação que vale a pena ler: "*O livro de Tocqueville é, com* A cidade antiga, *a obra histórica mais original e mais benfeita que o século XIX produziu...*" (cf. *op. cit.*, pp. 84 e ss.). Jullian classifica Tocqueville como historiador filosófico; hoje talvez digamos historiador sociológico. *La Société féodale*, de Marc Bloch, é provavelmente o exemplo típico de história sociológica contemporânea.

A grande obra de Albert Sorel, *L'Europe et la Révolution française* (8 vols., Paris, 1885-1904), também é marcada pela influência sempre em ação de Tocqueville. Eugène d'Eichthal, em seu livro *Alexis de Tocqueville et la Démocratie libérale* (Paris, 1897), dedica a *O Antigo Regime* um capítulo inteiro, no qual destaca a influência deste sobre Albert Sorel. Citamos: "*É desnecessário lembrar que em sua magistral história sobre* L'Europe et la Révolution française *Albert Sorel estendeu brilhantemente para a política externa da Revolução o método e as ideias de Tocqueville e mostrou que lá como internamente 'a Revolução não trouxe consequências, nem mesmo a mais singular, que não decorressem da História e não se explicassem pelos antecedentes do Antigo Regime'.*" Ele provou melhor que ninguém a exatidão destas palavras de Tocqueville: "*... quem houver estudado e visto somente a França, ouso dizer que nunca compreenderá coisa alguma da Revolução Francesa*".

Le Play indiscutivelmente enriqueceu-se com a leitura da obra de Tocqueville. Em *La Réforme sociale en France déduite de l'observation des peuples européens* (Paris, 1874, vol. III), há uma observação muito característica sobre *O Antigo Regime*. Le Play escreve: "*A intolerância cruel de Luís XV conservava algumas formas de humanidade e tendia apenas à eliminação dos cristãos protestantes. A intolerância dos jacobinos de 1793 tendia à eliminação absoluta de todas as religiões.*" Isso é apoiado pela seguinte nota: "*Alexis de Tocqueville trouxe à plena luz essa verdade em uma obra (*O Antigo Regime e a Revolução*) que seria excelente se tivesse seu título correto e se apresentasse uma conclusão.*" Não cremos que Le Play faça justiça a Alexis de Tocqueville; sua mente casuística e moralista estava longe de compreender a sociologia histórica de Tocqueville (cf. J.-B. Duroselle, *Les Débuts du Catholicisme social en France, 1822-1870*, Paris, 1951, pp. 672 ss.) – Entre os grandes leitores de *O Antigo Regime* devemos mencionar Georges Sorel e Jean Jaurès; *Les Illusions du Progrès* (1ª ed., Paris, 1908) refere-se com muita frequência à obra de Tocqueville e *Histoire socialiste de la Révolution française* (edição revista por A. Mathiez, tomos I-VIII, Paris, 1922-1924) também mostra as marcas de *O Antigo Regime*.

Poderíamos citar também o eminente historiador do direito francês, A. Esmein, que, em seu *Éléments de Droit Constitutionnel français et comparé* (4ª ed., Paris, 1906), revela um conhecimento sutil do pensamento de Tocqueville.

Ademais, é preciso não esquecer os grandes historiadores da literatura francesa. Vamos referir-nos apenas a alguns. Saint-Beuve, em *Causeries du Lundi* (3ª ed., tomo XV, Paris, s.d., pp. 96 ss.), mostra claramente que nunca compreendeu o alcance sociológico da obra de Tocqueville. Se lembrarmos com que entusiasmo ele havia saudado em *Les Premiers Lundis* a publicação de *A democracia na América*, podemos apenas concluir que seu

INTRODUÇÃO   XXXI

grande colega da Academia Francesa certamente lhe pisara nos calos... (ver J.-P. Mayer, *Alexis de Tocqueville*, Paris, 1948, pp. 156 ss.). Mas mesmo em sua maldade Saint-Beuve ainda continua brilhante. Em contraste com Saint-Beuve, Petit de Julleville escreve em sua *Histoire de la Littérature française* (Paris, s.d., p. 540): "*Formado na escola de Guizot, Tocqueville publicava em 1835* A democracia na América, *a mais sólida obra de filosofia social já escrita depois de* Espírito das leis; *e vinte anos mais tarde,* O Antigo Regime e a Revolução, *livro totalmente original e novo, cuja influência foi tão grande e que, logo em seguida ao ruidoso sucesso de* Girondins, *de Lamartine, começou a modificar na França, pelo menos entre os espíritos ponderados, o que se poderia chamar de a lenda revolucionária. Em vez de ver na Revolução um ciclone imprevisto (heroico ou monstruoso), reconheceu-se nela uma resultante de causas numerosas, distantes, profundas. Taine concluirá essa retificação da opinião geral; mas Tocqueville a iniciara.*" – Ferdinand Brunetière, nessa obra de valor que é o *Manuel de l'Histoire de la Littérature française* (Paris, 1898), dá em forma de notas sua opinião sobre a obra de Tocqueville: "... *e que esse livro* [O Antigo Regime e a Revolução] *marcou época na própria maneira de conceber as origens da Revolução – e de representar sua história. – Como Tocqueville viu bem: 1º que a Revolução se ligava por todas suas ruínas ao mais distante passado de nossa história; 2º que ela devia à profundeza de suas causas seu cunho 'religioso'; e 3º que, por essa razão, abolir-lhe os efeitos não dependia de nenhum poder político. – Por meio dessas duas obras* [anteriormente Brunetière havia falado de *A democracia na América*], *ninguém fez mais que Tocqueville para salvar a História da arbitrariedade do julgamento do historiador; preparar a ideia que dela formamos em nossos dias; e dar-lhe tudo que é possível dar-lhe de características de uma ciência*" (*op. cit.*, p. 441). Em sua obra clássica *Histoire de la Littérature fran-

çaise (Paris, 1912), Gustave Lanson também apresenta uma admirável avaliação da obra de Tocqueville: "... O Antigo Regime e a Revolução *tem como base uma ideia de historiador. Tocqueville, como os historiadores orleanistas, vê na Revolução a consequência, o termo de um movimento social e político que tem seu início nas próprias origens da pátria, ao passo que quase sempre, para os legitimistas e os democratas, a Revolução era uma ruptura violenta com o passado, uma explosão miraculosa e súbita que uns maldiziam, outros bendiziam, todos convictos de que a França de 1789 e de 1793 nada tinha em comum com a França de Luís XIV ou de são Luís. Mas os orleanistas faziam sua visão da História servir aos interesses de um partido; Tocqueville, mais filósofo e continuando a ser estritamente historiador, limita-se a estabelecer a continuidade do desenvolvimento de nossas instituições e nossos costumes; a Revolução foi feita em 1789 porque já estava meio feita e porque, já há séculos, tudo tendia à igualdade e à centralização; os últimos entraves dos direitos feudais e da realeza absoluta pareceram incomodar mais, porque eram os últimos. Ele explica a influência da literatura e da irreligiosidade sobre a Revolução e a predominância do gosto pela igualdade sobre a paixão pela liberdade. Depois de assim explicar a destruição das instituições feudais e monárquicas, Tocqueville planejara mostrar como a França nova se reconstruíra sobre os escombros da antiga; é aproximadamente o vasto projeto que Taine realizou em seu* Origines de la France contemporaine. *Mas Tocqueville não teve tempo de oferecer esse complemento de sua obra*" (*op. cit.*, pp. 1019 ss.). Os historiadores da história da literatura francesa legaram assim às novas gerações os resultados da obra de Tocqueville. Esperemos que elas tirem proveito disso.

Encerrando nosso apanhado da influência de *O Antigo Regime* na França, gostaríamos de indicar a nossos leitores o pequeno e importante livro de Paul Janet, o eminen-

INTRODUÇÃO XXXIII

te historiador da ciência política, *Philosophie de la Révolution française* (Paris, 1875). Janet brilhantemente viu que o ano de 1852 foi uma linha de demarcação decisiva na concepção histórica da Revolução Francesa. Em seu livro lemos o seguinte: "*O ano de 1852 determinou uma verdadeira crise na filosofia da Revolução Francesa. Uma profunda decepção, um desvio inaudito dos princípios até então caros ao país – pelo menos é o que se pensava –, uma tendência infeliz a sacrificar os resultados morais da Revolução aos resultados materiais, uma nova forma de absolutismo produzindo-se justamente sob o prestígio das ideias que deveriam ter eliminado para sempre do mundo o despotismo, ao mesmo tempo uma ciência um pouco mais extensa, uma comparação de nosso estado com o dos povos vizinhos, a triste convicção – demasiadamente justificada pela experiência – de que vários desses povos, sem tantas crises nem desastres, haviam pouco a pouco alcançado pelo decorrer das coisas aquela liberdade política com que sonháramos e que não obtivéramos, e mesmo, do ponto de vista de algumas grandes liberdades sociais, haviam se adiantado a nós e nos ultrapassado, ao passo que do outro lado do Atlântico um grande povo realizava de uma só vez em toda sua extensão aquele grande programa de liberdade e igualdade do qual já começávamos a sacrificar uma metade e ainda assim com risco de mais tarde abandonarmos a outra: todos esses pontos de vista, todas essas reflexões, experiências e comparações contribuíram para lançar dúvidas sobre aquela crença na Revolução que todos partilhavam em maior ou menor grau... Daí resulta uma direção totalmente nova dada às teorias recentes sobre a Revolução Francesa. Começa a causar impressão o pouco respeito que a Revolução tivera pela liberdade do indivíduo, seu culto à força, sua idolatria à onipotência do poder central; conjectura-se se, estabelecendo no mundo moderno a igualdade de condições, a revolução, como outrora o império romano, não havia prepa-*

rado os caminhos para uma nova forma de despotismo. A nenhum publicista esse pensamento impressionou mais vivamente do que ao célebre e perspicaz Alexis de Tocqueville, e tivera-o muito antes de todo mundo. Em seu livro tão original A democracia na América, *ele foi o primeiro, em tempos pacíficos, moderados, constitucionais, a ameaçar os povos modernos com* 'a tirania dos césares' – *predição estranha que nenhuma circunstância, nenhum evento, nenhum sintoma aparente parecia autorizar. Mais tarde, justificado de certa forma pelos acontecimentos, retomou esse pensamento e desenvolveu-o com a mais rara sagacidade em seu belo livro* O Antigo Regime e a Revolução..." Não podemos citar integralmente a aguçada análise de Janet; este é seu resumo: "*Assim, Tocqueville em um sentido justifica a Revolução e em outro sentido critica-a, mas de modo diverso do que o fazem habitualmente seus censores ou seus amigos. Justifica-a mostrando que não foi tão inovadora nem portanto tão absurda quanto afirmam os partidários do passado. Procurou sim fundar uma ordem social baseada na razão pura, na ideia abstrata do direito e da humanidade; mas mesmo nisso não fez mais que realizar o que todas as épocas anteriores haviam preparado. Portanto ela tem ao mesmo tempo fundamentação histórica e fundamentação filosófica. Em contrapartida, Tocqueville procura despertar nossas inquietações sobre uma das consequências possíveis da Revolução: o estabelecimento de um novo absolutismo, o absolutismo democrático ou cesáreo, a anulação do indivíduo, a indiferença do direito, a absorção de toda vida local pelo centro e como decorrência a extinção de toda vitalidade nas partes – mal cujo alcance talvez Tocqueville (assim esperamos) tenha exagerado, mas que, já tendo seu germe em toda nossa história, sem a menor dúvida foi propagado e agravado a um grau extremo pela Revolução. São essas as reflexões morais que o livro de Tocqueville nos sugere...*" (cf. *op. cit.*, pp. 119 ss.).

INTRODUÇÃO

Foram precisamente as tendências latentes da Revolução – a anulação do indivíduo e seu nivelamento no processo democrático, e o risco do regime plebiscitário – que influenciaram profundamente a obra do grande historiador suíço Jacob Burckhardt (1818-1897). Apesar de seu esteticismo contemplativo, talvez ele seja, de todos os pensadores que mencionamos, o mais próximo de Tocqueville. *"Mas é como você diz"*, escreve ele numa carta a um amigo, *"querem educar as pessoas para meetings; chegará o dia em que todo mundo começará a chorar se não houver pelo menos cem pessoas reunidas."* Desde que Werner Kaegi publicou os estudos preparatórios para *Réflexions sur l'histoire universelle* (*Historische Fragmente*, Stuttgart, 1942) sabemos a que ponto Burckhardt assimilara o pensamento de Tocqueville. A Revolução Francesa, como fase da revolução do século XIX e do século XX, estava no ponto de confluência dos dois pensadores. Já mencionamos Fueter, que na obra anteriormente citada dedica algumas páginas pertinentes ao lugar que *O Antigo Regime* ocupa no desenvolvimento das ciências históricas (cf. *op. cit.*, pp. 557 ss.). O sociólogo Vilfredo Pareto, que era professor em Lausanne e cujo cérebro enciclopédico havia lido tudo, não esquecera de estudar também a obra de Tocqueville.

Na Itália, a obra de Benedetto Croce também atesta a difusão da influência de *O Antigo Regime*.

Já indicamos em nossa bibliografia anotada de *A democracia na América* (ver *Oeuvres complètes*, ed. Mayer I, 2, p. 393) que o grande pensador alemão Wilhelm Dilthey descobriu a importância de Tocqueville para nosso tempo (*"Der Aufbau der geschichtlichen Welt in den Geisteswissenschaften"*, em *Gesammelte Schriften*, Berlim, 1927, vol. VII, pp. 104 ss.). Sobre *O Antigo Regime* ele escreve o seguinte: *"Em um outro livro, Tocqueville captou pela primeira vez a totalidade da ordem política da França do século XVIII e da Revolução. Esse tipo de ciência política permitia também aplicações políticas. Sua continuação da tese aristotélica mostrou-se particularmente fértil, sobretudo quanto à constituição sadia de cada Estado dever fundamentar-se na justa proporção entre direitos e deveres. A negação desse equilíbrio transformaria os direitos em privilégios, o que resultaria na decomposição do Estado. Uma aplicação importante dessas análises para a prática era a noção dos riscos de uma centralização exagerada e do proveito da liberdade pessoal e da administração local. Assim ele extraiu da História em si generalizações férteis e das realidades passadas uma nova análise que gerava uma compreensão mais profunda da realidade presente.*" Em seus estudos importantes sobre a história francesa antes da Revolução, o historiador alemão Adalbert Wahl constantemente deixou-se conduzir pelo exemplo de Tocqueville, que qualificava de *"um dos maiores historiadores de todos os tempos"* (ver Wahl, Vorgeschichte der französischen Revolution. Ein Versuch, 2 vols., Tübingen, 1905; e do mesmo autor, Studien zur Vorgeschichte der französischen Revolution, Tübingen, 1901).

Na Inglaterra, os Reeve, Greg, Cornewall Lewis e John Stuart Mill assimilaram as ideias de O Antigo Regime, e foi por meio deles que a originalidade da obra se revelou para a geração seguinte. Em uma importante passagem de seu livro Introduction to the Study of the Law of the Constitution (1ª ed., 1885; citamos pela 8ª ed., Londres, 1915), Dicey junta A democracia na América e O Antigo Regime para explicar sua tese fundamental sobre o direito administrativo. Cita a primeira dessas obras: *"No ano VIII da República francesa, foi publicada uma constituição cujo artigo 75 estava formulado assim: 'Os agentes do governo, outros que não os ministros, não podem ser processados, por fatos relacionados com suas funções, a não ser em virtude de uma decisão do Conselho de Estado; nesse caso, a ação judicial ocorre perante os tribunais comuns.' A constituição do ano VIII passou, mas não esse artigo, que permaneceu depois dela e diariamente ainda é contraposto às justas reclamações dos cidadãos. Frequentemente tentei explicar para americanos ou ingleses o sentido desse artigo 75 e sempre me foi muito difícil conseguir. O que eles percebiam primeiro era que na França o Conselho de Estado é um grande tribunal cravado no centro do reino; havia uma espécie de tirania em enviar preliminarmente perante ele todos os litigantes.*

"Mas, quando tentava explicar-lhes que o Conselho de Estado não era um corpo judiciário no sentido comum da palavra e sim um corpo administrativo cujos membros dependiam do rei, de tal forma que o rei, depois de ordenar soberanamente a um de seus servidores, denominado préfet, *que cometesse uma iniquidade, podia ordenar soberanamente a um outro servidor seu, denominado* conseiller d'État, *que impedisse que o primeiro fosse punido; quando eu lhes mostrava o cidadão, lesado pela ordem do príncipe, reduzido a pedir ao próprio príncipe autorização para obter justiça, eles se negavam a crer em semelhantes enormidades e acusavam-me de mentira e ignorância. Frequentemente, na antiga monarquia, acontecia de o parlamento decretar a prisão do funcionário público que se tornava culpado de um delito. Às vezes a autoridade régia, intervindo, mandava anular o processo. O despotismo então se mostrava às claras e, ao obedecerem, as pessoas estavam se submetendo apenas à força. Assim sendo, nós voltamos muito para trás do ponto a que chegaram nossos pais; pois, a pretexto de justiça, deixamos que se faça e se consagre em nome da lei o que apenas a violência impunha a eles"* (ver Oeuvres complètes, org. Mayer, vol. I, 1, pp. 105 ss.; ver também nossa bibliografia anotada, vol. I, 2, pp. 392 ss.). Depois dessa citação, Dicey prossegue: *"Essa passagem clássica de* A democracia na América, *de Tocqueville, foi publicada em 1835; o autor tinha trinta anos e conquistara então um renome que seus amigos comparavam ao de Montesquieu. Sua avaliação do direito*

administrativo seguramente não mudou quando, no final da vida, ele publicava O Antigo Regime e a Revolução, *que é folgadamente a mais vigorosa e mais madura de suas obras.*" Dicey volta a citar Tocqueville: *"De fato expulsamos a justiça da esfera administrativa, onde o Antigo Regime a deixara introduzir-se muito indevidamente; mas ao mesmo tempo, como se vê, o governo introduzia--se incessantemente na esfera natural da justiça, e ali o deixamos, como se a confusão de poderes não fosse tão perigosa desse lado quanto do outro e mesmo pior; pois a intervenção da justiça na administração prejudica apenas os negócios, ao passo que a intervenção da administração na justiça deprava os homens e tende a torná-los simultaneamente revolucionários e servis"* (O Antigo Regime e a Revolução, esta edição brasileira, pp. 64 ss.). Dicey acrescenta este comentário: *"São palavras de um homem de inteligência extraordinária, que conhecia bem a história francesa e não ignorava coisa alguma da França de sua época. Foi membro da Assembleia durante anos e pelo menos uma vez fez parte do ministério. Conhecia a vida pública de seu país tanto quanto Macaulay conhecia a vida pública inglesa. Talvez a linguagem de Tocqueville mostre sinais do exagero explicável em parte por sua mentalidade e pela tendência de seu pensamento, que o fizeram estudar assiduamente, levando-o a exagerar, a afinidade e as relações entre as fraquezas da democracia moderna e os vícios da antiga monarquia"* (Dicey, *op. cit.*, pp. 351 ss.).

Um eminente colega de Dicey em Oxford, o grande historiador da história administrativa e jurídica da Inglaterra, *sir* Paul Vinogradoff, legou os métodos e os resultados de O *Antigo Regime* a todos seus estudantes. Na Inglaterra os estudos de história econômica haviam apenas começado. A obra de Tocqueville exerce uma influência importante, mas indireta, sobre o desenvolvimento dessa ciência. Também não ficaríamos surpresos por a obra do historiador clássico da história do direito inglês, F. W. Maitland, mostrar as marcas profundas do estudo de Tocqueville (cf. P. Vinogradoff, *Outlines of Historical Jurisprudence*, Oxford, 1920, vol. I, pp. 152 ss.; R. H. Tawney, *Religion and Rise of Capitalism*, Londres, 1926, trad. fr., Paris, 1951; F. W. Maitland, *History of English Law up to the time of Edward I* [com F. Pollock], Oxford, 1895; do mesmo autor, *The Constitutional History of England*, Cambridge, 1908). Já mencionamos lorde Acton, que também fora influenciado por Tocqueville (ver nossa bibliografia anotada, vol. I, 2, p. 391). Em seu *Lectures on the French Revolution* (Londres, 1910), Acton escreve em um apêndice sobre a literatura da Revolução: "*Em meados do século XIX, quando os primeiros volumes de Sybel começavam a ser publicados, os estudos mais profundos iniciavam-se na França com Tocqueville. Ele foi o primeiro a estabelecer, se não a descobrir, que a Revolução não foi simplesmente uma ruptura, uma reviravolta, uma surpresa, e sim em parte um desenvolvimento das tendências que trabalhavam a monarquia antiga... De todos os escritores ele é o mais confiável e o mais rigoroso em encontrar defeitos*" (*op. cit.*, pp. 356 ss.).

Na América, *O Antigo Regime* foi apreciado somente pela geração mais recente. Uma nação jovem descobre a ciência da História bastante tarde. Os métodos históricos aplicados à sociologia política, como demonstra a obra de Tocqueville, resultam de uma civilização madura. O corvo de Minerva começa a voar no crepúsculo, como dizia Hegel. Vamos encerrar este esboço da influência de *O Antigo Regime* com uma frase que fomos buscar em uma bibliografia que o eminente historiador americano Robert Ergang acrescentou à sua obra *Europe from the Renaissance to Waterloo* (Nova York, 1939): "O Antigo Regime e a Revolução, *traduzido por John Bonner (1856), apresenta a mais profunda análise das causas da Revolução.*"

J.-P. MAYER

PREFÁCIO

O livro que publico neste momento não é uma história da Revolução, história que foi escrita com muito brilho para que eu pense em reescrevê-la; é um estudo sobre essa Revolução.

Os franceses fizeram em 1789 o maior esforço que um povo já empreendeu, a fim de, por assim dizer, cortarem em dois seu destino e separarem por um abismo o que haviam sido até então do que queriam ser dali em diante. Com esse objetivo, tomaram toda espécie de precauções para não levarem para sua nova condição coisa alguma do passado; impuseram a si mesmos toda sorte de coerções para se moldarem diferentemente de seus pais; enfim, nada esqueceram para se tornarem irreconhecíveis.

Eu sempre pensara que eles haviam obtido muito menos sucesso nesse singular empreendimento do que se acreditara no exterior e do que eles mesmos acreditaram inicialmente. Tinha convicção de que involuntariamente haviam conservado do Antigo Regime a maior parte dos sentimentos, dos hábitos, mesmo das ideias por meio das quais conduziram a Revolução que o destruiu e que, sem querer, haviam usado seus escombros para construírem o edifício da sociedade nova; de tal forma que, para bem compreender tanto a Revolução como sua obra, era preciso esquecer por um momento a França que vemos hoje e ir interrogar em seu túmulo a França que não existe mais. Foi o que procurei fazer aqui; porém tive mais dificuldade em consegui-lo do que poderia pensar.

Os primeiros séculos da monarquia, a Idade Média, o Renascimento deram origem a estudos imensos e foram objeto de pesquisas muito profundas que nos deram a conhecer não apenas os fatos que aconteceram então mas também as leis, os usos, o espírito do governo e da nação nessas diversas épocas. Até agora ainda ninguém se deu o trabalho de considerar o século XVIII dessa forma e tão de perto. Julgamos conhecer muito bem a sociedade francesa daquela época, porque vemos claramente o que brilhava em sua superfície, porque possuímos até nos detalhes a história dos personagens mais célebres que nela viveram e porque críticas inteligentes ou eloquentes conseguiram familiarizar-nos com as obras dos grandes escritores que a ilustraram. Mas, quanto à maneira como se conduziam os assuntos, quanto à prática efetiva das instituições, quanto à posição exata das classes umas com relação às outras, quanto à condição e aos sentimentos daquelas que ainda não se faziam ouvir nem ver, quanto ao próprio fundo das opiniões e dos costumes, temos apenas ideias confusas e frequentemente errôneas.

Decidi penetrar até o âmago desse Antigo Regime, tão próximo de nós pelo número de anos mas que a Revolução nos oculta.

Para conseguir isso, não apenas reli os livros célebres que o século XVIII produziu; quis estudar muitas obras menos conhecidas e menos dignas de sê-lo mas que, compostas com pouca arte, revelam talvez ainda melhor os verdadeiros instintos da época. Empenhei-me em conhecer bem todos os atos públicos em que os franceses, ao aproximar-se a Revolução, possam ter mostrado suas opiniões e seus gostos. As atas das assembleias de estados[1],

---

1. Estados ou ordens: sob o Antigo Regime, as três partes do corpo social: nobreza, clero e terceiro estado. (N. da T.)

e mais tarde as das assembleias provinciais, forneceram-me sobre esse ponto muitos esclarecimentos. Sobretudo fiz grande uso dos cadernos[2] redigidos pelas três ordens em 1789. Esses cadernos, cujos originais formam uma longa sequência de volumes manuscritos, permanecerão como o testamento da antiga sociedade francesa, a expressão suprema de seus desejos, a manifestação autêntica de suas derradeiras vontades. É um documento único na História. Mesmo isso não me bastou.

Nos países em que a administração pública já é forte, nascem poucas ideias, desejos, dores, encontram-se poucos interesses e paixões que cedo ou tarde não venham desnudar-se diante dela. Visitando seus arquivos não se adquire apenas uma noção muito exata de seus procedimentos: é o país inteiro que se revela. Um estrangeiro a quem fossem entregues hoje todas as correspondências confidenciais que enchem os arquivos do Ministério do Interior e das administrações departamentais logo ficaria sabendo mais sobre nós do que nós mesmos. Como se verá ao ler este livro, no século XVIII a administração pública já era muito centralizada, muito poderosa, prodigiosamente ativa. Estava incessantemente auxiliando, impedindo, permitindo. Tinha muito a prometer, muito a dar. Já influía de mil maneiras, não apenas na condução geral dos assuntos públicos mas também na sorte das famílias e na vida privada de cada homem. Ademais, era sem publicidade, o que os levava a não terem receio de ir expor a seus olhos até mesmo as fraquezas mais secretas. Passei longo tempo estudando

---

2. Trata-se dos chamados "cadernos de queixas" (*cahiers de doléances*), milhares de memoriais redigidos para os estados gerais de 1789. Neles cada uma das três ordens expunha suas reclamações, reivindicações e sugestões sobre assuntos de interesse público e/ou específicos de sua classe. Ver as explicações do autor nos dois primeiros parágrafos de sua nota sobre os cadernos da nobreza, p. 262. (N. da T.)

o que nos resta dela, tanto em Paris como em várias províncias[3].

Nesses arquivos, como já esperava, encontrei o Antigo Regime plenamente vivo, suas ideias, paixões, preconceitos, práticas. Ali cada homem falava livremente a própria língua e deixava perpassarem seus mais íntimos pensamentos. Consegui assim adquirir sobre a antiga sociedade muitas noções que os contemporâneos não possuíam, pois estava olhando para o que nunca lhes foi dado olhar.

À medida que ia avançando nesse estudo, surpreendia-me por, a cada passo, rever na França daquele tempo muitas características que são marcantes na França de nossos dias. Reencontrava uma infinidade de sentimentos que julgara nascidos da Revolução, uma infinidade de ideias que até então pensava que provinham apenas dela, mil hábitos que supostamente ela foi a única a nos dar; reencontrava em toda parte as raízes da sociedade atual profundamente implantadas naquele velho solo. Quanto mais me aproximava de 1789, mais percebia distintamente o espírito que fez a Revolução formar-se, nascer e crescer. Pouco a pouco via desvelar-se a meus olhos toda a fisionomia daquela Revolução. Já então ela anunciava seu temperamento, seu gênio; já era ela mesma. Ali eu encontrava não apenas a razão do que ela ia fazer em seu primeiro esforço, como talvez mais ainda o anúncio do que iria fundar ao longo do tempo. Pois a Revolução teve duas fases bem distintas: a primeira, durante a qual os franceses parecem querer abolir tudo do passado; a segunda, em

---

3. Recorri principalmente aos arquivos de algumas grandes intendências, sobretudo os de Tours, que são muito completos e se referem a uma *généralité* muito extensa, situada no centro da França e com um milhão de habitantes. Quero expressar aqui meus agradecimentos ao jovem e competente arquivista a quem eles estão confiados, o sr. Grandmaison. Outras *généralités*, entre as quais as de Ile-de-France, mostraram-me que tudo corria do mesmo modo na maior parte do reino. (N. do A.) [Sobre *généralité*, ver a nota 3, p. 44. (N. da T.)]

que vão retomar nele uma parte do que haviam deixado. Há um grande número de leis e de hábitos políticos do Antigo Regime que assim desaparecem subitamente em 1789 e ressurgem alguns anos depois, como alguns rios se afundam na terra para reaparecerem um pouco adiante, mostrando as mesmas águas para novas margens.

O objetivo específico da obra que estou entregando ao público é explicar por que essa grande revolução, que se preparava simultaneamente em quase todo o continente europeu, eclodiu na França e não em outro lugar; por que ela saiu como que espontaneamente da sociedade que ia destruir; e, por fim, como a antiga monarquia pôde cair de um modo tão completo e tão súbito.

Em meus planos, a obra que empreendi não deve limitar-se a isso. Minha intenção, se o tempo e as forças não me faltarem, é acompanhar através das vicissitudes dessa longa revolução os mesmos franceses com quem acabo de viver tão familiarmente sob o Antigo Regime e que esse Antigo Regime havia formado, vê-los modificando-se e transformando-se de acordo com os acontecimentos, sem entretanto mudarem de natureza, e reaparecendo sem cessar diante de nós com uma fisionomia um pouco diferente mas ainda reconhecível.

Percorri inicialmente com eles aquela primeira época de 1789, em que o amor à igualdade e à liberdade compartilha seus corações; em que não desejam fundar apenas instituições democráticas, mas instituições livres; não apenas destruir privilégios, mas reconhecer e consagrar direitos; tempo de juventude, de entusiasmo, de orgulho, de paixões generosas e sinceras, do qual, apesar dos erros, os homens conservarão eternamente a lembrança e que ainda por muito tempo perturbará o sono de todos os que quiserem corrompê-los ou subjugá-los.

Sempre acompanhando rapidamente o curso dessa mesma revolução, procurarei mostrar por quais circunstâncias, quais erros, quais decepções esses mesmos franceses acabaram abandonando seu objetivo inicial e, esquecendo a liberdade, passaram a querer apenas se tornar servidores iguais do dono do mundo; como um governo mais forte e muito mais absoluto do que aquele que a Revolução derrubara retoma e concentra então todos os poderes, suprime todas aquelas liberdades que custaram tão caro, coloca no lugar delas suas vãs imagens; chamando de soberania do povo os sufrágios de eleitores que não podem esclarecer-se nem se concertar, nem escolher; vota como isento de imposto o assentimento de assembleias mudas ou subjugadas; e, ao mesmo tempo que arrebata da nação a faculdade de governar-se, as principais garantias do direito, a liberdade de pensar, falar e escrever – ou seja, o que houvera de mais valioso e de mais nobre nas conquistas de 1789 –, ainda se pavoneia com esse grande nome.

Pararei no momento em que me parecer que a Revolução terá praticamente concluído seu trabalho e dado à luz a sociedade nova. Considerarei então essa sociedade em si; procurarei discernir em que ela se parece com o que a precedeu, em que difere, o que perdemos naquele imenso reviramento de todas as coisas, o que ganhamos e, por fim, tentarei entrever nosso futuro.

Uma parte desse segundo livro está esboçada, mas ainda não é digna de ser oferecida ao público. Chegarei a concluí-lo? Quem pode dizer? O destino dos indivíduos é ainda muito mais obscuro que o dos povos.

Espero ter escrito este livro sem preconceito, mas não pretendo tê-lo escrito sem paixão. Dificilmente seria possível a um francês não sentir paixão quando fala de seu país e pensa em sua época. Confesso portanto que, ao estudar nossa antiga sociedade em cada uma de suas partes, nunca perdi inteiramente de vista a nova. Quis ver não apenas de que mal o doente sucumbira, mas também como poderia não ter morrido. Fiz como esses médicos que em cada órgão morto tentam surpreender as leis da vida. Meu objetivo foi pintar um quadro que fosse estritamente exato e que ao mesmo tempo pudesse ser instrutivo. Portanto, todas as vezes que encontrei em nossos pais algumas das virtudes viris que nos seriam mais necessárias e que quase já não temos – um verdadeiro espírito de independência, o gosto pelas grandes coisas, a fé em nós mesmos e em uma causa –, dei-lhes destaque; e do mesmo modo, quando encontrei nas leis, nas ideias, nos costumes daquele tempo a marca de alguns dos vícios que depois de desdourarem a antiga sociedade ainda nos trabalham, cuidei de lançar luz sobre eles, para que, vendo claramente o mal que nos causaram, se compreendesse melhor o mal que ainda podiam causar-nos.

Para atingir esse objetivo, confesso que não hesitei em ferir ninguém, nem indivíduos, nem classes, nem opiniões, nem lembranças, por mais respeitáveis que pudessem ser. Frequentemente o fiz com tristeza, mas sempre sem remorso. Aqueles a quem eu possa ter assim desagradado queiram perdoar-me, em consideração ao objetivo desinteressado e honesto que persigo.

Muitos talvez me acusem de mostrar neste livro um gosto bastante intempestivo pela liberdade, com a qual, segundo me afirmam, quase ninguém mais se preocupa na França. Aos que me fizerem essa crítica, pedirei apenas que tenham a bondade de considerar que essa tendência é muito antiga em mim. Há mais de vinte anos que, falando de uma outra sociedade, escrevi quase textualmente o que se vai ler.

Em meio às trevas do futuro já é possível descortinar três verdades muito claras. A primeira é que todos os homens de nossos dias são arrastados por uma força desconhecida que se pode ter esperança de regular e retardar, mas não de vencer, que ora os impulsiona suavemente, ora os precipita rumo à destruição da aristocracia. A segunda é que, dentre todas as sociedades do mundo, as que sempre terão mais dificuldade para escapar por muito tempo do governo absoluto serão precisamente essas sociedades em que a aristocracia não existe mais e não pode mais existir. A terceira, por fim, é que em parte alguma o despotismo deve produzir efeitos mais perniciosos do que nessas sociedades; pois, mais que nenhuma outra espécie de governo, ele propicia o desenvolvimento de todos os vícios aos quais essas sociedades estão especialmente sujeitas, e assim as impele justamente para o lado a que, seguindo uma inclinação natural, já pendiam.

Como nelas os homens já não estão ligados uns aos outros por nenhum laço de castas, de classes, de corporações, de famílias, eles são excessivamente propensos a só se ocupar de seus interesses particulares, sempre muito levados a só pensar em si mesmos e a se recolher em um individualismo estreito em que qualquer virtude pública é sufocada. O despotismo, longe de combater essa tendência, torna-a irreprimível, pois tira dos cidadãos qualquer paixão em comum, qualquer necessidade mútua, qualquer obrigação de se entenderem, qualquer ocasião de agirem juntos; por assim dizer, empareda-os na vida privada. Já tendiam a apartar-se: ele os isola; esfriavam-se uns para com os outros: ele os congela.

Nesses tipos de sociedades em que nada é fixo, cada qual se sente incessantemente aguilhoado pelo medo de descer e pelo afã de subir; e como nelas o dinheiro, ao mesmo tempo que se tornou a principal marca que classifica e diferencia entre si os homens, adquiriu uma mobilidade singular, passando continuamente de mão em mão, transformando a condição dos indivíduos, elevando ou rebaixando as famílias, praticamente não há quem não seja obrigado a fazer um esforço desesperado e contínuo para conservá-lo ou para adquiri-lo. Assim, o desejo de enriquecer a qualquer custo, o gosto pelos negócios, o amor ao lucro, a busca do bem-estar e dos prazeres materiais são ali as paixões mais comuns. Essas paixões espalham-se facilmente por todas as classes, invadem até mesmo as que até então lhes estiveram mais alheias, e em breve acabariam por desfibrar e degradar a nação inteira, se nada viesse detê-las. Ora, está na própria essência do despotismo favorecê-las e ampliá-las. Essas paixões debilitantes vêm em seu auxílio; desviam e ocupam longe dos assuntos públicos a imaginação dos homens e os fazem tremer à simples ideia de revolução. Apenas ele pode proporcionar-lhes o segredo e a sombra que deixam à vontade a cupidez e permitem obter lucros desonestos desafiando a desonra. Sem ele, teriam sido fortes; com ele, imperam.

Ao contrário, nesses tipos de sociedade só a liberdade pode combater eficazmente os vícios que lhes são naturais e detê-las no declive em que vão escorregando. Isso porque só ela pode retirar os cidadãos do isolamento no qual a própria independência de sua condição os faz viver, para forçá-los a se aproximarem uns dos outros; só ela pode aquecê-los e reuni-los diariamente pela necessidade de entenderem-se, persuadirem-se e comprazerem-se mutuamente na prática de atividades em comum. Só ela é capaz de arrancá-los do culto ao dinheiro e dos contratempos rotineiros em seus assuntos particulares para fazê-los perceber e sentir a todo momento a pátria acima e ao lado deles; só ela substitui de tempos em tempos o amor ao bem-estar por paixões mais enérgicas e mais elevadas, fornece à ambição objetivos maiores que a aquisição de riquezas e cria a luz que permite ver e julgar os vícios e as virtudes dos homens.

As sociedades democráticas que não são livres podem ser ricas, refinadas, ornamentadas, magníficas mesmo, poderosas pelo peso de sua massa homogênea; nelas podemos encontrar qualidades privadas, bons pais de família, comerciantes honestos e proprietários muito estimáveis; veremos até mesmo bons cristãos, pois sua pátria não é deste mundo e a glória de sua religião é produzi-los no meio da maior corrupção de costumes e sob os piores governos: o império romano, em sua extrema decadência, estava repleto deles. Mas, ouso dizer, o que nunca veremos em tais sociedades é grandes cidadãos e sobretudo um grande povo; e não hesito em afirmar que o nível geral dos corações e dos espíritos nunca cessará de rebaixar-se enquanto a igualdade e o despotismo estiverem juntos.

É o que eu pensava e dizia há vinte anos. Confesso que, desde então, nada aconteceu no mundo que me levasse a pensar e falar de modo diferente. Tendo mostrado o bom conceito em que tinha a liberdade numa época em que era prestigiada, não se desaprovará que o mantenha quando é negligenciada.

Peço que se considere ademais que precisamente nisso sou menos diferente da maioria de meus contraditores do que talvez eles mesmos suponham. Qual é o homem que, por natureza, teria a alma bastante baixa para preferir depender dos caprichos de um de seus semelhantes a seguir as leis que ele próprio contribuiu para estabelecer, se a nação lhe parecesse ter as virtudes necessárias para fazer bom uso da liberdade? Penso que não existe nenhum. Os próprios déspotas não negam que a liberdade seja excelente; mas a querem apenas para si mesmos e sustentam que todos os outros são totalmente indignos dela. Assim, diverge-se não quanto à opinião que se deve ter sobre a liberdade e sim quanto ao valor maior ou menor que se atribui aos homens; e por isso se pode dizer de modo rigoroso que o gosto que se demonstra pelo governo absoluto está diretamente relacionado com o menosprezo que se professa por seu país. Peço que me seja permitido esperar mais um pouco antes de converter-me a esse sentimento.

Creio que posso dizer, sem gabar-me demais, que o livro que publico neste momento é o produto de um trabalho muito grande. Há um certo capítulo bastante curto que me custou mais de um ano de pesquisas. Poderia ter sobrecarregado com notas o rodapé de minhas páginas;

preferi só inseri-las em pequeno número e colocá-las no fim do volume, com uma remissão às páginas do texto a que se referem. Nelas se encontrarão exemplos e provas. Poderia fornecer muitos mais, se alguém achasse que este livro vale o trabalho de pedi-los.

LIVRO I

CAPÍTULO 1

Pareceres contraditórios que são formulados sobre a Revolução em seu nascimento

Nada é mais adequado para incitar filósofos e estadistas à modéstia do que a história de nossa Revolução; pois nunca houve eventos maiores, conduzidos de mais longe, mais bem preparados e menos previstos.

Mesmo Frederico o Grande, apesar de sua genialidade, não a pressente. Toca-a sem vê-la. Mais ainda, age antecipadamente de acordo com seu espírito; é seu precursor e já, por assim dizer, seu agente; não a reconhece quando se aproxima; e, quando por fim ela se mostra, os traços novos e extraordinários que vão caracterizar-lhe a fisionomia no meio da multidão inumerável de revoluções inicialmente passam despercebidos.

No exterior ela é objeto da curiosidade universal; em toda parte faz nascer na mente dos povos uma espécie de noção indistinta de que tempos novos se preparam, vagas expectativas de mudanças e de reformas; mas ainda ninguém imagina o que possa ser. Os príncipes e seus ministros deixam de ter até mesmo aquele pressentimento confuso que excita o povo ao divisá-la. De início eles a consideram tão somente como uma dessas doenças periódicas às quais a constituição de todos os povos está sujeita e cujo único efeito é abrir novos campos para a política de seus vizinhos. Se por acaso dizem a verdade sobre ela, não se dão conta disso. Os principais soberanos da Alemanha, reunidos em Pillnitz em 1791, proclamam, é bem verdade, que o perigo que ameaça a realeza na França é comum a todos os antigos poderes da Europa e que todos estão ameaçados juntamente com ela; mas no fundo não acreditam em nada disso. Os documentos secretos da época revelam que a viam apenas como hábeis pretextos com os quais mascaravam seus desígnios ou os coloriam para os olhos da multidão. Mas eles pessoalmente sabem muito bem que a Revolução Francesa é um acidente local e passageiro do qual só precisam tirar partido. Com esse intuito concebem planos, fazem preparativos, contraem alianças secretas; brigam entre si ao verem essa presa próxima, dividem-se, reaproximam-se; preparam-se para quase tudo, exceto para o que vai acontecer.

Os ingleses, para quem a lembrança de sua própria história e a longa prática da liberdade política dão mais visão e experiência, chegam a entrever, como através de um véu espesso, a imagem de uma grande revolução que avança; mas não conseguem distinguir-lhe a forma, e a ação que em breve ela vai exercer sobre os destinos do mundo e sobre o deles mesmos fica-lhes oculta. Arthur Young, que está percorrendo a França justamente quando a Revolução vai eclodir e que considera iminente essa revolução, desconhece-lhe tão completamente o alcance que se pergunta se não resultará em um aumento dos privilégios. *"Quanto à nobreza"*, diz ele, *"se essa revolução lhes desse ainda mais preponderância, penso que causaria mais mal do que bem."*

Burke, cujo espírito foi abrasado pelo ódio que já desde o início a Revolução lhe inspirou, o próprio Burke por alguns momentos fica incerto ao vê-la. O que ele pressagia inicialmente é que a França ficará desfibrada e como que aniquilada. *"É de crer"*, diz, *"que por longo tempo as faculdades guerreiras da França estão extintas; pode até mesmo ser que o estejam para sempre e que os homens da geração que vem a seguir possam dizer, como aquele an-*

tigo: Gallos quoque in bellis floruisse audivimus – *ouvimos dizer que os próprios gauleses outrora haviam brilhado pelas armas.*"

De perto o evento não é mais corretamente avaliado que de longe. Na França, na véspera do dia em que a Revolução vai eclodir, ainda não se tem nenhuma ideia precisa sobre o que ela fará. Em meio à infinidade de cadernos de queixas, encontro apenas dois que mostram uma certa apreensão do povo. O que se teme é a preponderância que o poder régio – a corte, como ainda é chamado – deve conservar. A fragilidade e a curta duração dos estados gerais causam inquietude. Receia-se que sofram violência. A nobreza é particularmente atormentada por esse temor. *"As tropas suíças"*, dizem vários desses cadernos, *"deverão prestar o juramento de nunca portar armas contra os cidadãos, mesmo em caso de motim ou de revolta."* Que os estados gerais sejam livres e todos os abusos serão facilmente eliminados; a reforma a ser feita é imensa mas é fácil.

Enquanto isso a Revolução segue seu curso. À medida que a cabeça do monstro vai surgindo, que sua fisionomia singular e terrível se revela; que depois de destruir as instituições políticas ela abole as instituições civis e depois das leis muda os costumes, os usos e até a língua; quando, após deitar em ruínas o edifício do governo ela abala os alicerces da sociedade e por fim parece querer atacar o próprio Deus; quando em pouco tempo essa mesma Revolução transborda para fora, com procedimentos até então desconhecidos, uma tática nova, lemas mortíferos, opiniões *armadas*, como dizia Pitt, uma força inaudita que derruba as barreiras dos impérios, destroça as coroas, pisoteia os povos e, coisa estranha!, ao mesmo tempo conquista-os para sua causa; à medida que todas essas coisas vão eclodindo, o ponto de vista muda. O que para os príncipes da Europa e os estadistas inicialmente parecera um acidente comum da vida dos povos parece um fato tão novo e mesmo tão contrário a tudo o que acontecera anteriormente no mundo, e no entanto tão geral, tão gigantesco, tão incompreensível que ao vê-lo o espírito humano fica como que desnorteado. Uns pensam que essa força desconhecida, que nada parece alimentar nem abater, que ninguém conseguiria deter e que não pode deter a si mesma, vai impelir as sociedades humanas para a dissolução completa e final. Vários a consideram como a ação visível do demônio na Terra. "*A Revolução Francesa tem um caráter satânico*", diz De Maistre em 1797. Outros, ao contrário, descobrem nela um desígnio benfazejo de Deus, que quer renovar a face não só da França mas do mundo e que de certa forma vai criar uma humanidade nova. Em vários escritores da época encontra-se algo daquele pavor religioso que Salviano sentia em presença dos bárbaros. Burke, retomando sua ideia, brada: "*Privada de seu antigo governo, ou melhor, de qualquer governo, parecia que a França fosse um objeto de insulto e de compaixão, em vez de dever ser o flagelo e o terror do gênero humano. Mas do túmulo dessa monarquia assassinada saiu um ente informe, imenso, mais terrível que qualquer um dos que já atormentaram e subjugaram a imaginação dos homens. Esse ente horrendo e estranho marcha diretamente para seu objetivo, sem ser atemorizado pelo perigo ou detido pelo remorso; detrator de todos os preceitos correntes e de todos os meios comuns, vai derrubando por terra aqueles que não conseguem sequer compreender como ele existe.*"

O evento é efetivamente tão extraordinário como pareceu outrora aos contemporâneos? Tão inaudito, tão profundamente perturbador e renovador como eles supunham? Qual foi o verdadeiro sentido, qual foi o verdadeiro caráter, quais são os efeitos permanentes dessa revolução estranha e terrível? Ela destruiu precisamente o quê? Criou o quê?

Parece que o momento de pesquisar isso e de dizê-lo chegou, e que hoje estamos colocados no ponto exato de onde melhor se pode ver e julgar esse grande objeto.

LIVRO I

Distantes da Revolução o bastante para sentirmos apenas fracamente as paixões que turvavam a visão dos que a fizeram, estamos bastante próximos dela para podermos entrar no espírito que a conduziu e para compreendê-lo. Em breve isso ficará difícil, pois as grandes revoluções que são bem-sucedidas, fazendo desaparecer as causas que as produziram, tornam-se assim incompreensíveis justamente por causa de seu sucesso.

CAPÍTULO 2

Que o objetivo fundamental e final da Revolução não era, como se acreditou, abolir o poder religioso e debilitar o poder político

Uma das primeiras atitudes da Revolução Francesa foi atacar a Igreja e, entre as paixões que nasceram dessa revolução, a primeira a acender-se e a última a extinguir-se foi a paixão pela irreligiosidade. Mesmo quando o entusiasmo da liberdade havia se desvanecido, depois que as pessoas se reduziram a comprar a tranquilidade à custa da servidão, continuavam revoltadas contra a autoridade religiosa. Napoleão, que conseguira vencer o gênio liberal da Revolução Francesa, fez inúteis esforços para domar-lhe o gênio anticristão; e mesmo em nossa época vimos homens que acreditavam compensar seu servilismo para com os menores agentes do poder político por meio da insolência para com Deus e que, ao passo que abandonavam tudo o que havia de mais livre, de mais nobre e de mais altaneiro nas doutrinas da Revolução, ainda se vangloriavam de continuar fiéis a seu espírito ao continuarem ímpios.

E entretanto hoje é fácil convencer-se de que a guerra às religiões não era mais que um incidente dessa grande revolução, um traço marcante porém fugitivo de sua fisionomia, um produto passageiro das ideias, das paixões, dos fatos particulares que a precederam e prepararam, e não seu gênio próprio.

Considera-se, com razão, a filosofia do século XVIII como uma das causas principais da Revolução, e é bem verdade que essa filosofia é profundamente irreligiosa. Mas é preciso observar cuidadosamente nela duas partes, que são ao mesmo tempo distintas e separáveis.

Em uma encontram-se todas as opiniões novas ou renovadas que se referem à condição das sociedades e aos princípios das leis civis e políticas, tais como, por exemplo, a igualdade natural dos homens, a abolição de todos os privilégios de castas, de classes, de profissões, que é uma consequência dela, a soberania do povo, a onipotência do poder social, a uniformidade das regras etc. Todas essas doutrinas não são apenas as causas da Revolução Francesa: formam, por assim dizer, sua substância; são o que suas obras têm de mais fundamental, de mais duradouro, de mais autêntico com relação à época.

Na outra parte de suas doutrinas, os filósofos do século XVIII voltaram-se com uma espécie de fúria contra a Igreja; atacaram-lhe o clero, a hierarquia, as instituições, os dogmas, e para melhor derrubá-los quiseram arrancar os próprios fundamentos do cristianismo. Mas essa parte da filosofia do século XVIII, tendo nascido dos fatos que a própria revolução suprimia, devia pouco a pouco desaparecer com eles e ver-se como que sepultada em seu triunfo. Acrescentarei aqui apenas algumas palavras para fazer-me entender, pois pretendo retomar mais adiante esse grande assunto: era bem menos como doutrina religiosa do que como instituição política que o cristianismo havia acendido esses ódios furiosos; não porque os sacerdotes pretendessem regulamentar as coisas do outro mundo, mas porque eram proprietários, senhores, dizimeiros, administradores neste; não porque a Igreja não pudesse ocupar um lugar na sociedade nova que se ia fundar, mas porque ocupava então o lugar mais privilegiado e mais forte naquela velha sociedade que se tratava de reduzir a pó.

Considerai como a passagem do tempo ressaltou esta verdade e continua a ressaltá-la todos os dias: à medida que a obra política da Revolução se consolidava, sua obra irreligiosa foi se desmantelando; à medida que todas as antigas instituições políticas que ela atacou foram mais bem destruídas, que os poderes, as influências, as classes que lhe eram particularmente odiosos foram vencidos sem retorno e que, como derradeiro sinal de sua derrota, mesmo os ódios que inspiravam enlangueceram; por fim, à medida que o clero se apartou mais de tudo o que havia caído consigo, viu-se gradualmente o poder da Igreja reerguer-se nos espíritos e reforçar-se neles.

E não julgueis que esse cenário seja uma particularidade da França; praticamente não há na Europa igreja cristã que não tenha se reavivado depois da Revolução Francesa.

Acreditar que as sociedades democráticas sejam naturalmente hostis à religião é cometer um grande erro: nada no cristianismo, nem mesmo no catolicismo, é absolutamente contrário ao espírito dessas sociedades, e várias coisas lhe são muito favoráveis. Aliás, a experiência de todos os séculos mostrou que a raiz mais vivaz do instinto religioso sempre esteve plantada no coração do povo. Todas as religiões que pereceram encontraram ali seu derradeiro asilo, e seria muito estranho que as instituições que tendem a fazer prevalecer as ideias e as paixões do povo tivessem como efeito necessário e permanente impelir o espírito humano para a impiedade.

O que acabo de dizer sobre o poder religioso direi com mais razão ainda sobre o poder social.

Quando se viu a Revolução derrubar simultaneamente todas as instituições e todos os usos que até então haviam mantido uma hierarquia na sociedade e circunscrito os homens às normas, pôde-se acreditar que seu resultado seria destruir não apenas uma ordem social específica mas toda e qualquer ordem; não um determinado governo mas o próprio poder social; e julgou-se que sua natureza fosse essencialmente anárquica. E entretanto ouso dizer que também isso não passava de simples aparência.

Menos de um ano após o início da Revolução, Mirabeau escrevia confidencialmente ao rei: *"Comparai o novo estado de coisas com o Antigo Regime; é aí que nascem as consolações e as esperanças. Uma parte dos atos da assembleia nacional, e é a mais considerável, é evidentemente favorável ao governo monárquico. Então não é nada estar sem parlamento, sem* pays d'états[1], *sem corpo de clero, de privilegiados, de nobreza? A ideia de formar apenas uma única classe de cidadãos teria agradado a Richelieu: essa superfície uniforme facilita o exercício do poder. Vários reinados de um governo absoluto não teriam feito tanto pela autoridade régia quanto esse único ano de Revolução."* É compreender a Revolução como homem capaz de conduzi-la.

Como seu objetivo não foi apenas mudar um governo antigo, e sim abolir a forma antiga da sociedade, a Revolução Francesa teve de atacar simultaneamente todos os poderes estabelecidos, demolir todas as influências reconhecidas, apagar as tradições, renovar os costumes e os usos e, por assim dizer, esvaziar o espírito humano de todas as ideias nas quais se haviam fundamentado até então o respeito e a obediência. Daí seu caráter tão singularmente anárquico.

Mas afastai esses escombros: divisareis então um poder central imenso que atraiu e engoliu em sua unidade todas as parcelas de autoridade e de influência que anteriormente estavam dispersas em uma infinidade de poderes secundários, de ordens, de classes, de profissões, de famílias e de indivíduos, e como que espalhadas em todo o corpo social. Desde a queda do império romano não

---

1. Literalmente, país/países de estados (entendendo-se "país" em seu sentido primeiro, de região, lugar, território): províncias incorporadas tardiamente à Coroa e que no século XVIII ainda eram administradas por uma assembleia dos três estados, sempre sob o governo do rei. Ver o Apêndice, em que o autor trata "Dos *pays d'états* e particularmente de Languedoc". (N. da T.)

se via no mundo um poder semelhante. A Revolução criou essa potência nova; ou melhor, ela saiu como por si mesma das ruínas que a Revolução fez. Os governos que fundou são mais frágeis, é verdade, porém cem vezes mais poderosos que qualquer um dos que derrubou; frágeis e poderosos pelas mesmas causas, como será dito em outra passagem.

É essa forma simples, regular e grandiosa que Mirabeau já entrevia através da poeira das antigas instituições semidemolidas. O objeto, apesar de sua grandeza, então ainda estava invisível aos olhos da multidão; mas pouco a pouco o tempo foi expondo-o a todos os olhares. Hoje ele ocupa sobretudo os olhos dos príncipes. Consideram-no com admiração e inveja – não apenas os que a Revolução gerou mas mesmo aqueles que lhe são mais alheios e mais inimigos; todos eles, em seus domínios, esforçam-se por destruir as imunidades, abolir os privilégios. Misturam as posições sociais, nivelam as condições, substituem a aristocracia por funcionários, as franquias locais pela uniformidade das regras, a diversidade de poderes pela unidade de governo. Empenham-se nesse trabalho revolucionário com uma industriosidade incessante; e, se encontram algum obstáculo, às vezes acontece-lhes tomar emprestados da Revolução seus procedimentos e suas máximas. Vimos sublevarem, quando necessário, o pobre contra o rico, o plebeu contra o nobre, o camponês contra seu senhor. A Revolução Francesa foi ao mesmo tempo seu flagelo e sua professora.

CAPÍTULO 3

Como a Revolução Francesa foi uma revolução política que procedeu à maneira das revoluções religiosas e por quê

Todas as revoluções civis e políticas tiveram uma pátria e nela se confinaram. A Revolução Francesa não teve território próprio; mais ainda, de certa forma, seu efeito foi apagar do mapa todas as antigas fronteiras. Vimo-la aproximar ou dividir os homens a despeito das leis, das tradições, das características, das línguas, às vezes transformando inimigos em compatriotas e irmãos em estrangeiros; ou melhor, ela formou, acima de todas as nacionalidades particulares, uma pátria intelectual comum da qual os homens de todas as nações puderam tornar-se cidadãos.

Esquadrinhai todos os anais da História, não encontrareis uma única revolução política que tivesse esse mesmo caráter: só o encontrareis em certas revoluções religiosas. Por isso é com revoluções religiosas que devemos comparar a Revolução Francesa, se quisermos fazer-nos entender por meio da analogia.

Schiller, em sua história da Guerra dos Trinta Anos, observa com razão que a grande reforma do século XVI teve o efeito de subitamente aproximar entre si povos que mal se conheciam e uni-los estreitamente por simpatias novas. De fato, então vimos franceses lutarem contra franceses, ao passo que ingleses vinham em seu auxílio; homens nascidos nos confins do Báltico penetraram até o centro da Alemanha para defender alemães dos quais até então nunca tinham ouvido falar. Todas as guerras entre países tiraram alguma coisa das guerras civis; em todas as guerras civis apareceram estrangeiros. Os antigos interesses de cada nação foram esquecidos em favor de interesses novos; às questões de território sucederam questões de princípios. Todas as regras da diplomacia encontraram-se misturadas e complicadas, para grande espanto e grande dor dos políticos daquela época. Foi precisamente o que aconteceu na Europa depois de 1789.

A Revolução Francesa é portanto uma revolução política que operou à maneira e em certo sentido assumiu o aspecto de uma revolução religiosa. Vede quais traços particulares e característicos completam sua semelhança com estas: não apenas se espalha para longe, como elas; também penetra pela pregação e pela propaganda. Uma revolução política que inspira o proselitismo; que os franceses pregam tão ardorosamente para os estrangeiros quanto realizam com paixão em seu próprio país; observai como é novo o cenário! De todas as coisas desconhecidas que a Revolução Francesa mostrou ao mundo, esta é seguramente a mais nova. Mas não nos detenhamos aí; tentemos avançar um pouco mais e descobrir se essa semelhança nos efeitos não estaria ligada a alguma semelhança oculta nas causas.

A característica habitual das religiões é considerar o homem em si mesmo, sem se deter no que as leis, os costumes e as tradições de um país possam ter acrescentado de particular a esse fundo comum. Seu objetivo principal é regulamentar as relações gerais do homem com Deus e os direitos e deveres gerais dos homens entre si, independentemente da forma das sociedades. As regras de conduta que elas indicam referem-se menos ao homem de um país ou de uma época do que ao filho, ao pai, ao serviçal, ao amo, ao próximo. Buscando assim seu fundamento na própria natureza humana, podem ser adotadas igualmente por todos os homens e são aplicáveis em toda parte.

É por isso que as revoluções religiosas frequentemente tiveram teatros tão vastos e raramente se confinaram, como as revoluções políticas, no território de um único povo, nem mesmo de uma única raça. E, se quisermos examinar ainda mais de perto esse assunto, veremos que, quanto mais as religiões tiveram esse caráter abstrato e geral que acabo de indicar, mais elas se estenderam, a despeito das diferenças de leis, climas e homens.

As religiões pagãs da Antiguidade, que estavam todas menos ou mais ligadas à constituição política ou ao estado social de cada povo e conservavam até em seus dogmas uma certa fisionomia nacional e frequentemente municipal, em geral ficaram contidas nos limites de um território, de onde praticamente não saíram. Por vezes geraram intolerância e perseguição; mas o proselitismo lhes foi quase totalmente desconhecido. Por isso não houve em nosso Ocidente grandes revoluções religiosas antes da chegada do cristianismo. Ele sim, passando facilmente através de todas as barreiras que haviam detido as religiões pagãs, em pouco tempo conquistou uma grande parcela do gênero humano. Creio que não é faltar com o respeito a essa santa religião dizer que, em parte, ela deveu seu triunfo ao fato de, mais que qualquer outra, ter se desligado de tudo que podia ser específico de um povo, de uma forma de governo, um estado social, uma época, uma raça.

A Revolução Francesa operou, com relação a este mundo, precisamente do mesmo modo que as revoluções religiosas agem com vistas ao outro; considerou o cidadão de um modo abstrato, apartado de todas as sociedades particulares, assim como as religiões consideram o homem em geral, independentemente do país e da época. Não indagou apenas qual era o direito particular do cidadão francês, mas quais eram os deveres e os direitos gerais dos homens em matéria política.

Foi reportando-se sempre assim ao que havia de menos particular e, digamos, de mais *natural* em termos de estado social e de governo que ela pôde tornar-se compreensível para todos e imitável em cem lugares ao mesmo tempo.

Como parecia tender para a regeneração do gênero humano mais ainda que para a reforma da França, acendeu uma paixão que até então as revoluções políticas mais violentas nunca conseguiram produzir. Inspirou o proselitismo e fez nascer a propaganda. Desse modo, por fim, pôde assumir aquele aspecto de revolução religiosa que tanto apavorou os contemporâneos; ou melhor, ela mesma tornou-se uma espécie de religião nova – religião imperfeita, é verdade, sem Deus, sem culto e sem outra vida, mas que ainda assim, como o islamismo, inundou toda a Terra com seus soldados, apóstolos e mártires.

Aliás, não se deve crer que os processos que empregou fossem absolutamente sem precedentes e que todas as ideias que trouxe à luz fossem inteiramente novas. Houve em todos os séculos e até em plena Idade Média agitadores que, para mudar costumes particulares, invocaram as leis gerais das sociedades humanas e procuraram opor à constituição de seu país os direitos naturais da humanidade. Mas todas essas tentativas fracassaram: a mesma tocha que incendiou a Europa no século XVIII fora facilmente apagada no século XV. Para que argumentos dessa espécie produzam revoluções é preciso que certas mudanças já ocorridas nas condições, nos costumes e nos usos tenham preparado o espírito humano para aceitá-los.

Há épocas em que os homens são tão diferentes uns dos outros que a ideia de uma mesma lei aplicável a todos lhes é quase incompreensível. Há outras em que basta mostrar-lhes de longe e confusamente a imagem de uma lei dessas para que prontamente a reconheçam e corram para ela.

O mais extraordinário não é que a Revolução Francesa tenha empregado os processos que a vimos pôr em prática e concebido as ideias que produziu: a grande novidade é que tantos povos tivessem chegado ao ponto em que tais processos puderam ser eficazmente empregados e tais máximas ser facilmente aceitas.

CAPÍTULO 4

Como quase toda a Europa tivera precisamente as mesmas instituições e como em toda parte essas instituições estavam caindo em ruínas

Os povos que derrubaram o império romano e que acabaram por formar as nações modernas diferiam pelas raças, pelo país, pela linguagem; só se pareciam pela barbárie. Estabelecidos no solo do império, ali se entrechocaram por muito tempo em meio a uma confusão imensa; e, quando por fim se tornaram estáveis, viram-se separados uns dos outros pelas mesmas ruínas que haviam causado. Com a civilização quase extinta e a ordem pública destruída, as relações dos homens entre si tornaram-se difíceis e perigosas e a grande sociedade europeia fracionou-se em mil pequenas sociedades distintas e inimigas que viveram apartadas umas das outras. Entretanto, do meio dessa massa incoerente surgiram subitamente leis uniformes.

Essas instituições não são copiadas da legislação romana; são-lhe tão opostas que foi ao direito romano que se recorreu para transformá-las e aboli-las. Sua fisionomia é original e distingue-as entre todas as leis que os homens elaboraram. Correspondem simetricamente entre si e, juntas, formam um corpo composto de partes tão bem ajustadas que nem os artigos de nossos códigos modernos se interligam mais estreitamente; leis eruditas para uso de uma sociedade semirrústica.

Como uma legislação assim pôde formar-se, espalhar-se e por fim generalizar-se na Europa? Meu objetivo não é pesquisar isso. O indiscutível é que na Idade Média ela está menos ou mais presente em toda parte na Europa e que em muitos países reina com exclusão de todas as outras.

Tive oportunidade de estudar as instituições políticas da Idade Média na França, na Inglaterra e na Alemanha; e, à medida que ia avançando nesse trabalho, ficava abismado ao ver a prodigiosa similitude existente entre todas essas leis e admirava como povos tão diferentes e que se misturaram tão pouco puderam fazer leis tão semelhantes. Não é que de um lugar para outro elas não variem sem cessar e quase infinitamente nos detalhes; mas seu fundo é em toda parte o mesmo. Quando eu descobria na velha legislação germânica uma instituição política, uma regra, um poder, sabia antecipadamente que, procurando bem, encontraria na França e na Inglaterra algo totalmente semelhante quanto à substância; e de fato sempre encontrava. Cada um desses três povos ajudava-me a compreender melhor os outros dois.

Em todos os três o governo é conduzido de acordo com os mesmos preceitos, as assembleias políticas são formadas pelos mesmos elementos e dispõem dos mesmos poderes. A sociedade está dividida do mesmo modo e a mesma hierarquia aparece entre as diferentes classes; os nobres ocupam uma posição idêntica, têm os mesmos privilégios, a mesma fisionomia, a mesma índole: não são homens diferentes, são propriamente em toda parte os mesmos homens.

As constituições das cidades parecem-se; os campos são governados da mesma forma. A condição dos camponeses pouco difere; a terra é possuída, ocupada e cultivada do mesmo modo, o agricultor está sujeito aos mesmos encargos. Dos confins da Polônia ao mar da Irlanda, a senhoria, a corte do senhor, o feudo, o censo, os serviços a prestar, os direitos feudais, as corporações, tudo se parece. Às vezes os nomes são os mesmos e, o que é ainda mais notável, um único espírito anima todas essas instituições análogas. Creio que se pode aventar que no século XIV as instituições sociais, políticas, administrativas, judiciárias, econômicas e literárias da Europa tinham mais semelhanças entre si do que talvez até mesmo em nossos dias, em que a civilização parece ter-se empenhado em franquear todos os caminhos e baixar todas as barreiras.

Não faz parte de meu tema contar como essa antiga constituição da Europa foi pouco a pouco enfraquecendo e caindo em ruínas; limito-me a constatar que, no século XVIII, ela está semidestruída. Em geral o definhamento era menos acentuado na parte oriental do continente e mais na ocidental; porém em todos os lugares a velhice e frequentemente a decrepitude ficavam evidentes.

Essa decadência gradual das instituições próprias da Idade Média pode ser acompanhada em seus arquivos. Sabe-se que cada senhoria possuía cadastros denominados *terriers*, nos quais, de século em século, eram indicados os limites dos feudos e das propriedades censitárias, os encargos, os serviços a prestar, os usos locais. Vi *terriers* do século XIV que são obras-primas de método, clareza, ordem e inteligência. À medida que ficam mais recentes, vão se tornando obscuros, indigestos, incompletos e confusos, apesar do avanço geral das luzes. Parece que a sociedade política cai em barbárie no mesmo momento em que a sociedade civil consegue ilustrar-se.

Mesmo na Alemanha, em que a antiga constituição da Europa conservara melhor que na França seus traços primitivos, uma parte das instituições que ela criara já estava destruída em todo o país. Porém é menos vendo o que lhe falta do que considerando em que estado se encontra o que lhe resta que podemos avaliar os estragos do tempo.

As instituições municipais, que nos séculos XIII e XIV tinham feito das principais cidades alemãs pequenas repúblicas ricas e esclarecidas, ainda existem no século XVIII; porém não oferecem mais que vãs aparências. Suas prescrições parecem em vigor; os magistrados a que deram postos portam os mesmos nomes e parecem fazer as mesmas coisas; mas a atividade, a energia, o patriotismo comunal, as virtudes viris e fecundas que haviam inspirado desapareceram. Essas antigas instituições como que desmoronaram sobre si mesmas sem se deformarem.

Todos os poderes da Idade Média que ainda subsistem sofrem da mesma doença; todos mostram o mesmo depauperamento e a mesma languidez. Mais ainda, tudo que, sem pertencer especificamente à constituição dessa época, se viu ligado a ela e conservou um pouco viva sua marca, perde prontamente a vitalidade. Nesse contato a aristocracia contrai uma debilidade senil; a própria liberdade política, que encheu com suas obras toda a Idade Média, parece sofrer de esterilidade em todos os lugares onde conserva as características particulares que a Idade Média lhe dera. Onde as assembleias provinciais conservaram, sem nada mudar, sua antiga constituição, elas detêm o progresso da civilização mais do que o auxiliam; pareceria que são alheias e como que impenetráveis ao novo espírito dos tempos. Por isso o coração do povo lhes escapa e tende para os príncipes. A antiguidade dessas instituições não as tornou veneráveis; ao contrário, vão se desacreditando diariamente ao envelhecerem; e, coisa estranha, inspiram tanto mais ódio quanto, estando em decadência, menos parecem em condições de causar dano. "*O estado de coisas existente*", diz um escritor alemão, contemporâneo e amigo desse Antigo Regime, "*parece ter se tornado geralmente ofensivo para todos e às vezes desprezível. É curioso ver como agora se julga desfavoravelmente tudo que é antigo. As impressões novas brotam até no seio de nossas famílias e perturbam-lhes a ordem. Até mesmo nossas donas de casa não querem mais continuar com seus velhos móveis.*" Entretanto, na mesma época, na Alemanha como na França, a sociedade estava em grande atividade e cada vez mais próspera. Mas atentai bem para isto; este traço completa o quadro: tudo o que vive, age e produz é de origem nova, não apenas nova mas contrária.

É a realeza que nada mais tem de comum com a realeza da Idade Média, possui outras prerrogativas, ocupa outro lugar, tem outro espírito, inspira outros sentimentos; é a administração do Estado que se estende de todas as partes sobre os escombros dos poderes locais; é a hierarquia dos funcionários que substitui cada vez mais o governo dos nobres. Todos esses novos poderes agem de acordo com procedimentos e seguem preceitos que os homens da Idade Média não conheceram ou desaprovaram e que efetivamente estão relacionados com um estado de sociedade do qual eles nem sequer tinham ideia.

Na Inglaterra, onde à primeira vista diríamos que a antiga constituição da Europa ainda está em vigor, também acontece o mesmo. Se esquecermos os velhos nomes e deixarmos de lado as velhas formas, encontraremos ali já no século XVII o sistema feudal abolido em sua substância, classes que se interpenetram, uma nobreza inexpressiva, uma aristocracia aberta, a riqueza transformada em poder, igualdade perante a lei, igualdade de encargos, liberdade de imprensa, publicidade dos debates – todos princípios novos que a sociedade medieval ignorava. Ora, foram precisamente essas coisas novas que, introduzidas pouco a pouco e com arte naquele velho corpo, reanimaram-no sem risco de dissolvê-lo e encheram-no de renovado vigor, deixando-lhe formas antigas. A Inglaterra do século XVII já é uma nação totalmente moderna que somente preservou em seu seio e como que embalsamados alguns restos da Idade Média.

Essa olhadela para fora da França era necessária para facilitar o entendimento do que virá em seguida; pois quem houver estudado e visto somente a França, ouso dizer que nunca compreenderá coisa alguma da Revolução Francesa.

CAPÍTULO 5

Qual foi a obra específica da Revolução Francesa

Tudo o que precede este capítulo teve como única finalidade aclarar o assunto e facilitar a solução da questão que coloquei inicialmente: Qual foi o verdadeiro objetivo da Revolução? Qual é afinal seu caráter próprio? Foi feita precisamente por quê? Fez o quê?

A Revolução não foi feita, como se acreditou, para anular a soberania das crenças religiosas; apesar das aparências, foi essencialmente uma revolução social e política; e, no círculo das instituições dessa espécie, não tendeu a perpetuar a desordem, a torná-la como que estável, a *metodizar* a anarquia (como dizia um de seus principais adversários) e sim a aumentar a força e os direitos da autoridade pública. Ela não devia mudar o caráter que nossa civilização tivera até então (como outros pensaram), deter-lhe os avanços, nem mesmo alterar a essência de nenhuma das leis fundamentais em que se assentam as sociedades humanas em nosso Ocidente. Quando a separamos de todos os acidentes que momentaneamente lhe mudaram a fisionomia em diferentes épocas e em diversos países e a consideramos apenas em si mesma, vemos claramente que essa revolução teve como único efeito abolir aquelas instituições políticas que, durante vários séculos, haviam reinado soberanas sobre a maioria dos povos europeus e que habitualmente são chamadas de instituições feudais, para substituí-las por uma ordem social e política mais uniforme e mais simples que tinha como base a igualdade de condições.

Isso era suficiente para fazer uma revolução imensa, pois, independentemente do fato de ainda estarem misturadas e como que entrelaçadas com quase todas as leis religiosas e políticas da Europa, as instituições antigas tinham ademais sugerido uma infinidade de ideias, de sentimentos, de hábitos, de costumes, que lhes eram como que aderentes. Foi necessária uma terrível convulsão para destruir e extrair bruscamente do corpo social uma parte que estava agarrada assim a todos seus órgãos. Isso fez a Revolução parecer ainda maior do que era; parecia destruir tudo, pois o que destruía estava ligado a tudo e de certo modo incorporava-se a tudo.

Entretanto, por mais radical que tenha sido, a Revolução inovou muito menos do que geralmente se supõe; é o que mostrarei mais adiante. O que é válido dizer é que destruiu inteiramente ou está destruindo (pois perdura ainda) tudo o que na antiga sociedade decorria das instituições aristocráticas e feudais, tudo o que de algum modo se ligava a elas, tudo o que trazia delas, em qualquer grau que fosse, a *menor* marca. Conservou do antigo mundo apenas o que sempre fora alheio a essas instituições ou podia existir sem elas. O que a Revolução foi menos que tudo é um acontecimento fortuito. Pegou o mundo de surpresa, é bem verdade, e entretanto era apenas o complemento do mais longo trabalho, o encerramento súbito e violento de uma obra na qual dez gerações de homens haviam trabalhado. Se não tivesse acontecido, o velho edifício social não teria deixado de cair em todo lugar, aqui mais cedo, ali mais tarde; apenas, teria continuado a cair parte por parte em vez de desmoronar de uma só vez. A Revolução concluiu bruscamente, por um esforço convulsivo e doloroso, sem transição, sem precaução, sem complacência, o que teria se encerrado pouco a pouco por si mesmo ao longo do tempo. Essa foi sua obra.

É surpreendente que isso, que hoje parece tão fácil de discernir, permanecesse tão confuso e velado aos olhos mais clarividentes.

"*Queríeis corrigir os abusos de vosso governo*", diz o mesmo Burke aos franceses, "*mas por que fazer algo novo? Por que não vos apegastes a vossas antigas tradições? Por que não vos limitastes a retomar vossas antigas franquias? Ou, se vos era impossível recuperar a fisionomia indistinta da constituição de vossos pais, por que não olhastes para nosso lado? Teríeis encontrado então a antiga lei comum da Europa.*" Burke não percebe que tem ante os olhos a revolução que precisamente deve abolir essa antiga lei comum da Europa; não percebe que é exatamente disso que se trata e não de outra coisa.

Mas por que essa revolução, preparada em toda parte, ameaçadora em toda parte, eclodiu na França e não em outro lugar? Por que teve em nosso país certas características que não se repetiram em lugar algum ou que só reapareceram pela metade? Indiscutivelmente vale a pena levantar essa segunda questão; seu exame será o objeto dos livros seguintes.

LIVRO II

CAPÍTULO 1

Por que na França os direitos feudais haviam se tornado mais odiosos para o povo do que em todos os outros lugares

Uma coisa surpreende de imediato: a Revolução, cujo objetivo próprio era abolir em toda parte o restante das instituições medievais, não eclodiu nos países em que essas instituições, mais bem conservadas, mais impunham ao povo seu peso e seu rigor, e sim, ao contrário, nos países em que elas menos se faziam sentir; de tal forma que seu jugo pareceu mais insuportável justamente onde na realidade era menos pesado.

No final do século XVIII, em quase nenhuma parte da Alemanha a servidão já estava completamente abolida e na maioria delas o povo continuava positivamente preso à gleba, como na Idade Média. Quase todos os soldados que compunham os exércitos de Frederico II e de Maria Teresa eram autênticos servos.

Em 1788, na maioria dos Estados da Alemanha o camponês não pode deixar a senhoria; se a deixar, é perseguido onde quer que esteja e levado de volta à força. Está subordinado à justiça dominial, que fiscaliza sua vida privada e pune a intemperança e a preguiça. Não pode melhorar sua situação, mudar de profissão nem casar se não for do agrado do senhor. Grande parte de seu tempo deve ser dedicada ao serviço dele. Vários anos de sua juventude decorrem na domesticidade do castelo. A corveia senhorial está em plena atividade e em alguns lugares pode chegar a três dias por semana. É o camponês que repara e mantém em bom estado as propriedades do senhor, leva seus gêneros alimentícios ao mercado, transporta sua pessoa e é encarregado de levar suas mensagens. Entretanto o servo pode tornar-se proprietário de terra; mas tal propriedade nunca é plena. É obrigado a cultivar seu campo de uma certa maneira, sob o olhar do senhor; não pode aliená-lo nem hipotecá-lo por vontade própria. Em alguns casos forçam-no a vender seus produtos, em outros impedem-no de vendê-los; para ele o cultivo é sempre obrigatório. Mesmo sua sucessão não passa inteiramente para os filhos: a senhoria costuma reter uma parte.

Não pesquiso essas disposições em leis ultrapassadas; encontro-as até no código preparado por Frederico o Grande e promulgado por seu sucessor, no momento mesmo em que a Revolução Francesa acaba de eclodir.

Na França já há muito tempo não existia mais nada semelhante: o camponês ia, vinha, comprava, vendia, tratava, trabalhava à vontade. Os últimos vestígios da servidão eram vistos apenas em uma ou duas províncias do leste, províncias conquistadas; em todas as outras partes desaparecera totalmente e mesmo sua abolição remontava a uma época tão distante que a data estava esquecida. Pesquisas eruditas, feitas em nossos dias, provaram que já no século XIII não se encontra servidão na Normandia.

Mas na França também ocorrera na condição do povo uma revolução muito diferente: o camponês não apenas deixara de ser servo; tornara-se *proprietário fundiário*. Ainda hoje esse fato está tão mal estabelecido e teve, como veremos, tantas consequências que permitireis que eu me detenha um pouco aqui para considerá-lo.

Durante muito tempo acreditou-se que a divisão da propriedade fundiária datava da Revolução e só fora produzida por ela; testemunhos de toda espécie provam o contrário.

Pelo menos vinte anos antes dessa revolução, encontramos sociedades de agricultura que já deploram o excessivo parcelamento do solo. "*A divisão das heranças*", diz Turgot por volta da mesma época, "*é tanta que aquela que bastava para uma única família é partilhada entre cinco ou seis filhos. Consequentemente esses filhos e suas famílias já não conseguem subsistir unicamente da terra.*" Necker dissera, alguns anos depois, que havia na França uma "*imensidade*" de pequenas propriedades rurais.

Leio em um relatório confidencial feito a um intendente poucos anos antes da Revolução: "*As sucessões subdividem-se de um modo uniforme e inquietante e, como todos querem ter de tudo e em toda parte, as parcelas cultiváveis acham-se infinitamente divididas e subdividem-se sem cessar.*" Não pensaríamos que isso foi escrito em nossos dias?

Eu mesmo tive dificuldades infinitas para de certa forma reconstruir o cadastro do Antigo Regime, e por vezes consegui. De acordo com a lei de 1790 que estabeleceu o imposto fundiário, cada paróquia teve de fazer um levantamento das propriedades então existentes em seu território. A maioria desses inventários desapareceu; mesmo assim consegui recuperá-los em algumas aldeias e, comparando-os com as listas de hoje, vi que naquelas aldeias o número de proprietários de terra chegava à metade, frequentemente a dois terços do número atual – o que parecerá notável se lembrarmos que a população total da França aumentou em mais de um quarto desde aquela época.

Já então, como em nossos dias, o amor do camponês pela propriedade fundiária é extremado e todas as paixões que lhe nascem da posse do solo estão acesas. "*As terras vendem-se sempre acima de seu valor*", diz um excelente observador contemporâneo; "*isso se deve ao anseio de todos os habitantes por se tornar proprietários. Todas as economias das classes baixas, que em outros lu-*

gares são aplicadas com particulares e em fundos públicos, na França são destinadas à aquisição de terras."

Entre todas as coisas novas que Arthur Young percebe em nosso país quando nos visita pela primeira vez, nenhuma o impressiona mais do que a grande divisão da terra entre os camponeses; afirma que metade do solo da França pertence a eles pessoalmente. *"Eu não tinha a menor ideia de um tal estado de coisas"*, diz frequentemente; e de fato um tal estado de coisas não existia então em nenhum outro lugar exceto na França ou em sua vizinhança mais próxima.

Na Inglaterra existiram camponeses proprietários, mas já então eram muito menos numerosos. Na Alemanha houvera, em todas as épocas e em toda parte, um certo número de camponeses livres e que eram donos legítimos de porções do solo. As leis particulares e frequentemente bizarras que regiam a propriedade do camponês aparecem também nos mais antigos costumes germânicos; mas esse tipo de propriedade sempre foi um fato excepcional e o número de pequenos proprietários de terra sempre foi muito pequeno.

As regiões da Alemanha em que, no final do século XVIII, o camponês era proprietário e aproximadamente tão livre quanto na França situam-se, em sua maioria, ao longo do Reno; também foi ali que as paixões revolucionárias da França se difundiram mais cedo e foram sempre mais vivas. As partes da Alemanha que, ao contrário, durante mais tempo ficaram impenetráveis a essas paixões são aquelas em que ainda não se via nada parecido. Observação relevante.

Portanto, acreditar que na França a divisão da propriedade rural data da Revolução é seguir um erro comum; o fato é muito mais antigo que ela. A Revolução realmente vendeu todas as terras do clero e grande parte das terras dos nobres; mas quem consultar diretamente as atas dessas vendas, como por vezes tive a paciência de fazer, verá que a maioria das terras foi comprada por pessoas que já possuíam outras; de forma que, se a propriedade mudou de mãos, o número de proprietários aumentou muito menos do que se pensa. Já havia na França uma "*imensidade*" deles, de acordo com a expressão temerária – mas correta neste caso – de Necker.

A Revolução não teve como efeito dividir o solo e sim liberá-lo por um momento. De fato, todos esses pequenos proprietários eram muito coibidos na exploração de suas terras e suportavam muitas sujeições das quais não lhes era permitido se libertar.

Indiscutivelmente tais encargos eram pesados; mas o que os fazia parecer insuportáveis era precisamente a circunstância que à primeira vista deveria ter aliviado seu peso: mais do que em qualquer outra parte da Europa, esses mesmos camponeses haviam se livrado do governo de seus senhores – outra revolução não menor do que essa que os tornara proprietários.

Embora o Antigo Regime ainda esteja muito próximo de nós, visto que encontramos diariamente homens que nasceram sob suas leis, já parece perder-se na noite dos tempos. A revolução radical que dele nos separa produziu o efeito de séculos: obscureceu tudo o que não destruía. Portanto há hoje poucas pessoas que possam responder com exatidão a esta simples pergunta: Como eram administrados os campos antes de 1789? E de fato não seria possível responder precisamente e com detalhes sem ter estudado não os livros, mas os arquivos administrativos daquela época.

Frequentemente ouvi dizerem: a nobreza, que há muito tempo deixara de tomar parte no governo do Estado, conservara até o fim a administração dos campos; seus senhores governavam os camponeses. Na verdade isso é um equívoco.

No século XVIII, todos os assuntos da paróquia eram conduzidos por um certo número de funcionários que não eram mais agentes da senhoria e que o senhor não mais escolhia; uns eram nomeados pelo intendente da província, outros eram eleitos pelos próprios camponeses. Cabia a essas autoridades repartir o imposto, reparar as igrejas, construir as escolas, reunir e presidir a assembleia da paróquia. Zelavam pelos bens comunais e regulamentavam seu uso, intentavam e defendiam em nome da comunidade os processos. Não apenas o senhor já não dirigia a administração de todos esses pequenos assuntos locais como também não a fiscalizava. Todos os funcionários da paróquia estavam sob o governo ou sob o controle do poder central, como mostraremos no próximo capítulo. Mais ainda, já quase não se via o senhor agir como o representante do rei na paróquia, como intermediário entre ele e os habitantes. Já não está encarregado de aplicar ali as leis gerais do Estado, de reunir as milícias, cobrar as taxas, publicar as ordens do príncipe, distribuir os auxílios. Todos esses deveres e todos esses direitos pertencem a outros. Na realidade o senhor não é mais que um habitante a quem imunidades e privilégios separam e isolam de todos os outros; sua condição é diferente, não seu poder. *"O senhor não é mais que um primeiro-habitante"*, cuidam de dizer os intendentes nas cartas a seus subdelegados.

Se sairdes da paróquia e considerardes o cantão, vereis novamente o mesmo cenário. Em parte alguma os nobres administram juntos, não mais que individualmente. E isso era específico da França; todos os outros lugares conservavam parcialmente a marca característica da antiga sociedade feudal: a posse da terra e o governo dos habitantes ainda se confundiam.

A Inglaterra era tanto administrada quanto governada pelos principais proprietários do solo. Mesmo nas partes da Alemanha em que melhor haviam conseguido subtrair-se à tutela dos nobres nos assuntos gerais do Estado, como na Prússia e na Áustria, os príncipes deixaram-lhes uma grande parcela da administração dos campos; e, se em certos locais chegaram a controlar o senhor, em parte alguma já haviam tomado seu lugar.

Na verdade, já há muito tempo os nobres franceses nada mais tinham a ver com a administração pública, a não ser em um único ponto: a justiça. Os principais dentre eles haviam conservado o direito de ter juízes que decidiam em seu nome certos processos, e ainda estabeleciam ocasionalmente regulamentos de polícia dentro da senhoria; mas o poder régio gradualmente encolhera, limitara, subordinara a justiça senhorial, a ponto de os senhores que ainda a exerciam considerarem-na menos um poder do que um rendimento.

O mesmo acontecia com todos os direitos específicos da nobreza. A parte política havia desaparecido; apenas a parte pecuniária permanecera e às vezes aumentara fortemente. Agora quero falar apenas daquela parcela de privilégios úteis que portava por excelência o nome de direitos feudais, porque são eles particularmente que afetam o povo.

É difícil dizer hoje em que esses direitos consistiam ainda em 1789, pois seu número fora imenso, sua diversidade, prodigiosa, e muitos já haviam desaparecido ou tinham se transformado; de forma que o sentido das palavras que os designavam, já confuso para os contemporâneos, tornou-se muito obscuro para nós. Mesmo assim, consultando os livros dos feudistas do século XVIII e pesquisando com atenção os usos locais, percebe-se que todos os direitos ainda existentes podem ser reduzidos a um pequeno número de espécies principais; todos os outros subsistem, é verdade, porém não são mais que espécimes isolados.

Em toda parte os vestígios da corveia senhorial estão semiapagados. A maioria dos direitos de pedágio sobre as estradas moderou-se ou foi eliminada; mesmo assim, são poucas as províncias em que não existem ainda vários deles. Em todas, os senhores recolhem direitos sobre as feiras e nos mercados. Sabe-se que na França inteira eles gozavam do direito exclusivo de caça. Em geral, são os únicos a possuírem pombais e pombos; em quase toda parte obrigam o camponês a moer o cereal em seu moinho e espremer a uva em seu lagar. Um direito universal e muito oneroso é o dos *lods et ventes*; é um imposto pago ao senhor cada vez que se vendem ou se compram terras nos limites da senhoria. Por fim, em toda a extensão do território a terra está sobrecarregada de censos, de rendas fundiárias e de prestações em dinheiro ou em produtos que são devidas ao senhor pelo proprietário e das quais este não pode se liberar. Através de todas essas diversidades observa-se uma característica em comum: todos esses direitos relacionam-se menos ou mais com o solo ou com seus produtos; todos atingem aquele que o cultiva.

Sabe-se que os senhores eclesiásticos gozavam das mesmas vantagens; pois a Igreja, que diferia da feudalidade quanto à origem, destinação e natureza, mesmo assim acabara mesclando-se intimamente a ela e, embora nunca tivesse se incorporado totalmente a essa substância distinta, penetrara tão profundamente nela que ali permanecia como que incrustada.

Assim, em virtude de suas funções eclesiásticas, bispos, cônegos, abades possuíam feudos ou propriedades censitárias; geralmente o convento tinha a senhoria da aldeia em cujo território se situava. Tinha servos na única parte da França onde ainda existiam; empregava a corveia, cobrava direitos sobre as feiras e os mercados, tinha seu forno, seu moinho, seu lagar, seu touro banal. Ademais, na França como em todo o mundo cristão, o clero gozava do direito de dízimo.

Mas o que me importa aqui é destacar que, em toda a Europa de então, existiam os mesmos direitos feudais, *precisamente os mesmos*, e que na maior parte dos países do continente eles eram muito mais pesados. Citarei apenas a corveia senhorial. Na França, ela era rara e leve; na Alemanha, ainda era universal e pesada.

Mais ainda, vários dos direitos de origem feudal que mais revoltaram nossos pais, que eles consideravam contrários não apenas à justiça mas à civilização – o dízimo, as rendas fundiárias inalienáveis, as prestações perpétuas, os *lods et ventes*, o que na linguagem um tanto enfática do século XVIII chamavam de *a servidão da terra* –, todas essas coisas também existiam então, em parte, entre os ingleses; várias existem ainda hoje. Elas não impedem a agricultura inglesa de ser a mais aperfeiçoada e a mais rica do mundo, e o povo inglês mal percebe que existem.

Assim sendo, por que na França os mesmos direitos feudais excitaram no coração do povo um ódio tão forte que sobreviveu a seu próprio objeto e parece inextinguível? A causa desse fenômeno é, por um lado, que o camponês francês se tornara proprietário de terra e, por outro, que se livrara inteiramente do governo de seu senhor. Há ainda muitas outras causas, sem dúvida, mas penso que estas são as principais.

Se não tivesse possuído o solo, o camponês seria como que insensível a vários dos encargos que o sistema feudal fazia pesar sobre a propriedade rural. Que importa o dízimo a quem é apenas arrendatário? Ele o retira do produto do arrendamento. Que importa a renda fundiária a quem não é proprietário do fundo? Que importam até mesmo os problemas da plantação a quem planta para outro?

Por outro lado, se o camponês francês ainda fosse administrado por seu senhor, os direitos feudais teriam lhe parecido bem menos insuportáveis, porque os teria visto apenas como uma consequência natural da constituição do país.

Quando a nobreza possui não apenas privilégios mas poderes, quando governa e administra, seus direitos particulares podem simultaneamente ser maiores e menos sentidos. Nos tempos feudais, considerava-se a nobreza mais ou menos com os mesmos olhos com que hoje se considera o governo: os encargos que ela impunha eram tolerados em vista das garantias que proporcionava. Os nobres tinham privilégios incômodos, possuíam direitos onerosos; mas garantiam a ordem pública, distribuíam justiça, faziam executar a lei, vinham em socorro do fraco, conduziam os assuntos de interesse comum. À medida que a nobreza deixa de fazer essas coisas, o peso de seus privilégios vai parecendo maior e finalmente mesmo sua existência já não é compreendida.

Peço que imagineis o camponês francês do século XVIII, ou melhor, esse que conheceis, pois é sempre o mesmo: sua condição mudou, mas não sua índole. Vede-o tal como os documentos que citei o descreveram: tão apaixonadamente enamorado da terra que destina a comprá-la todas suas economias e compra-a a qualquer preço. Para adquiri-la precisa primeiramente pagar um direito, não ao governo mas a outros proprietários da vizinhança, tão alheios quanto ele à administração dos assuntos públicos e quase tão impotentes quanto ele. Por fim a possui; nela enterra seu coração junto com as sementes. Esse pedacinho de chão que no vasto universo lhe pertence exclusivamente enche-o de orgulho e de independência. Entretanto surgem os mesmos vizinhos, que o arrancam de seu campo e obrigam-no a ir trabalhar em outro lugar, sem salário. Quando tenta defender suas sementes contra a caça deles, impedem-no; esses mesmos esperam-no na passagem do rio para cobrar-lhe um direito de pedágio. Encontra-os de novo no mercado, onde lhe vendem o direito de vender seus próprios produtos. E quando, de volta ao lar, quer alimentar-se com o restante de seu trigo, desse trigo que cresceu ante seus olhos e por suas mãos, é obrigado a levá-lo para moer no moinho e assar no forno daqueles mesmos homens. É proporcionando rendas para eles que uma parte do rendimento de seu pequeno domínio se esvai, e essas rendas são imprescritíveis e irresgatáveis.

Faça o que fizer, em toda parte ele depara com esses vizinhos incômodos que vêm estragar seu prazer, atrapalhar seu trabalho, comer seus produtos; e, quando finalmente se livra deles, outros se apresentam, vestidos de preto, que lhe tomam a maior parte da colheita. Imaginai a situação, as necessidades, o caráter, as paixões desse homem e calculai, se puderdes, os tesouros de ódio e de inveja que se acumularam em seu coração.

A feudalidade continuava a ser a maior de todas nossas instituições civis e deixara de ser uma instituição política. Assim reduzida, excitava muito mais ódios ainda; e pode-se dizer com razão que abolir uma parte das instituições da Idade Média tornara cem vezes mais odioso o que delas restava.

CAPÍTULO 2

Que a centralização administrativa é uma instituição do Antigo Regime e não uma obra da Revolução nem do Império, como se diz

Ouvi outrora, no tempo em que tínhamos assembleias políticas na França, um orador dizer, falando da centralização administrativa: *"Essa bela conquista da Revolução, que a Europa nos inveja."* Quero crer que a centralização seja uma bela conquista, admito que a Europa a inveja de nós, mas afirmo que não é uma conquista da Revolução. Ao contrário, é um produto do Antigo Regime e, acrescentarei, a única parte da constituição política do Antigo Regime que sobreviveu à Revolução, porque era a única que podia adaptar-se ao novo estado social que essa Revolução criou. O leitor que tiver a paciência de ler com atenção este capítulo talvez venha a achar que provei sobejamente minha tese.

Peço que me permitam primeiramente deixar de lado os assim chamados *pays d'états*, isto é, as províncias que se administram, ou melhor, que ainda pareciam, em parte, administrar a si mesmas.

Os *pays d'états*, situados nas extremidades do reino, não continham mais que um quarto da população total da França e, entre eles, havia apenas dois em que a liberdade provincial estava realmente viva. Voltarei posteriormente aos *pays d'états* e mostrarei a que ponto o poder central havia sujeitado até mesmo eles às regras comuns[1].

---

1. Ver o Apêndice.

Quero tratar aqui principalmente dos que a língua administrativa da época denominava *pays d'élection*[2], embora neles houvesse menos eleições que em qualquer outra parte. Envolviam Paris por todos os lados; estavam todos interligados e formavam o coração e a melhor parte do corpo da França.

Quando lançamos um primeiro olhar sobre a antiga administração do reino, inicialmente tudo parece diversidade de regras e de autoridade, encavalamento de poderes. A França está repleta de corpos administrativos ou de funcionários isolados que não dependem uns dos outros e que tomam parte no governo em virtude de um direito que compraram e que não lhes pode ser tomado. Suas atribuições frequentemente são tão entremescladas e tão contíguas que eles se acotovelam e se entrechocam no círculo dos mesmos assuntos.

Cortes de justiça participam indiretamente do poder legislativo; têm o direito de fazer regulamentos administrativos que vigem nos limites de sua competência. Às vezes enfrentam a administração propriamente dita, criticam ruidosamente suas medidas e decretam contra seus agentes. Simples juízes fazem regulamentos de polícia nas cidades e burgos onde residem.

As cidades têm constituições muito diversas. Seus magistrados portam nomes diferentes ou tiram seus poderes de diferentes fontes: aqui um prefeito, ali cônsules, acolá síndicos. Alguns são escolhidos pelo rei, outros pelo antigo senhor ou pelo príncipe apanagista; há os que são eleitos para um ano por seus cidadãos e outros que compraram o direito de governá-los perpetuamente.

São esses os remanescentes dos antigos poderes; mas pouco a pouco se estabeleceu no meio deles algo com-

---

2. Literalmente, país/países de eleição: circunscrições administradas pelos *élus* (os "eleitos", porque inicialmente o eram, antes de seus cargos tornarem-se venais), agentes régios cuja principal função era ratear e recolher a talha e alguns outros impostos. (N. da T.)

parativamente novo ou transformado que agora devo descrever.

No centro do reino e perto do trono formou-se um corpo administrativo singularmente poderoso e em cujo seio todos os poderes se reúnem de um modo novo: o *conselho do rei*.

Sua origem é antiga, mas a maioria de suas funções é de data recente. É simultaneamente: suprema corte de justiça, pois tem o direito de anular as decisões de todos os tribunais comuns; tribunal superior administrativo, pois é dele que dependem em última instância todas as jurisdições especiais. Como conselho do governo, possui ademais, ao bel-prazer do rei, força legislativa, discute e propõe a maioria das leis, determina e rateia os impostos. Como conselho superior de administração, cabe-lhe estabelecer as regras gerais que devem dirigir os agentes do governo. Decide sobre todos os assuntos importantes e fiscaliza os poderes secundários. Tudo acaba por chegar a ele e dele parte o movimento que se transmite a tudo. Entretanto não tem jurisdição própria. O rei é o único a decidir, ainda que o conselho pareça decretar. Mesmo aparentando exercer a justiça, é composto apenas de simples *fornecedores de pareceres*, como diz o parlamento em uma de suas advertências.

Esse conselho é composto não de grandes senhores e sim de personagens de origem mediana ou baixa, de ex-intendentes e outras pessoas peritas na prática dos assuntos públicos; são todos destituíveis.

Costuma agir discretamente e sem alarde, mostrando sempre menos pretensões do que poder. Por isso não tem por si só nenhum brilho; ou melhor, perde-se no esplendor do trono do qual está próximo, tão poderoso que se imiscui em tudo e ao mesmo tempo tão obscuro que a História mal o nota.

Assim como toda a administração do país é dirigida por um corpo único, quase todo o manejo dos assuntos internos é confiado aos cuidados de um único agente, o *inspetor geral*.

Se abrirdes um almanaque do Antigo Regime, lereis que cada província tinha seu próprio ministro; mas, quando se estuda nos dossiês a administração, logo se percebe que o ministro da província tem apenas algumas oportunidades pouco importantes de agir. O andamento rotineiro das atividades é comandado pelo inspetor geral; pouco a pouco ele atraiu para si todos os assuntos que dão margem a questões financeiras, ou seja, quase toda a administração pública. Vemo-lo atuar sucessivamente como ministro das finanças, ministro do interior, ministro das obras públicas, ministro do comércio.

Assim como na verdade a administração central tem apenas um único agente em Paris, tem apenas um único agente em cada província. No século XVIII ainda encontramos grandes senhores que portam o nome de *governadores provinciais*. São os antigos representantes, frequentemente hereditários, da realeza feudal. Ainda lhes são concedidas honrarias, porém não têm mais nenhum poder. O intendente possui toda a realidade do governo.

O intendente é um homem de origem comum, sempre de fora da província, jovem, com a fortuna por fazer. Não exerce seus poderes por direito de eleição, de nascimento ou de ofício comprado; é escolhido pelo governo entre os membros inferiores do conselho de Estado e é sempre destituível. Separado desse corpo, representa-o, e é por isso que a língua administrativa da época chama-o de *comissário destacado*. Em suas mãos estão acumulados quase todos os poderes que o próprio conselho possui; exerce-os todos em primeira instância. Como o conselho, é simultaneamente administrador e juiz. Corresponde-se com todos os ministros; na província, é o agente único de todas as vontades do governo.

Abaixo dele e nomeado por ele há em cada cantão um funcionário destituível discricionariamente, o *subdele-*

gado. O intendente é em geral um recém-enobrecido; o subdelegado é sempre um plebeu. Mesmo assim, representa o governo todo na pequena circunscrição que lhe é designada, como o intendente na *généralité*[3] toda. É subordinado ao intendente, como este ao ministro.

O marquês de Argenson conta em suas *Mémoires* que um dia Law lhe disse: "*Nunca teria imaginado o que vi quando era inspetor de finanças. Sabei que este reino de França é governado por trinta intendentes. Não tendes parlamento, nem estados, nem governadores: são trinta relatores designados para as províncias; deles depende o sucesso ou o fracasso dessas províncias, sua abundância ou sua esterilidade.*"

Entretanto esses funcionários tão poderosos ficavam eclipsados pelos restos da antiga aristocracia feudal e como que perdidos em meio ao brilho que ela ainda lançava; é por isso que mesmo em seu tempo mal eram vistos, embora sua mão já estivesse por toda parte. Na sociedade, os nobres tinham sobre eles a vantagem da posição, da riqueza e da consideração que sempre está ligada às coisas antigas. No governo, a nobreza rodeava o príncipe e formava sua corte; comandava as frotas, dirigia os exércitos; em resumo, fazia o que mais salta aos olhos dos contemporâneos e com demasiada frequência prende a atenção da posteridade. Propor a um grande senhor nomeá-lo intendente seria insultá-lo; o mais pobre fidalgo de sangue geralmente rejeitaria o cargo. A seus olhos o intendente era o representante de um poder intruso, um político novato e plebeu encarregado de governar os burgueses e os camponeses e, em suma, um colega muito insig-

---

3. Circunscrição financeira (literalmente, "generalidade") inicialmente dirigida por um *général des finances*. Como no século XVII as *généralités* passaram a ser administradas por intendentes, o termo tornou-se sinônimo usual de *intendance*, embora a *généralité* e a intendência nem sempre coincidissem exatamente. Em 1789 havia na França 36 *généralités*. (N. da T.)

nificante. Entretanto esses homens governavam a França, como dissera Law e como vamos ver.

Comecemos primeiramente pelo direito fiscal, que de certa forma contém em si todos os outros.

Sabe-se que uma parte dos impostos era arrendada: nesses casos, era o conselho do rei que tratava com as companhias financeiras, estabelecia as condições do contrato e regulamentava o modo de percepção. Todas as outras taxas, como a talha, a capitação e as vintenas, eram estabelecidas e cobradas diretamente pelos agentes da administração central ou sob sua fiscalização todo-poderosa.

Era o conselho que fixava anualmente, por uma decisão secreta, o montante da talha e de seus numerosos acessórios, bem como o rateio entre as províncias. Dessa forma a talha aumentara de ano para ano sem que ninguém fosse previamente alertado por qualquer rumor.

Como a talha era um imposto antigo, outrora seu cálculo e sua cobrança haviam sido confiados a agentes locais, que eram todos menos ou mais independentes do governo, visto que exerciam seus poderes por direito de nascimento ou de eleição, ou em virtude de cargos comprados. Eram o *senhor*, o *coletor paroquial*, os *tesoureiros de França*, os *élus*[4]. Essas autoridades ainda existiam no século XVIII, mas umas haviam deixado totalmente de ocupar-se da talha e outras agora o faziam apenas de forma secundária e inteiramente subordinada. Mesmo então todo o poder estava nas mãos do intendente e de seus agentes; na realidade, apenas ele rateava a talha entre as paróquias, orientava e fiscalizava os coletores, concedia adiamentos e dispensas.

Quanto a outros impostos, como a capitação, por serem recentes, o governo já não se via entravado pelos escombros dos antigos poderes; agia sozinho, sem nenhuma in-

---

4. Ver a nota 2, p. 41. (N. da T.)

tervenção dos governados. O inspetor-geral, o intendente e o conselho determinavam o montante de cada quota.

Passemos do dinheiro aos homens.

Por vezes causa espanto que os franceses tenham suportado tão pacientemente o jugo da conscrição militar na época da Revolução e depois; mas é preciso considerar que há muito tempo todos vinham se submetendo a ela. Esse recrutamento fora precedido pela milícia, encargo mais pesado, embora os contingentes exigidos fossem menores. De tempos em tempos fazia-se um sorteio entre a juventude rural e de seu meio tirava-se um certo número de soldados com os quais se formavam regimentos de milícia em que serviam durante seis anos.

Como a milícia era uma instituição comparativamente moderna, nenhum dos antigos poderes feudais se ocupava dela; toda a operação era confiada unicamente aos agentes do governo central. O conselho determinava o contingente geral e a parcela que cabia à província. O intendente estabelecia o número de homens a ser recrutados em cada paróquia; seu subdelegado presidia o sorteio, julgava os casos de isenção, designava os milicianos que podiam residir em seus lares, os que deviam partir e por fim entregava estes à autoridade militar. Só se podia recorrer ao intendente e ao conselho.

Pode-se dizer também que fora dos *pays d'états* todas as obras públicas, mesmo as de destinação mais particular, eram decididas e comandadas unicamente pelos agentes do poder central.

Existiam ainda autoridades locais e independentes que, como *o senhor, os comitês de finanças, os vedores de caminho*, podiam participar desse lado da administração pública. Mas em quase todos os lugares esses velhos poderes atuavam pouco ou já não atuavam absolutamente; mesmo um exame muito superficial dos documentos administrativos da época mostra isso. Todas as estradas principais e mesmo as estradas secundárias que levavam de uma cidade a outra eram abertas e conservadas com o produto das contribuições gerais. Era o conselho que definia o projeto e determinava a adjudicação. O intendente dirigia os trabalhos dos engenheiros, o subdelegado reunia a corveia que devia executá-los. Para os antigos poderes locais restou apenas o cuidado dos caminhos vicinais, que assim permaneciam impraticáveis.

O grande agente do governo central em matéria de obras públicas era, como atualmente, o *corpo de viação e obras públicas*. Aqui tudo se parece de um modo singular, apesar da diferença de épocas. A administração das obras públicas tem um conselho e uma escola: inspetores que percorrem anualmente toda a França; engenheiros que residem no local da obra e, sob as ordens do intendente, são encarregados de dirigir todos os trabalhos. As instituições do Antigo Regime que, em número muito maior do que se supõe, foram transportadas para a nova sociedade geralmente perderam nessa passagem seus nomes, mesmo quando conservaram as formas; mas estas conservaram ambos – um fato raro.

O governo central encarregava-se sozinho, auxiliado por seus agentes, de manter a ordem pública nas províncias. A polícia montada cobria em pequenas brigadas toda a área do reino e em toda parte estava sob o comando dos intendentes. Era com o auxílio desses soldados e, se necessário, do exército que o intendente enfrentava todos os perigos inesperados, prendia os vagabundos, reprimia a mendicância e sufocava os motins que o preço dos cereais constantemente gerava. Nunca acontecia, como outrora, que os governados fossem chamados a ajudar o governo nessa parte de sua tarefa, exceto nas cidades, onde geralmente existia uma guarda urbana para a qual o intendente escolhia os soldados e nomeava os oficiais.

Os tribunais judiciais haviam conservado o direito de estabelecer regulamentos de polícia e frequentemente faziam uso dele; mas tais regulamentos só eram aplicáveis em uma parte do território e quase sempre em um único lugar. O conselho sempre podia anulá-los e volta e meia os anulava, quando se tratava das jurisdições inferiores. Ele, por sua vez, fazia cotidianamente regulamentos gerais, aplicáveis a todo o reino, tanto sobre matérias diferentes das que os tribunais haviam regulamentado como sobre as mesmas matérias regulamentadas de modo diferente. O número desses regulamentos ou, como se dizia então, desses *decretos do conselho* é imenso e aumenta sem cessar à medida que a Revolução se aproxima. Durante os quarenta anos que a precedem não há praticamente nenhuma parte da economia social ou da organização política que não tenha sido remanejada por decretos do conselho.

Na antiga sociedade feudal, o senhor possuía grandes direitos mas tinha também grandes encargos. A ele cabia socorrer os indigentes no interior de seus domínios. Encontramos um último vestígio dessa velha legislação europeia no código prussiano de 1795, que reza: "*O senhor deve zelar para que os camponeses pobres recebam educação. Deve, tanto quanto possível, proporcionar meios de vida para seus vassalos que não tiverem terra. Se algum deles cair em indigência, é obrigado a socorrê-lo.*"

Na França já desde muito tempo não existia nenhuma lei semelhante a essa. Como haviam tirado do senhor seus antigos poderes, ele se subtraíra a suas antigas obrigações. Nenhuma autoridade local, nenhum conselho, nenhuma associação provincial ou paroquial assumira seu lugar. Ninguém mais estava obrigado por lei a ocupar-se dos pobres dos campos; o governo central ousadamente decidira prover sozinho as necessidades deles. Todos os anos o conselho destinava a cada província, do produto geral das taxas, certos fundos que o intendente distribuía para socorrer as paróquias. Era a ele que o agricultor necessitado devia dirigir-se. Nos períodos de escassez, era o intendente que mandava distribuir trigo ou arroz para o povo. O conselho anualmente publicava decretos ordenando que fossem estabelecidas, em certos lugares que ele mesmo tinha o cuidado de indicar, oficinas de caridade onde os camponeses mais pobres podiam trabalhar mediante um pequeno salário. É fácil concluir que uma caridade feita de tão longe frequentemente era cega ou errática e sempre muito insuficiente.

O governo central não se limitava a ir em socorro dos camponeses em suas misérias; pretendia ensinar-lhes a arte de enriquecer, ajudá-los nisso e, se necessário, forçá-los. Com essa finalidade, de tempos em tempos mandava seus intendentes e subdelegados distribuírem pequenos textos sobre a arte agrícola, fundava sociedades de agricultura, prometia prêmios, mantinha com altos custos sementeiras cujos produtos distribuía. Parece que teria sido mais eficaz aliviar o peso e diminuir a desigualdade dos encargos que oprimiam então a agricultura; mas não se vê que ele tenha sequer pensado nisso.

Às vezes o conselho resolvia obrigar os particulares a prosperar, quisessem ou não. Os decretos que forçam os artesãos a utilizar determinados métodos e a fabricar determinados produtos são inúmeros; e, como os intendentes não eram suficientes para fiscalizar a aplicação de todas essas regras, existiam inspetores-gerais da indústria que percorriam as províncias para fazer isso de perto.

Há decretos do conselho que proíbem certas culturas em terras que esse mesmo conselho declara pouco apropriadas para elas. Em outros, ordena que se destruam vinhedos que, segundo ele, foram plantados em solo ruim – o governo já havia passado do papel de soberano para o de tutor.

CAPÍTULO 3

Como o que hoje se denomina tutela administrativa é uma instituição do Antigo Regime

Na França, a liberdade municipal sobreviveu ao feudalismo. Quando os senhores já não administravam os campos, as cidades ainda conservavam o direito de governar-se. Até por volta do final do século XVII encontram-se cidades que continuam a formar como que pequenas repúblicas democráticas, em que os magistrados são livremente eleitos por todo o povo e responsáveis perante ele, em que a vida municipal é pública e ativa, em que a cidade ainda se mostra orgulhosa de seus direitos e muito ciosa de sua independência.

Só em 1692 as eleições foram indistintamente abolidas pela primeira vez. Então as funções municipais foram colocadas *em ofícios*, ou seja, em cada cidade o rei vendeu para alguns habitantes o direito de governarem perpetuamente todos os outros.

Isso equivalia a sacrificar, junto com a liberdade das cidades, seu bem-estar; pois, se a disponibilização das funções públicas em ofícios frequentemente teve efeitos benéficos quando se tratou dos tribunais, visto que a primeira condição para uma boa justiça é a total independência do juiz, nunca deixou de ser muito funesta sempre que se tratou da administração propriamente dita, em que acima de tudo é preciso encontrar responsabilidade, subordinação e zelo. O governo da antiga monarquia não cometia equívocos quanto a isso: tomava todo o cuidado em não fazer uso para si mesmo do regime que impunha às cidades e tratava de não colocar em ofícios as funções de subdelegado e intendente.

E – o que merece todo o desprezo da História – essa grande revolução foi realizada sem nenhum objetivo político. Luís XI havia restringido as liberdades municipais porque seu cunho democrático o assustava; Luís XIV eliminou-as sem temê-las. Prova disso é que as devolveu a todas as cidades que conseguiram comprá-las de volta. Na realidade, pretendia menos aboli-las do que comerciar com elas; se as aboliu de fato, foi, por assim dizer, sem intenção, por puro expediente financeiro; e, coisa estranha, o mesmo jogo prossegue durante oitenta anos. Sete vezes nesse período é vendido às cidades o direito de eleger seus magistrados; e, cada vez que elas experimentaram novamente esse doce gosto, tal direito lhes foi novamente tomado para ser-lhes revendido. O motivo da medida é sempre o mesmo e muitas vezes é claramente admitido: *"As necessidades de nossas finanças"*, diz o preâmbulo do édito de 1722, *"obrigam-nos a procurar os meios mais seguros de aliviá-las."* O meio era seguro, porém ruinoso para os que arcavam com esse estranho imposto. *"Estou impressionado com a enormidade dos recursos públicos que foram gastos em todos os tempos para recomprar os ofícios municipais"*, escreve um intendente ao inspetor-geral em 1764. *"Empregado em obras úteis, o montante desse dinheiro teria redundado em proveito para a cidade, que, ao contrário, sentiu apenas o peso da autoridade e dos privilégios desses ofícios."* Não vejo em toda a fisionomia do Antigo Regime um traço mais vergonhoso que esse.

Hoje parece difícil dizer com precisão como se governavam as cidades no século XVIII; pois, independentemente de a origem dos poderes municipais mudar a todo momento, como acabamos de dizer, cada cidade conserva ainda alguns resquícios de sua antiga constituição e tem usos próprios. Talvez não haja na França duas cidades em que tudo seja absolutamente igual; mas essa é uma diversidade enganosa que esconde a similitude.

Em 1764, o governo decidiu instituir uma lei geral sobre a administração das cidades. Mandou que seus intendentes lhe enviassem relatórios sobre a maneira como se passavam então as coisas em cada uma delas. Encontrei uma parte dessa enquete e, lendo-a, acabei de convencer-me de que os assuntos municipais eram conduzidos mais ou menos do mesmo modo em toda parte. As diferenças são apenas superficiais e aparentes; o fundo é o mesmo em todo lugar.

Quase sempre o governo das cidades é confiado a duas assembleias. Todas as grandes cidades estão nesse caso, bem como a maioria das pequenas.

A primeira assembleia é composta de oficiais municipais, menos ou mais numerosos de acordo com o lugar. É o poder executivo da comuna, o *corpo da cidade*, como se dizia então. Seus membros exercem um poder temporário e são eleitos, desde que o rei tenha estabelecido a eleição ou que a cidade tenha conseguido recomprar os ofícios. Ocupam seu cargo perpetuamente, mediante pagamento em dinheiro, quando o rei houver restabelecido os ofícios e conseguido vendê-los – o que nem sempre acontece, pois esse tipo de mercadoria vai se depreciando cada vez mais à medida que a autoridade municipal mais se subordina ao poder central. Em todos os casos esses oficiais municipais não recebem salário, mas têm sempre isenções de impostos e privilégios. Não há nenhuma ordem hierárquica entre eles; a administração é coletiva. Não se vê magistrado que a dirija pessoalmente e responda por ela. O prefeito é o presidente da municipalidade, não o administrador da cidade.

A segunda assembleia, denominada *assembleia geral*, elege a municipalidade onde ainda há eleição e em todos os lugares continua a participar dos principais assuntos públicos.

No século XV, a assembleia geral frequentemente se compunha de todo o povo; esse uso, diz um dos relatórios da enquete, "*estava de acordo com o gênio popular de nossos antepassados*". Era o povo todo que então elegia seus oficiais municipais; ele é que às vezes era consultado; era a ele que se prestavam contas. No final do século XVII isso ainda ocorre ocasionalmente.

No século XVIII, não é mais o próprio povo agindo em conjunto que forma a assembleia geral. Ela é quase sempre representativa. Mas o que se precisa ponderar bem é que em lugar nenhum ela ainda é eleita pela massa do público ou expressa seu espírito; em todo lugar é composta de *notáveis*, alguns dos quais estão ali em virtude de um direito que lhes é próprio; os outros são enviados por corporações ou companhias e cada qual cumpre um mandato imperativo que essa pequena sociedade particular lhe deu.

À medida que se avança no século, o número de notáveis de direito multiplica-se nessa assembleia; os deputados das corporações industriais tornam-se menos numerosos ou desaparecem. Agora existem apenas os dos *corpos*; ou seja, a assembleia contém somente burgueses e praticamente já não aceita artesãos. Então o povo, que não se deixa enganar tão facilmente quanto se imagina pelas vãs aparências de liberdade, em toda parte deixa de interessar-se pelos assuntos da comuna e vive no interior de seus próprios muros como um forasteiro. Inutilmente seus magistrados de vez em quando tentam despertar-lhe aquele patriotismo municipal que fez tantas maravilhas na Idade Média: ele permanece surdo. Parece que os maiores interesses da cidade já não lhe dizem respeito. Gostariam que fosse votar, nas ocasiões em que julgam conveniente conservar a vã imagem de uma eleição livre: ele teima em abster-se. Nada mais comum na História que um cenário como esse. Quase todos os príncipes que destruíram a liberdade tentaram inicialmente manter-lhe as formas: é o que se viu desde Augusto até nossos dias; eles se orgulhavam de assim reunir à força moral que o assentimento público sempre proporciona as comodidades que apenas o poder absoluto pode conferir. Quase todos fracassaram nesse empreendimento e logo descobriram que era impossível fazer durar por muito tempo essas aparências mentirosas quando a realidade não existia mais.

Assim, no século XVIII, em toda parte o governo municipal das cidades tinha degenerado em uma pequena oligarquia. Algumas famílias conduziam com fins particulares todos os assuntos, longe dos olhos do público e sem serem responsáveis perante ele: é uma doença que atinge essa administração na França inteira. Todos os intendentes apontam-na; mas o único remédio que imaginam é sujeitar cada vez mais os poderes locais ao governo central.

Entretanto era difícil fazer isso melhor do que já se havia feito; independentemente dos éditos que de tempos em tempos modificam a administração de todas as cidades, as leis particulares a cada uma frequentemente são conturbadas por regulamentos do conselho não registrados, feitos com base nas propostas dos intendentes, sem enquete prévia e às vezes sem que os próprios habitantes da cidade suspeitem.

"*Essa medida*", dizem os habitantes de uma cidade que fora atingida por um desses decretos, "*surpreendeu todas as ordens da cidade, que não esperavam nada parecido.*"

As cidades não podem estabelecer uma taxa alfandegária local, recolher uma contribuição, hipotecar, vender, processar judicialmente, arrendar seus bens, administrá-los ou fazer uso do excedente de suas receitas sem que intervenha um decreto do conselho com base no relatório do intendente. Todas suas obras são executadas de acordo com projetos e orçamentos que o conselho aprovou por decreto. É perante o intendente ou seus subdelegados que são adjudicadas e geralmente é o engenheiro ou o arquiteto do Estado que as dirige. Isso surpreenderá bastante aqueles que pensam que tudo o que se vê na França é novo.

Mas o governo central invade a administração das cidades ainda muito mais do que essa norma indica; seu poder ali estende-se muito além de seu direito.

Leio em uma circular enviada, em meados do século, pelo inspetor-geral a todos os intendentes: *"Dareis especial atenção a tudo que acontece nas assembleias municipais. Fareis com que vos apresentem o relato mais exato possível sobre elas e que vos remetam todas as deliberações que forem tomadas, para que os envieis imediatamente a mim com vosso parecer."*

De fato, a correspondência entre o intendente e seus subdelegados mostra que o governo dá as cartas em todos os assuntos das cidades, nos menores como nos mais importantes. Consultam-no sobre tudo e ele tem um parecer decidido sobre tudo; regulamenta até as festas. É ele que, em certos casos, comanda os testemunhos do regozijo público, que manda acender as fogueiras festivas e iluminar as casas. Encontro um intendente que multa em 20 libras membros da milícia burguesa que faltaram ao *Te Deum*.

Por isso os oficiais municipais têm uma noção adequada de sua nulidade. *"Muito humildemente vos rogamos, Monsenhor"*[5], escrevem alguns ao intendente, *"que nos concedais vossa benevolência e vossa proteção. Tentaremos não nos tornarmos indignos delas, por nossa submissão a todas as ordens de Vossa Grandeza."* – *"Nunca opusemos resistência a vossas vontades, Monsenhor"*, es-

---

5. *Monseigneur* é título honorífico dado a certos personagens eminentes, entre os quais os príncipes das famílias reinantes. No Antigo Regime era ocasionalmente usado para ministros, intendentes etc. Em português, o uso de *Monsenhor* para personagens não eclesiásticos tornou-se obsoleto. (N. da T.)

crevem outros que ainda se intitulam pomposamente *Pares da Cidade*.

É assim que a classe burguesa se prepara para o governo e o povo se prepara para a liberdade.

Se essa estrita dependência das cidades pelo menos tivesse preservado suas finanças! Mas não foi o que aconteceu. Afirma-se que sem a centralização as cidades prontamente se arruinariam. Não sei se é verdade; mas é certo que no século XVIII a centralização não as impedia de se arruinarem. A desordem de seus negócios é constante em toda a história administrativa da época.

E se formos das cidades para as aldeias encontraremos outros poderes, outras formas – e a mesma dependência.

Vejo muitos indícios que me informam que, na Idade Média, os habitantes de cada aldeia formaram uma comunidade distinta do senhor. Este se servia dela, fiscalizava-a, governava-a; mas ela possuía em comum certos bens dos quais tinha plena propriedade; elegia seus chefes, autoadministrava-se democraticamente.

Essa antiga constituição da paróquia encontra-se em todas as nações que foram feudais e em todas as regiões para onde essas nações levaram os restos de suas leis. Na Inglaterra, por toda parte se vê seu rastro e, na Alemanha, ainda estava bem viva há sessenta anos, como se pode comprovar lendo o código de Frederico o Grande. Na França mesmo, no século XVIII ainda existem alguns vestígios dela.

Lembro-me de que, quando estava pesquisando pela primeira vez, nos arquivos de uma intendência, o que era uma paróquia do Antigo Regime, fiquei surpreso ao encontrar, naquela comunidade tão pobre e tão subjugada, várias das características que me haviam impressionado outrora nas comunas rurais da América e que eu então erroneamente julgara que fossem uma singularidade específica do Novo Mundo. Nem uma nem outra têm representação permanente, municipalidade propriamente dita; uma e outra são administradas por funcionários que atuam separadamente, sob a direção da comunidade inteira. Ambas têm, de tempos em tempos, assembleias gerais em que todos os habitantes, reunidos em um único corpo, elegem seus magistrados e resolvem os principais assuntos. Resumindo, elas se parecem tanto quanto um vivo pode se parecer com um morto.

Esses dois seres tão diferentes em seus destinos tiveram de fato o mesmo nascimento.

Transportada de um só golpe para longe do feudalismo e senhora absoluta de si mesma, a paróquia rural da Idade Média tornou-se o *township* da Nova Inglaterra. Separada do senhor mas comprimida na poderosa mão do Estado, ela se tornou na França o que vamos dizer.

No século XVIII, o número e a denominação dos funcionários da paróquia variam de uma província para outra. Pelos documentos antigos vê-se que esses funcionários haviam sido mais numerosos quando a vida local fora mais ativa; seu número diminuiu à medida que esta foi se embotando. Na maioria das paróquias do século XVIII, estão reduzidos a dois: um se denomina *coletor*, o outro quase sempre é chamado de *síndico*. Em geral esses oficiais municipais ainda são eleitos ou deveriam sê-lo; porém em toda parte se tornaram instrumentos do Estado mais do que representantes da comunidade. O coletor cobra a talha sob as ordens diretas do intendente. O síndico, que está sob o comando diário do subdelegado do intendente, representa-o em todas as operações referentes à ordem pública ou ao governo. É seu principal agente quando se trata da milícia, das obras públicas do Estado, da execução de todas as leis gerais.

O senhor, como já vimos, permanece alheio a todos esses detalhes do governo; já nem mesmo os fiscaliza; não colabora; mais ainda, aqueles cuidados que outrora lhe alimentavam o poder agora lhe parecem indignos de sua pessoa, à medida que seu próprio poder vai sendo destruído. Quem hoje o incitasse a dar-lhes atenção ofenderia seu orgulho. Já não governa; porém sua presença na paróquia e seus privilégios impedem que um bom governo paroquial possa estabelecer-se no lugar do seu. Um particular tão diferente de todos os outros, tão independente, tão favorecido anula ou enfraquece a autoridade de todas as normas.

Visto que seu contato fez fugirem sucessivamente para a cidade quase todos os habitantes mais abastados e esclarecidos, como mostrarei adiante, afora ele resta apenas um bando de camponeses ignorantes e grosseiros, sem condições de dirigir a administração dos assuntos coletivos. *"Uma paróquia"*, disse com razão Turgot, *"é um aglomerado de cabanas e de habitantes não menos passivos que elas."*

Os documentos administrativos do século XVIII estão repletos de queixas a que a imperícia, a inércia e a ignorância dos coletores e dos síndicos das paróquias dão motivo. Ministros, intendentes, subdelegados, até mesmo fidalgos, todos continuamente o lamentam; mas nenhum remonta às causas.

Até a Revolução, a paróquia rural da França conserva em seu governo algo daquele aspecto democrático que mostrara na Idade Média. Trata-se de eleger oficiais municipais ou de discutir algum assunto coletivo? O sino da aldeia convoca os camponeses diante do pórtico da igreja; tanto os pobres como os ricos têm o direito de apresentar-se. Reunida a assembleia, não há, é verdade, deliberação propriamente dita nem voto; mas cada qual pode expressar sua opinião, e um notário requisitado para isso e instrumentando ao ar livre recolhe as diversas declarações e consigna-as em uma ata.

Quando comparamos essas vãs aparências de liberdade com a impotência real que as acompanhava, já vemos em pequena escala como o governo mais absoluto pode combinar-se com algumas das formas da mais extrema democracia, de tal modo que à opressão venha ainda somar-se o ridículo de parecer não vê-la. Essa assembleia democrática da paróquia podia sim expressar intenções, porém não tinha mais direito de cumprir sua vontade do que o conselho municipal da cidade. Não podia sequer falar se não lhe abrissem a boca; pois era sempre apenas depois de solicitarem a permissão expressa do intendente e – como se dizia então, chamando as coisas pelo nome – *sob seu bel-prazer* que podiam reuni-la. Mesmo que fosse unânime, ela não podia tributar-se, vender, comprar, alugar ou processar sem que o conselho do rei o permitisse. Era preciso obter um decreto desse conselho para reparar o estrago que o vento acabara de causar no teto da igreja ou para reconstruir o muro quase em ruínas do presbitério. A paróquia rural mais distante de Paris estava tão subordinada a essa norma como as mais próximas. Vi paróquias pedirem ao conselho o direito de despender 25 libras.

É bem verdade que em geral os habitantes haviam conservado o direito de eleger por voto universal seus magistrados; mas com frequência acontecia o intendente designar para esse pequeno corpo eleitoral um candidato que dificilmente deixava de ser nomeado por unanimidade de votos. Outras vezes ele anulava a eleição feita espontaneamente, nomeava pessoalmente o coletor e o síndico e suspendia por tempo indefinido qualquer nova eleição. Vi mil exemplos disso.

Não se poderia imaginar destino mais cruel que o dos funcionários comunais. O último agente do governo central, o subdelegado, fazia-os obedecerem a seus menores caprichos. Frequentemente multava-os, às vezes mandava prendê-los, pois as garantias que em outros lugares ainda defendiam os cidadãos contra a arbitrariedade não existiam mais aqui. *"Mandei para a prisão"*, dizia um intendente em 1750, *"alguns principais das comunidades que andavam murmurando e fiz essas comunidades pagarem a corrida dos cavalarianos da polícia. Dessa forma elas foram amansadas facilmente."* Por isso as funções paroquiais eram vistas menos como honrarias do que como encargos aos quais procuravam furtar-se usando toda espécie de subterfúgios.

E entretanto esses derradeiros restos do antigo governo da paróquia ainda eram caros aos camponeses; e mesmo hoje, de todas as liberdades públicas, a única que eles compreendem bem é a liberdade paroquial. O único assunto de natureza pública que lhes interessa realmente é esse. Alguém que de bom grado deixa o governo de toda a nação na mão de um senhor recalcitra ante a ideia de não poder dar opinião na administração de sua aldeia – tanto é o peso que ainda existe nas formas mais vazias.

O que acabo de dizer das cidades e das paróquias deve ser estendido a quase todos os corpos que tinham uma existência à parte e uma propriedade coletiva.

Sob o Antigo Regime, como em nossos dias, não havia na França cidade, burgo, aldeia ou lugarejo, por menor que fosse, nem estabelecimento assistencial, fábrica, convento ou colégio que pudesse ter uma vontade independente em seus assuntos particulares ou administrar seus próprios bens como quisesse. Portanto, então como hoje, a administração mantinha todos os franceses sob tutela; e, se a insolência da palavra ainda não havia se manifestado, pelo menos já se tinha a coisa.

CAPÍTULO 4

Que a justiça administrativa e a proteção aos funcionários são instituições do Antigo Regime

Não havia país europeu em que os tribunais comuns dependessem menos do governo do que na França; mas também não havia quase nenhum em que os tribunais de exceção estivessem mais em uso. Essas duas coisas estavam mais interligadas do que se imagina. Como o rei quase nada podia quanto à sorte dos juízes; como não podia demiti-los, transferi-los de lugar, geralmente nem mesmo elevá-los de posto; como, em resumo, não os dominava pela ambição nem pelo medo, logo se sentira incomodado com essa independência. Isso o levara, mais que em qualquer outro lugar, a sonegar-lhes o conhecimento dos assuntos que envolviam diretamente seu poder e a criar para seu uso particular, ao lado deles, uma espécie de tribunal mais independente, que apresentasse a seus súditos alguma aparência da justiça sem fazê-lo temer sua realidade.

Nas regiões, como em certas partes da Alemanha em que os tribunais comuns nunca haviam sido tão independentes do governo quanto os tribunais franceses de então, tal precaução não foi tomada e a justiça administrativa nunca existiu. O príncipe achava-se bastante senhor dos juízes para não necessitar de comissários.

Quem ler os éditos e as declarações do rei publicados no último século da monarquia, bem como os decretos do conselho promulgados nessa mesma época, encontrará poucos em que o governo, depois de tomar uma medida, tenha deixado de dizer que as contestações a que ela pode dar margem e os processos que pode originar serão levados exclusivamente perante os intendentes e perante o conselho. *"Ordena ademais Sua Majestade que todas as contestações que puderem surgir quanto à execução do presente decreto, circunstâncias e dependências, sejam apresentadas ao intendente para serem julgadas por ele, salvo recurso ao conselho. Proibimos nossas cortes e tribunais de tomarem conhecimento delas."* É a fórmula habitual.

Nas matérias regulamentadas por leis ou costumes antigos, em que essa precaução não foi tomada, o conselho continuamente intervém por via de *evocação*, tira das mãos dos juízes comuns o caso em que a administração está interessada e chama-o para si. Os registros do conselho estão repletos de decretos de evocação dessa espécie. Pouco a pouco, a exceção vai se generalizando, o fato transforma-se em teoria. Fica assente, não nas leis mas na mente dos que as aplicam, como preceito de Estado, que todos os processos em que um interesse público entremear-se, ou que nascerem da interpretação de um ato administrativo, não são da alçada dos juízes comuns, cujo único papel é decidir sobre interesses particulares. Nessa matéria não fizemos mais que encontrar a fórmula; a ideia é do Antigo Regime.

Já nessa época a maioria das questões litigiosas que surgem a propósito da percepção do imposto é de competência exclusiva do intendente e do conselho. O mesmo vale para tudo o que se refere ao controle do transporte de mercadorias e dos veículos de uso público, às estradas, à navegação fluvial etc.; em geral, é perante tribunais administrativos que se resolvem todos os processos em que a autoridade pública tem interesse.

Os intendentes zelam com empenho para que essa jurisdição excepcional se estenda sem cessar; advertem o inspetor geral e incitam o conselho. A razão que um desses magistrados apresenta para obter uma evocação merece ser preservada: *"O juiz comum"*, diz ele, *"está subordinado a regras fixas, que o obrigam a reprimir um fato contrário à lei; mas o conselho pode sempre derrogar as regras com um objetivo útil."*

De acordo com esse princípio, frequentemente se vê o intendente ou o conselho chamar para si processos que só por um elo quase invisível se ligam à administração pública, ou mesmo que visivelmente não se ligam a ela de modo algum. Um fidalgo em pendência com o vizinho e descontente com as disposições de seus juízes pede ao conselho que evoque o caso; o intendente consultado responde: *"Embora se trate aqui apenas de direitos particulares, cujo conhecimento cabe aos tribunais, Sua Majestade sempre pode, quando assim quiser, reservar-se o conhecimento de toda espécie de casos, sem que tenha de prestar contas de seus motivos."*

Em geral é perante o intendente ou o preboste da polícia que são enviadas, em decorrência de evocação, todas as pessoas do povo que vierem a perturbar a ordem por algum ato de violência. A maioria dos motins que a carestia dos grãos tão frequentemente provoca dá margem a evocações dessa espécie. O intendente então convoca para assisti-lo alguns graduados, uma espécie de "conselho da casa" improvisado que ele mesmo escolheu, e julga criminalmente. Encontrei sentenças pronunciadas desse modo, condenando pessoas às galés e mesmo à morte. Processos criminais julgados pelo intendente ainda são frequentes no final do século XVII.

Em matéria de direito administrativo, os legistas modernos asseguram-nos que foi feito um grande progresso a partir da Revolução: *"Anteriormente os poderes judiciários e administrativos estavam confundidos"*, dizem eles; *"depois dela separamo-los e recolocamos cada um deles em seu lugar."* Para avaliar devidamente o avanço de que se fala aqui, é preciso nunca esquecer que, se por um lado o poder judiciário no Antigo Regime continuamente se estendia além da esfera natural de sua autoridade, por outro lado nunca a preenchia de todo. Quem vê uma dessas coisas sem a outra tem apenas uma ideia incompleta e falseada do objeto. Ora se permitia que os tribunais fizessem regulamentos de administração pública, o que estava manifestamente fora de sua alçada, ora se proibia que julgassem processos verdadeiros, o que era excluí-los de seu âmbito próprio. De fato expulsamos a justiça da esfera administrativa, onde o Antigo Regime a deixara introduzir-se muito indevidamente; mas ao mesmo tempo, como se vê, o governo introduzia-se incessantemente na esfera natural da justiça, e ali o deixamos, como se a confusão de poderes não fosse tão perigosa desse lado quanto do outro e mesmo pior; pois a intervenção da justiça na administração prejudica apenas os negócios, ao passo que a intervenção da administração na justiça deprava os homens e tende a torná-los simultaneamente revolucionários e servis.

Entre as nove ou dez constituições perpétuas que foram elaboradas na França nos últimos sessenta anos, há uma que diz expressamente que nenhum agente da administração pode ser processado perante os tribunais comuns sem que a ação judicial tenha sido previamente autorizada. O artigo pareceu tão bem imaginado que, ao derrubar a constituição do qual fazia parte, cuidou-se de tirá-lo do meio das ruínas e desde então mantê-lo zelosamente a salvo das revoluções. Os administradores ainda costumam classificar como uma das grandes conquistas de 1789 o privilégio que esse artigo lhes concede; mas nisso se enganam igualmente, pois sob a antiga monarquia o governo não tinha menos cuidado que hoje em poupar os funcionários do dissabor de terem de confiar-se à justiça como simples cidadãos. A única diferença essencial entre as duas épocas é esta: antes da Revolução, o governo só podia acobertar seus agentes recorrendo a medidas ilegais e arbitrárias, ao passo que depois ele pôde legalmente deixá-los violar as leis.

Quando os tribunais do Antigo Regime queriam processar um representante qualquer do poder central, geralmente intervinha um decreto do conselho subtraindo o acusado a seus juízes e remetendo-o perante comissários que o conselho nomeava; pois, como escreve um conselheiro de Estado daquela época, um administrador assim atacado encontraria prevenção na mente dos juízes comuns e a autoridade do rei ficaria comprometida. Essas evocações não aconteciam apenas de vez em quando e sim todos os dias, com relação tanto aos agentes mais importantes como aos menores. Bastava estar minimamente ligado à administração para nada ter a recear a não ser dela. Um capataz de obras públicas encarregado de dirigir a corveia é processado por um camponês a quem maltratou. O conselho evoca o caso e o engenheiro-chefe, escrevendo confidencialmente ao intendente, diz a esse respeito: "*Na verdade o capataz é muito repreensível, mas essa não é uma razão para deixar o processo seguir seu curso; pois é da maior importância para a administração das obras públicas que a justiça comum não ouça nem acolha queixas dos corveáveis contra os capatazes de obras. Se esse exemplo fosse seguido, os trabalhos seriam constantemente conturbados por processos que a animosidade pública que se aferra a esses funcionários suscitaria.*"

Em outra circunstância, o próprio intendente ordena ao inspetor geral, a propósito de um empreiteiro do Estado que havia pegado no campo do vizinho os materiais que utilizara: "*Não sei dar-vos sequer uma ideia de quanto seria prejudicial aos interesses da administração entregar seus empreiteiros ao julgamento dos tribunais comuns, cujos princípios não podem jamais conciliar-se com os dela.*"

Faz precisamente um século que essas linhas foram escritas, e é como se os administradores que as escreveram fossem contemporâneos nossos.

CAPÍTULO 5

Como a centralização pudera introduzir-se assim no meio dos antigos poderes e suplantá-los sem destruí-los

Vamos agora recordar um pouco o que dissemos nos três últimos capítulos: um corpo único e colocado no centro do reino, regulamentando a administração pública em todo o país; o mesmo ministro dirigindo quase todos os assuntos internos; em cada província um único agente que a comanda em todos os detalhes; ausência de corpos administrativos secundários, ou corpos que não podem agir sem antes ser autorizados a mobilizar-se; tribunais de exceção que julgam os casos em que a administração tem interesse e protegem todos seus agentes. Que é isso senão a centralização que conhecemos? Suas formas são menos nítidas que hoje, seus procedimentos menos regulados, sua existência mais conturbada; mas é o mesmo ser. Desde então não foi preciso acrescentar-lhe nem tirar-lhe nada essencial; bastou derrubar tudo o que se erguia a seu redor para que ela aparecesse tal como a vemos.

A maioria das instituições que acabo de descrever foi imitada depois em cem lugares diversos; mas naquele momento eram específicas da França e logo veremos a grande influência que tiveram sobre a Revolução Francesa e sobre suas consequências.

Mas como essas instituições recentes puderam erguer-se na França em meio aos escombros da sociedade feudal?

Foi uma obra de paciência, de habilidade e de longo tempo, mais que de força e de pleno poder. No momento em que a Revolução aconteceu, ainda não se havia destruído quase nada do velho edifício administrativo da França; por assim dizer, construíra-se um outro trabalhando na base.

Nada indica que, para operar esse difícil trabalho, o governo do Antigo Regime tenha seguido um plano profundamente meditado de antemão; apenas entregara-se ao instinto que leva todo governo a querer conduzir sozinho todos os assuntos, instinto que permanecia sempre o mesmo ao longo da diversidade de agentes. Ele deixara aos velhos poderes seus nomes antigos e suas honrarias, mas pouco a pouco lhes subtraíra a autoridade. Não os expulsara: despedira-os de seus próprios domínios. Aproveitando-se da inércia de um, do egoísmo de outro, para tomar seu lugar; valendo-se de todos seus vícios, jamais tentando corrigi-los mas apenas suplantá-los, acabara substituindo quase todos por um agente único, o intendente, do qual não se conhecia sequer o nome quando eles nasceram.

Somente o poder judiciário o atrapalhara nesse grande empreendimento; mas também aí ele acabara por apoderar-se da substância do poder, deixando para os adversários apenas sua sombra. Não excluíra os parlamentos da esfera administrativa; ele próprio se estendera gradualmente de forma a abrangê-la quase por inteiro. Em certos casos extraordinários e passageiros por exemplo nas épocas de escassez, em que as paixões do povo ofereciam um ponto de apoio para a ambição dos magistrados –, o governo central deixava por um momento os parlamentos administrarem e permitia que fizessem um alarde que frequentemente ecoou na História; mas logo retomava em silêncio seu lugar e discretamente voltava a manejar todos os homens e todos os assuntos.

Se observarmos a luta dos parlamentos contra o poder régio, veremos que é quase sempre no terreno da política, e não no da administração, que se defrontam. Os desentendimentos geralmente surgem a propósito de um novo imposto; ou seja, o que os dois adversários disputam não é a força administrativa e sim o poder legislativo, do qual um tinha tão pouco direito de apoderar-se quanto o outro.

Isso acontece cada vez mais, à medida que a Revolução se aproxima. À medida que as paixões populares começam a se inflamar, o parlamento vai se imiscuindo mais na política; e como, ao mesmo tempo, o poder central e seus agentes se tornam mais experientes e mais hábeis, esse mesmo parlamento ocupa-se cada vez menos da administração propriamente dita: a cada dia, é menos administrador e mais tribuno.

Além disso, a época franqueia incessantemente para o governo central novos campos de ação em que os tribunais não têm agilidade para acompanhá-lo; pois se trata de questões novas, sobre as quais eles não têm precedentes e que são alheias à sua rotina. A sociedade, que está em franco progresso, faz surgir a todo instante necessidades novas, e cada uma é para ele uma nova fonte de poder, pois apenas ele tem condições de atendê-las. Enquanto a esfera administrativa dos tribunais permanece fixa, a sua é móvel e amplia-se continuamente junto com a civilização.

A Revolução que se aproxima e começa a agitar o espírito de todos os franceses sugere-lhes mil ideias novas que só o governo central pode realizar; antes de derrubá-lo, ela o desenvolve. Ele mesmo se aperfeiçoa como todo o restante. Isso impressiona singularmente quando se estudam seus arquivos. O inspetor geral e o intendente de 1770 não se parecem mais com o intendente e o inspetor geral de 1740; a administração está transformada. Seus agentes são os mesmos; um outro espírito move-os. À medida que foi se tornando mais detalhada, mais extensa, ela se tornou também mais regular e mais bem informada. Moderou-se quando acabou por apoderar-se de tudo; oprime menos, conduz mais.

Os primeiros esforços da Revolução haviam destruído a grande instituição da monarquia; ela foi restaurada em 1800. Diferentemente do que se disse tantas vezes, em matéria de administração não foram os princípios de 1789 que triunfaram nessa época e depois: muito ao contrário, os do Antigo Regime é que foram todos postos novamente em vigor e permaneceram.

Se me perguntarem como essa parte do Antigo Regime pôde ser transportada assim inteiriçamente para a sociedade nova e incorporar-se a ela, responderei que, se a centralização não pereceu na Revolução, foi porque ela própria era o começo dessa revolução e seu sinal; e acrescentarei que um povo que houver destruído em seu seio a aristocracia corre rumo à centralização como que por conta própria. Então é preciso muito menos esforço para precipitá-lo nesse declive do que para retê-lo. Nela todos os poderes tendem naturalmente para a unidade e só com muita arte é possível mantê-los divididos.

Assim, a revolução democrática que destruiu tantas instituições do Antigo Regime iria consolidar esta; e a centralização encontrava tão naturalmente seu lugar na sociedade que essa revolução formara que facilmente se pôde tomá-la por uma de suas obras.

CAPÍTULO 6

Dos costumes administrativos sob o Antigo Regime

Não se poderia ler a correspondência de um intendente do Antigo Regime com seus superiores e seus subordinados sem admirar como a similitude das instituições tornava os administradores daquela época semelhantes aos nossos. Eles parecem dar-se as mãos através do abismo da Revolução que os separa. O mesmo direi dos administrados. Nunca o poder da legislação sobre o espírito dos homens ficou mais evidente.

O ministro já concebeu o desejo de perscrutar com os próprios olhos as minúcias de todos os assuntos públicos e de resolver pessoalmente tudo em Paris. À medida que o tempo avança e a administração se aperfeiçoa, essa paixão aumenta. Por volta do final do século XVIII, não se estabelece uma oficina de caridade nos confins de uma província distante sem que o inspetor geral queira fiscalizar pessoalmente os custos, redigir o regulamento e escolher a localização. Criam-se asilos para mendigos? É preciso informar-lhe o nome dos mendigos que se apresentam, dizer-lhe com precisão quando saem e quando entram. Em meados do século (1733), d'Argenson escreve: *"Os detalhes confiados aos ministros são imensos. Nada se faz sem eles, nada que não seja por meio deles; e, se seus conhecimentos não forem tão vastos como seus poderes, veem-se forçados a deixar tudo por conta de representantes que se tornam os verdadeiros senhores."*

Um inspetor geral pede não apenas relatórios sobre os assuntos mas também informações corriqueiras sobre as pessoas. O intendente, por sua vez, dirige-se a seus subdelegados e quase nunca deixa de repetir palavra por palavra o que estes lhe disseram, como se o soubesse pessoalmente com certeza absoluta.

Para conseguir tudo dirigir de Paris e ali tomar conhecimento de tudo, foi preciso inventar mil meios de controle. O volume da correspondência já é enorme e a lentidão dos trâmites administrativos é tão grande que nunca vi alguma paróquia demorar menos de um ano para conseguir autorização para reconstruir seu campanário ou consertar seu presbitério; quase sempre dois ou três anos se passam antes que o pedido seja atendido.

O próprio conselho observa em uma de suas sentenças (29 de março de 1773) que "*as formalidades administrativas provocam atrasos infinitos nas atividades e com excessiva frequência excitam queixas muito justas; porém são formalidades totalmente necessárias*", acrescenta.

Eu julgava que o gosto pela estatística fosse particular aos administradores de nossos dias; mas estava enganado. Por volta do final do Antigo Regime, é comum enviarem ao intendente pequenas tabelas impressas que ele tem apenas de mandar seus subdelegados e os síndicos das paróquias preencherem. O inspetor geral ordena que lhe enviem relatórios sobre a natureza das terras, sobre seu cultivo, a espécie e a quantidade de produtos, o número de animais, a atividade e os costumes dos habitantes. As informações assim obtidas não são menos circunstanciadas nem mais exatas do que as que em nossos dias o administrador do distrito e o prefeito da municipalidade fornecem em tais casos. Nessas ocasiões o julgamento que os subdelegados fazem sobre o caráter de seus administrados geralmente é pouco favorável. Voltam com frequência àquela ideia de que "*o camponês é naturalmente preguiçoso e não trabalharia se não fosse obrigado a isso para viver"*. É uma doutrina econômica que parece muito difundida entre esses administradores. Até mesmo a linguagem administrativa das duas épocas se parece de modo surpreendente. Dos dois lados o estilo é igualmente descolorido, fluido, vago e frouxo; a fisionomia particular de cada escritor apaga-se e vai se perdendo em uma mediocridade geral. Quem lê um governador de departamento lê um intendente.

No entanto, por volta do final do século, quando a linguagem particular de Diderot e de Rousseau teve tempo de difundir-se e diluir-se na língua vulgar, a falsa sensibilidade que enche os livros desses escritores ganha os administradores e invade até mesmo os financistas. Então o estilo administrativo, cuja textura costuma ser muito seca, às vezes torna-se untuoso e quase terno. Um subdelegado queixa-se ao intendente de Paris de que *"frequentemente sente no exercício de suas funções uma dor muito lancinante para uma alma sensível"*.

O governo, como em nossos dias, distribuía nas paróquias certos recursos de caridade, com a condição de os habitantes, por sua vez, fazerem algumas doações. Quando a soma que oferecem é suficiente, o inspetor geral escreve na margem da lista de distribuição: *"Bom; demonstrar satisfação";* mas, quando a soma é considerável, escreve: *"Bom; demonstrar satisfação e sensibilidade."*

Os funcionários administrativos, quase todos burgueses, formam já uma classe que tem seu espírito particular, suas tradições, suas virtudes, sua honra, seu orgulho próprio. É a aristocracia da sociedade nova, que já está formada e viva: espera apenas que a Revolução lhe desocupe lugar.

O que já caracteriza a administração na França é o ódio violento que lhe inspiram indistintamente todos aqueles, nobres ou burgueses, que queiram ocupar-se de assuntos públicos sem ela. O menor corpo independente que pareça pretender formar-se sem seu concurso amedronta-a;

a menor associação livre, qualquer que seja o objetivo, importuna-a; deixa subsistirem apenas as que compôs arbitrariamente e que preside. Mesmo as grandes companhias industriais pouco lhe agradam; resumindo, não pretende que os cidadãos se intrometam de nenhum modo que seja no exame de seus próprios assuntos; prefere a esterilidade à concorrência. Mas, como é preciso sempre deixar aos franceses a doçura de um pouco de licença a fim de consolá-los de sua servidão, o governo permite que se discuta muito livremente toda espécie de teorias gerais e abstratas em matéria de religião, filosofia, moral e mesmo política. Admite de bom grado que ataquem os princípios fundamentais em que se assenta então a sociedade e que discutam até mesmo Deus, contanto que não falem mal nem sequer de seus menores agentes. Acha que isso não lhes diz respeito.

Embora os jornais do século XVIII – ou, como se dizia naquele tempo, as gazetas – contivessem mais versos do que polêmicas, a administração já via com olhos muito ciosos esse pequeno poder. É indulgente para com os livros, mas já muito dura contra os jornais; não podendo suprimi-los de todo, empenha-se em voltá-los unicamente para seu próprio uso. Encontro, com data de 1761, uma circular dirigida a todos os intendentes do reino, anunciando que o rei (era Luís XV) decidiu que dali em diante a *Gazette de France* seria composta sob supervisão do próprio governo: "*Sua Majestade*", diz a circular, "*deseja tornar interessante essa folha e assegurar-lhe superioridade sobre todas as outras. Por conseguinte*", acrescenta o ministro, "*tereis a bondade de enviar-me um boletim de tudo o que acontece em vossa* généralité *e que possa interessar a curiosidade pública, particularmente o que se refere à física, à história natural, fatos singulares e interessantes.*" À circular é anexado um prospecto anunciando que a nova gazeta, embora sendo publicada com mais frequência e contendo mais matéria que o jornal a que substitui, custará aos assinantes muito menos.

Munido desses documentos, o intendente escreve a seus subdelegados e coloca-os em ação; mas de início eles respondem que não sabem de coisa alguma. Chega uma nova carta do ministro, que se queixa amargamente da esterilidade da província. *"Sua Majestade manda-me dizer-vos que sua intenção é que vos ocupeis muito seriamente desse assunto e deis a vossos agentes ordens muito claras."* Então os subdelegados tratam de obedecer: um deles comunica que um contrabandista de sal foi enforcado e demonstrou grande coragem; outro, que uma mulher de seu distrito deu à luz três meninas de uma vez; um terceiro, que rebentou uma tempestade terrível mas que na verdade não causou o menor dano. Um deles declara que, apesar de todo o empenho, nada encontrou que merecesse ser mencionado, mas que ele pessoalmente assina essa gazeta tão útil e vai convidar todas as pessoas de bem a imitá-lo. Tantos esforços parecem porém pouco eficazes; pois uma nova carta nos informa que *"o rei, que tem a bondade"*, diz o ministro, *"de descer pessoalmente a todos os detalhes das medidas relativas ao aperfeiçoamento da gazeta e que deseja dar a esse jornal a superioridade e a celebridade que merece, demonstrou grande descontentamento ao ver que seus planos eram tão mal cumpridos"*.

Vê-se que a história é uma galeria de quadros em que há poucos originais e muitas cópias.

Aliás, é preciso reconhecer que na França o governo central nunca imita aqueles governos do sul da Europa, que parecem ter se apoderado de tudo apenas para deixar tudo estéril. Este aqui mostra com frequência um grande entendimento de sua tarefa e sempre uma prodigiosa atividade. Mas tal atividade frequentemente é improdutiva e mesmo prejudicial, porque muitas vezes ele quer fazer o que está acima de suas forças ou faz o que ninguém controla. Quase não empreende ou logo abandona as reformas mais necessárias, que para serem bem-sucedidas requerem uma energia perseverante; mas muda sem cessar alguns regulamentos ou algumas leis. Nada fica em repouso um só instante na esfera que ele ocupa. As novas regras sucedem-se com uma rapidez tão singular que os agentes, à força de ser comandados, muitas vezes têm dificuldade para discernir como devem obedecer. Oficiais municipais queixam-se ao próprio inspetor-geral da extrema mobilidade da legislação secundária. "*Só a variação dos regulamentos financeiros*", dizem eles, "*é tanta que não permite a um oficial municipal, ainda que fosse inamovível, fazer outra coisa além de estudar os novos regulamentos à medida que aparecem, a ponto de ser obrigado a negligenciar suas próprias ocupações.*"

Mesmo quando a lei não era mudada, a maneira de aplicá-la variava diariamente. Quem não viu a administração do Antigo Regime em ação, ao ler os documentos secretos que ela deixou, não conseguiria imaginar o descaso em que a lei acabou caindo, até mesmo no espírito dos que a aplicam, quando não há mais assembleia política nem jornais para moderar a atividade caprichosa e limitar o humor arbitrário e volúvel dos ministros e de seus gabinetes.

Quase não se encontram decretos do conselho que não mencionem leis anteriores, frequentemente de data muito recente, que foram promulgadas mas não cumpridas. De fato não há édito, declaração do rei, cartas patentes solenemente registradas que na prática não admitam mil ressalvas. Pela correspondência dos inspetores gerais e dos intendentes vê-se que a todo momento o governo permite que por exceção se faça diferentemente do que ordena. Raramente infringe a lei, mas todo dia faz que se curve mansamente em todos os sentidos, de acordo com cada caso particular e para a grande facilidade dos negócios.

O intendente escreve ao ministro a propósito de uma taxa alfandegária da qual um adjudicatário de obras do Estado queria esquivar-se: "*É certo que, seguindo rigorosamente os éditos e decretos que acabo de citar, não exis-*

te no reino ninguém isento desses direitos; mas os que são versados no conhecimento dos assuntos públicos sabem que acontece com essas disposições imperiosas o que acontece com as penalidades que elas determinam e que, embora as encontremos em quase todos os éditos, declarações e decretos comunicando estabelecimento de impostos, isso nunca impediu as exceções."

O Antigo Regime aí está por inteiro: uma regra rígida, uma prática frouxa; assim é seu caráter.

Quem quisesse julgar o governo daquela época pela compilação de suas leis incorreria nos erros mais absurdos. Encontro, datada de 1757, uma declaração do rei condenando à morte todos os que compuserem ou imprimirem textos contrários à religião ou à ordem estabelecida. O livreiro que os comerciar, o vendedor que os transportar devem sofrer a mesma pena. Teríamos voltado ao século de são Domingos? Não, é precisamente a época em que reinava Voltaire.

Frequentemente se reclama que os franceses menosprezam a lei; que remédio! Quando poderiam ter aprendido a respeitá-la? Pode-se dizer que entre os homens do Antigo Regime o lugar que a noção de lei deve ocupar na mente humana estava vago. Cada solicitante pede que em seu favor se deixe de lado a regra estabelecida, com tanta insistência e autoridade como se pedisse que a seguissem; e efetivamente ela nunca lhe é contraposta, exceto quando se deseja não atendê-lo. A submissão do povo à autoridade ainda é total, mas sua obediência decorre mais do costume que da vontade; pois, se por acaso lhe acontece rebelar-se, a menor *"emoção"* leva-o prontamente à violência, e quase sempre é também a violência e a arbitrariedade, e não a lei, que o reprimem.

O poder central na França ainda não adquiriu no século XVIII essa constituição sadia e vigorosa que lhe vimos desde então; no entanto, como já conseguiu destruir todos os poderes intermediários e como entre ele e os particulares não existe mais nada além de um espaço imenso e vazio, já aparece de longe a cada um deles como a única força atuante da máquina social, o agente único e necessário da vida pública.

Nada demonstra melhor isso do que os escritos de seus próprios detratores. Quando o longo mal-estar que precede a Revolução começa a manifestar-se, vê-se eclodir toda espécie de sistemas novos em matéria de sociedade e de governo. Os fins que se propõem esses reformadores são diversos, mas seu meio é sempre o mesmo. Querem tomar emprestada a mão do poder central e empregá-la para quebrar tudo e tudo refazer de acordo com um novo plano que conceberam pessoalmente; apenas ele lhes parece capaz de realizar uma tarefa como essa. O poder do Estado deve ser ilimitado como seu direito, dizem; trata-se apenas de persuadi-lo a utilizá-lo adequadamente. Mirabeau pai – esse fidalgo tão aferrado aos direitos da nobreza que chama cruamente os intendentes de *intrusos* e declara que, se a escolha dos magistrados ficasse a cargo unicamente do governo, as cortes de justiça em breve seriam apenas *bandos de comissários* –, o próprio Mirabeau só confia na ação do poder central para realizar suas quimeras.

Essas ideias não se restringem aos livros; invadem todas as mentes, entremeiam-se nos costumes, entram nos hábitos e infiltram-se de todos os lados, até na vivência diária.

Ninguém imagina que possa levar a bom termo um assunto importante se o Estado não se imiscuir. Mesmo os agricultores, pessoas geralmente muito avessas aos preceitos, são levados a crer que, se a agricultura não se aperfeiçoa, a culpa é principalmente do governo, que não lhes dá bastantes conselhos nem auxílio suficiente. Um deles escreve a um intendente, em um tom irritado em que já se pressente a Revolução: *"Por que o governo não nomeia inspetores que viajem uma vez por ano pelas pro-*

víncias para verem o estado das culturas, ensinem os agricultores a melhorá-las o mais possível, digam-lhes o que deve ser feito com os animais, o modo de engordá-los, de criá-los, de vendê-los e onde levá-los ao mercado? Esses inspetores deveriam ser bem remunerados. O plantador que desse provas da melhor cultura receberia insígnias honoríficas."

Inspetores e insígnias! Eis aí um recurso no qual um fazendeiro do condado de Suffolk jamais pensaria!

Aos olhos da maioria, o governo é o único que ainda pode garantir a ordem pública: o povo só tem medo da polícia; os proprietários só nela têm alguma confiança. Para uns e para outros, o cavalariano da polícia não é apenas o principal defensor da ordem, é a própria ordem. *"Não há"*, diz a assembleia provincial de Guyenne, *"quem não tenha observado como a visão de um cavalariano da polícia é apropriada para refrear os homens mais inimigos de qualquer subordinação."* Por isso cada qual quer ter à sua porta um deles. Os arquivos de uma intendência estão repletos de pedidos dessa natureza; ninguém parece suspeitar que sob o protetor possa esconder-se o amo.

O que mais impressiona os emigrados que voltam da Inglaterra é a ausência dessa milícia. Isso os enche de espanto e às vezes de menosprezo pelos ingleses. Um deles, homem de mérito mas cuja educação não o preparara para o que ia ver, escreve: *"É rigorosamente verdade que muito inglês se felicita por ter sido roubado, dizendo que pelo menos seu país não tem polícia montada. Um outro que se aborrece com tudo o que perturba a tranquilidade consola-se porém ao ver sediciosos retornarem ao seio da sociedade, pensando que o texto da lei é mais forte que todas as considerações. Essas ideias errôneas"*, acrescenta ele, *"não estão absolutamente em todas as cabeças; há pessoas sensatas que têm ideias contrárias e é a sensatez que deve prevalecer com o passar do tempo."*

Não lhe vem à mente que essas esquisitices dos ingleses possam ter alguma relação com as liberdades deles. Prefere explicar o fenômeno por razões mais científicas. *"Em um país onde a umidade do clima e a falta de energia no ar circulante"*, diz ele, *"imprimem no temperamento um tom sombrio, o povo está disposto a dedicar-se de preferência aos assuntos graves. Assim, o povo inglês é levado por sua natureza a ocupar-se de matérias de governo; o povo francês está distante delas."*

Tendo o governo tomado assim o lugar da Providência, é natural que cada qual o invoque em suas urgências particulares. Por isso encontramos um número imenso de requerimentos que, sempre se fundamentando no interesse público, dizem respeito entretanto apenas a pequenos interesses privados. As pastas onde estão guardados talvez sejam os únicos lugares em que todas as classes que compunham a sociedade do Antigo Regime se encontram misturadas. Sua leitura é melancólica: camponeses pedem que os indenizem pela perda de seus animais ou de sua casa; proprietários abastados, que os auxiliem a explorar mais vantajosamente suas terras; fabricantes solicitam do intendente privilégios que os protejam de uma concorrência incômoda. É muito frequente ver manufatores confidenciando ao intendente a má situação de seus negócios e rogando-lhe que obtenha do inspetor geral um auxílio ou um empréstimo. Aparentemente um fundo era aberto com esse objetivo.

Mesmo os fidalgos às vezes são grandes solicitantes; então sua condição quase não é reconhecível, a não ser por mendigarem em tom muito alto. Para muitos deles, o elo da dependência é o imposto da vintena. Como sua parcela desse imposto é estabelecida anualmente pelo conselho com base no relatório do intendente, é a ele que costumam dirigir-se para obter adiamentos e isenções. Li uma infinidade de solicitações desse tipo, feitas por nobres, quase todos com títulos de nobreza e frequentemente grandes senhores, em vista, diziam eles, da insuficiência de seus rendimentos ou da má situação dos negócios. Em geral, os fidalgos nunca chamavam o intendente senão de *Monsieur*; mas observei que nessas circunstâncias sempre o chamam de *Monseigneur*, como os burgueses.

Nessas petições a miséria e o orgulho às vezes misturam-se de um modo engraçado. Um deles escreve ao intendente: "*Vosso coração sensível jamais consentirá que um pai de minha posição seja taxado em vintenas estritas, como o seria um pai do vulgo.*"

Nos períodos de escassez, tão frequentes no século XVIII, a população de cada *généralité* volta-se por inteiro para o intendente e parece esperar alimento unicamente dele. É verdade que cada qual já culpa o governo por todas suas misérias. As mais inevitáveis são obra dele; recriminam-no até mesmo pela intempérie das estações.

Não nos surpreendamos mais ao ver com que facilidade espantosa a centralização foi restabelecida na França no início deste século. Os homens de 1789 haviam derrubado o edifício, mas suas fundações permaneceram na alma dos que o destruíram; e sobre essas fundações foi possível reerguê-lo novamente de uma só vez e construí-lo mais sólido do que nunca antes.

CAPÍTULO 7

Como, de todos os países da Europa, a França já era aquele cuja capital adquirira mais preponderância sobre as províncias e mais absorvia todo o império

Não é a localização nem o tamanho ou a riqueza das capitais que causam sua preponderância política sobre o restante do império, e sim a natureza do governo.

Londres, que é tão populosa quanto um reino, até agora não exerceu influência soberana sobre os destinos da Grã-Bretanha.

Nenhum cidadão dos Estados Unidos imagina que a população de Nova York possa decidir a sorte da União. Mais ainda, ninguém, no próprio estado de Nova York, julga que a vontade particular dessa cidade possa dirigir sozinha os assuntos públicos. Entretanto Nova York possui hoje tantos habitantes quanto Paris tinha no momento em que a Revolução eclodiu.

Na época das guerras religiosas, a própria Paris era, em comparação com o restante do reino, tão populosa quanto podia ser em 1789; entretanto nada decidiu. Na época da Fronda, ainda é tão somente a maior cidade da França. Em 1789, já é a própria França.

Em 1740 Montesquieu escrevia a um de seus amigos: na França há apenas Paris e as províncias distantes, porque Paris ainda não teve tempo de devorá-las. Em 1750, o marquês de Mirabeau, espírito quimérico mas às vezes profundo, diz, falando de Paris sem mencionar-lhe o nome: *"As capitais são necessárias; porém, se a cabeça tornar-se grande demais, o corpo torna-se apoplético e tudo perece. O que acontecerá então se, abandonando as províncias a uma espécie de dependência direta e encarando seus habitantes apenas como reinícolas de segunda classe, por assim dizer; se, não deixando nelas nenhuma possibilidade de consideração e nenhuma carreira para a ambição, atrair-se para essa capital tudo o que tiver algum talento!"* Mirabeau considera isso uma espécie de revolução velada que despovoa as províncias de seus notáveis, homens de negócios e os assim chamados homens de espírito.

O leitor que houver lido com atenção os capítulos anteriores já conhece as causas desse fenômeno; seria abusar de sua paciência indicá-las novamente aqui.

Para o governo essa revolução não passava despercebida, mas só lhe chamava a atenção por sua forma mais material: o crescimento da cidade. Via Paris estender-se mais a cada dia e temia que se tornasse difícil administrar bem uma cidade tão grande. Encontra-se, principalmente nos séculos XVII e XVIII, um grande número de ordenações de nossos reis com o objetivo de deter tal crescimento. Esses príncipes concentravam cada vez mais em Paris ou às suas portas toda a vida pública da França e queriam que Paris permanecesse pequena. Proíbem a construção de novas casas, ou exigem que sejam construídas apenas do modo mais oneroso e em locais pouco atraentes que são indicados de antemão. Cada uma dessas ordenações, é bem verdade, reconhece que, apesar da anterior, Paris não parou de estender-se. Seis vezes durante seu reinado, Luís XVI, em sua onipotência, tenta deter Paris e fracassa: a cidade cresce sem parar, a despeito dos éditos. Mas sua preponderância aumenta ainda mais rapidamente que suas muralhas; deve-a não tanto ao que ocorre intramuros quanto ao que está acontecendo fora de seu perímetro.

Isso porque no mesmo momento via-se em toda parte as liberdades locais desaparecerem cada vez mais. Em toda parte os sinais de uma vida independente cessavam;

mesmo os traços da fisionomia das diferentes províncias tornavam-se indistintos; o último vestígio da antiga vida pública apagava-se. Entretanto isso não significava que a nação estivesse esmorecendo: ao contrário, em toda parte havia movimento; apenas, o motor agora estava só em Paris. Darei um único exemplo entre mil. Nos relatórios feitos ao ministro sobre a situação do comércio de livros, leio que no século XVI e no início do século XVII havia nas cidades de província grandes gráficas que não têm mais impressores ou cujos impressores não fazem mais nada. Entretanto não há como duvidar que no final do século XVIII se publicassem infinitamente mais escritos de toda espécie do que no século XVI; porém agora o movimento do pensamento partia apenas do centro. Paris conseguira engolir as províncias.

No momento em que a Revolução Francesa eclode, essa primeira revolução está totalmente concluída.

O célebre viajante Arthur Young deixa Paris pouco depois da reunião dos estados gerais e poucos dias antes da tomada da Bastilha; o contraste que percebe entre o que acaba de ver na cidade e o que encontra fora dela surpreende-o. Em Paris, tudo era atividade e alarde; cada momento produzia um panfleto político: chegou-se a publicar noventa e dois por semana. Nunca vi uma movimentação de publicidade como essa, nem mesmo em Londres, diz ele. Fora de Paris, tudo lhe parece inércia e silêncio; imprimem-se poucas brochuras e nenhum jornal. As províncias, no entanto, estão excitadas e prontas para pôr-se em movimento, mas imóveis; se os cidadãos às vezes se reúnem, é para saber das notícias que esperam de Paris. Em cada cidade, Young pergunta aos habitantes o que vão fazer. *"Em toda parte a resposta é a mesma"*, diz ele. *"Somos apenas uma cidade de província; é preciso ver o que farão em Paris."* E acrescenta: *"Essas pessoas não ousam sequer ter uma opinião antes de saberem o que se pensa em Paris."*

Causa espanto a facilidade com que a assembleia constituinte pôde eliminar de um só golpe todas as antigas províncias da França, muitas das quais eram mais antigas que a monarquia, e dividir metodicamente o reino em oitenta e três partes distintas, como se fosse o solo virgem do Novo Mundo. Nada surpreendeu tanto e mesmo apavorou o restante da Europa, que não estava preparada para um espetáculo como esse. *"É a primeira vez"*, dizia Burke, *"que vemos homens retalhar sua pátria de um modo tão bárbaro."* Realmente, parecia que estavam dilacerando corpos vivos: estavam apenas esquartejando mortos.

No mesmo momento em que Paris chegava assim a se tornar todo-poderosa externamente, em seu próprio interior concluía-se visivelmente uma outra mudança não menos digna da atenção da História. Em vez de ser apenas uma cidade de comércio, negócios, consumo e prazer, tornara-se uma cidade de fábricas e manufaturas – um segundo fato que dava ao primeiro um caráter novo e mais formidável.

O evento vinha de muito longe; parece que já na Idade Média Paris foi a cidade mais industriosa do reino, assim como era a maior. Ao se aproximarem os tempos modernos isso fica evidente. À medida que todas as atividades administrativas vão sendo atraídas para Paris, as atividades industriais afluem para ela. Como se torna cada vez mais o modelo e o árbitro do gosto, o centro único do poder e das artes, o principal núcleo da atividade nacional, é nela que a vida industrial da nação se retira e se concentra mais.

Embora os documentos estatísticos do Antigo Regime geralmente mereçam pouco crédito, creio que se pode afirmar sem receio que durante os sessenta anos que precederam a Revolução Francesa o número de operários mais que duplicou em Paris, ao passo que no mesmo período a população geral da cidade mal aumentava um terço.

Independentemente das causas gerais que acabo de mencionar, havia outras muito particulares que, de todos os pontos da França, atraíam os operários para Paris e os aglomeravam pouco a pouco em certos bairros que eles acabavam por ser quase os únicos a ocupar. Os entraves que a legislação fiscal da época impunha à indústria haviam se tornado menos incômodos em Paris do que em qualquer outro lugar da França; em nenhum outro era mais fácil escapar do jugo das mestrias. Nesse aspecto, sobretudo alguns bairros periféricos, tais como o *faubourg* Saint-Antoine e o do Temple, gozavam de grandes privilégios. Luís XVI ainda ampliou muito essas prerrogativas do *faubourg* Saint-Antoine e trabalhou quanto pôde para juntar ali uma imensa população operária, "*querendo*", diz esse infeliz príncipe em um de seus éditos, "*dar aos operários do* faubourg *Saint-Antoine mais uma prova de nossa proteção e liberá-los dos entraves que são prejudiciais tanto a seus interesses como à liberdade de comércio*".

Ao aproximar-se a Revolução, em Paris o número de fábricas, manufaturas, altos-fornos havia aumentado tanto que o governo acabou por alarmar-se. A visão desse progresso enchia-o de diversos temores totalmente imaginários. Encontra-se, entre outros, um decreto do conselho, de 1782, declarando que "*o Rei, receando que a rápida multiplicação das manufaturas leve a um consumo de lenha que se torne prejudicial ao abastecimento da cidade, proíbe doravante a criação de estabelecimentos dessa espécie em um raio de quinze léguas ao redor dela*". Quanto ao perigo real que uma aglomeração como aquela podia gerar, ninguém o receava.

Assim Paris se assenhorara da França, e já se reunia o exército que devia assenhorar-se de Paris.

Hoje há um razoável consenso, parece-me, de que a centralização administrativa e a onipotência de Paris são grandemente responsáveis pela queda de todos os governos que vimos se sucederem nos últimos quarenta anos. Demonstrarei sem dificuldade que se deve atribuir ao mesmo fato uma grande participação na queda súbita e violenta da antiga monarquia, e que se deve alinhá-lo entre as principais causas dessa revolução primeira que gerou todas as outras.

CAPÍTULO 8

Que a França era o país onde os homens haviam se tornado mais semelhantes entre si

Quem considerar atentamente a França do Antigo Regime encontrará dois cenários bem opostos.

Parece que todos os homens que nela vivem, particularmente os que ocupam as esferas intermediárias e altas da sociedade, os únicos que se fazem ver, sejam todos exatamente iguais uns aos outros.

Entretanto, no meio dessa multidão enorme ergue-se ainda uma infinidade prodigiosa de pequenas barreiras que a dividem em um grande número de partes, e em cada um desses pequenos espaços fechados aparece uma espécie de sociedade particular que só se ocupa de seus próprios interesses, sem tomar parte na vida de todos.

Penso nessa divisão quase infinita e compreendo como, os cidadãos estando menos preparados que em qualquer outro lugar para agir em conjunto e para se apoiar mutuamente em tempo de crise, uma grande revolução pôde em um momento subverter de alto a baixo uma tal sociedade. Imagino todas essas pequenas barreiras sendo derrubadas pelo mesmo grande abalo; diviso prontamente um corpo glacial mais compacto e mais homogêneo do que qualquer um dos que o mundo talvez já tenha visto.

Mencionei como, em quase todo o reino, já há longo tempo a vida particular das províncias estava extinta; isso havia contribuído bastante para tornar todos os franceses muito parecidos entre si. Através das diversidades que ainda existem, a unidade da nação já é transparente; a uniformidade da legislação a revela. À medida que descemos o curso do século XVIII, vemos aumentar o número de éditos, de declarações do rei, de decretos do conselho que aplicam as mesmas regras, da mesma maneira, em todas as partes do império. Não são apenas os governantes, são também os governados que concebem a ideia de uma legislação tão geral e tão uniforme, em toda parte a mesma, a mesma para todos; essa ideia fica evidente em todos os projetos de reforma que se sucedem durante trinta anos até a Revolução eclodir. Dois séculos antes a matéria de tais ideias, se assim podemos dizer, teria faltado.

Não apenas as províncias se parecem cada vez mais: em cada província os homens das diferentes classes, pelo menos todos os que estão fora do povo, tornam-se cada vez mais parecidos, a despeito das particularidades da condição.

Nada o demonstra mais claramente do que a leitura dos cadernos apresentados pelas diferentes ordens em 1789. Vê-se que aqueles que os redigem diferem profundamente quanto aos interesses, mas em todo o restante se mostram parecidos.

Se analisardes o que acontecia nos primeiros estados gerais, tereis um espetáculo totalmente oposto: o burguês e o nobre têm então mais interesses em comum, mais assuntos em comum; mostram bem menos animosidade recíproca; mas ainda parecem pertencer a duas raças distintas.

O tempo, que mantivera e sob muitos aspectos agravara os privilégios que separavam esses dois homens, havia trabalhado singularmente em torná-los parecidos em todo o restante.

Há muitos séculos os nobres franceses vinham empobrecendo continuamente. *"Apesar de seus privilégios, a nobreza está cada dia mais arruinada e mais nula e o terceiro estado apodera-se das fortunas"*, escreve tristemente um fidalgo em 1755. Entretanto, as leis que protegiam a propriedade dos nobres continuavam as mesmas; nada em sua condição econômica parecia mudado. Mesmo assim, em toda parte eles empobreciam na proporção exata em que perdiam seu poder.

Poderíamos dizer que, nas instituições humanas como no próprio homem, independentemente dos órgãos que vemos cumprirem as diversas funções da existência, há uma força central e invisível que é o próprio princípio da vida. Em vão os órgãos parecem agir como antes; tudo definha ao mesmo tempo e morre quando essa chama vivificadora vem a se extinguir. Os nobres franceses ainda tinham as substituições (Burke chega a observar que em sua época elas eram mais frequentes e mais obrigatórias na França que na Inglaterra), o direito de primogenitura, as rendas fundiárias e perpétuas e todos os chamados direitos úteis; haviam escapado da obrigação tão onerosa de fazer a guerra às próprias expensas e entretanto lhes haviam conservado, aumentando-a muito, a imunidade tributária; ou seja, conservavam a indenização ao se livrar do encargo. Gozavam ademais de várias outras vantagens pecuniárias que seus pais nunca tiveram; entretanto empobreciam gradualmente à medida que a prática e o espírito de governar lhes iam faltando. A esse empobrecimento gradual deve-se atribuir, em parte, a grande divisão da propriedade rural que mencionamos anteriormente. O fidalgo havia cedido pedaço por pedaço sua terra aos camponeses, reservando para si apenas as rendas senhoriais, que lhe preservavam mais a aparência do que a realidade da antiga posição. Várias províncias da França, como a de Limousin, de que fala Turgot, tinham em toda sua extensão apenas uma pequena nobreza pobre, que quase não possuía mais terras e vivia praticamente só de direitos senhoriais e de rendas fundiárias.

"*Nesta* généralité, *o número de famílias nobres ainda se eleva a vários milhares, mas nem quinze delas têm vin-*

te mil libras de renda", diz um intendente no início do século. Leio em uma espécie de instrução que um outro intendente (o de Franche-Comté) dirige a seu sucessor em 1750: "*A nobreza desta região é bastante boa mas muito pobre, e é tão orgulhosa quanto pobre. Está muito rebaixada em comparação com o que era antes. Não é má política mantê-la nesse estado de pobreza para levá-la à necessidade de servir e de precisar de nós. Forma uma confraria na qual só são admitidas as pessoas que podem dar prova de quatro costados*", acrescenta ele. "*Essa confraria não é patenteada, só é tolerada, e reúne-se apenas uma vez por ano e em presença do intendente. Depois de almoçar e de assistir à missa juntos, esses nobres voltam cada qual para sua casa, uns em seus rocinantes, outros a pé. Vereis como é cômica essa assembleia.*"

Esse empobrecimento gradual da nobreza era visto em maior ou menor grau não apenas na França mas em todas as partes do continente onde, como na França, o sistema feudal estava acabando de desaparecer, sem ser substituído por uma nova forma de aristocracia. Entre os povos alemães que margeiam o Reno a decadência era mais particularmente visível e muito acentuada. O contrário só ocorria entre os ingleses. Lá, as antigas famílias nobres que ainda existiam haviam não apenas conservado mas aumentado muito suas fortunas; continuavam sendo as principais tanto em riqueza como em poder. As famílias novas que haviam ascendido ao lado delas não fizeram mais que imitar-lhes a opulência sem suplantá-la.

Na França, apenas os plebeus pareciam herdar todos os bens que a nobreza perdia; era como se crescessem somente graças à substância dela. Entretanto nenhuma lei impedia o burguês de arruinar-se nem o ajudava a enriquecer; mesmo assim, ele enriquecia sem cessar; em muitos casos tornara-se tão rico quanto e às vezes mais rico que o fidalgo. Além disso, frequentemente sua riqueza era da mesma espécie: embora costumasse viver na cidade, muitas vezes era proprietário no campo; ocasionalmente chegava a adquirir senhorias.

A educação e o modo de vida já haviam colocado entre esses dois homens mil outras semelhanças. O burguês tinha tantas luzes quanto o nobre e, o que é preciso notar bem, suas luzes provinham precisamente da mesma fonte. Ambos exibiam a mesma ilustração. Tanto para um como para o outro a educação fora igualmente teórica e literária. Paris, que se tornara cada vez mais o único preceptor da França, conseguia dar a todos os espíritos uma mesma forma e uma postura em comum.

No final do século XVIII, sem dúvida ainda se podia perceber uma diferença entre as maneiras da nobreza e as da burguesia, pois não há nada que se uniformize mais lentamente que essa superfície de costumes denominada "as maneiras"; porém, no fundo, todos os homens posicionados acima do povo se pareciam; tinham as mesmas ideias, os mesmos hábitos, obedeciam aos mesmos gostos, entregavam-se aos mesmos prazeres, liam os mesmos livros, falavam a mesma língua. Já não diferiam uns dos outros, exceto pelos direitos.

Duvido que isso ocorresse então no mesmo grau em qualquer outro lugar, nem mesmo na Inglaterra, onde as diversas classes, apesar de solidamente interligadas por interesses em comum, geralmente ainda diferiam pelo espírito e pelos costumes; pois a liberdade política, que possui o admirável poder de criar entre todos os cidadãos relações necessárias e laços mútuos de dependência, nem sempre os torna semelhantes por causa disso; é o governo de um único que, com o passar do tempo, sempre tem como efeito inevitável tornar os homens semelhantes entre si e mutuamente indiferentes à sorte do outro.

CAPÍTULO 9

Como esses homens tão semelhantes estavam mais separados do que nunca em pequenos grupos mutuamente estranhos e indiferentes

Consideremos agora o outro lado do quadro e vejamos como aqueles mesmos franceses que tinham entre si tantos traços semelhantes estavam no entanto mais isolados uns dos outros do que talvez acontecesse em qualquer outra parte e mesmo do que jamais se vira anteriormente na França.

Tudo indica que, na época em que o sistema feudal se estabeleceu na Europa, o que depois se denominou nobreza não formou imediatamente uma *casta*, mas sim originariamente se compôs de todos os principais da nação e, portanto, de início foi tão somente uma aristocracia. Essa é uma questão que não desejo discutir aqui; basta-me observar que na Idade Média a nobreza passou a ser uma casta, isto é, sua marca distintiva é o nascimento.

Ela conserva sim a característica, própria da aristocracia, de ser um corpo de cidadãos que governam; mas é unicamente o nascimento que determina quais estarão no topo desse corpo. Tudo o que não houver nascido nobre está fora dessa classe particular e fechada, e ocupa no Estado apenas uma posição menos ou mais elevada, porém sempre subordinada.

Em toda parte onde se estabeleceu no continente europeu, o sistema feudal levou à casta; apenas na Inglaterra ele voltou para a aristocracia.

Sempre me surpreendeu que um fato que tanto singulariza a Inglaterra entre todas as nações modernas, e que por si só já pode explicar as particularidades de suas leis, de seu espírito e de sua história, não tenha chamado a atenção dos filósofos e dos estadistas mais ainda do que o fez, e que o hábito tenha acabado por torná-lo como que invisível para os próprios ingleses. Muitas vezes ele foi entrevisto, parcialmente descrito; nunca, parece-me, foi enxergado de modo completo e claro. Montesquieu, visitando a Grã-Bretanha em 1739, escreve acertadamente: "*Estou aqui em um país que pouco se parece com o restante da Europa*"; porém não acrescenta mais nada.

Era bem menos seu parlamento, sua liberdade, sua publicidade, seu júri que desde então realmente tornavam a Inglaterra tão diferente do restante da Europa, do que algo ainda mais particular e mais eficaz. A Inglaterra era o único país em que se havia não alterado mas efetivamente eliminado o sistema de castas. Nela os nobres e os plebeus ocupavam-se juntos dos mesmos assuntos, abraçavam as mesmas profissões e, o que é muito mais significativo, casavam entre si. A filha de um grande senhor já podia desposar sem desonra um plebeu proeminente.

Quereis saber se a casta e as ideias, os hábitos, as barreiras que ela criou em um certo povo estão definitivamente anulados? Considerai seus casamentos. Apenas aí encontrareis o indício decisivo que vos falta. Na França, mesmo em nossos dias, após sessenta anos de democracia, geralmente o procurareis em vão. As famílias antigas e as novas, que parecem confundidas em todas as coisas, ainda evitam ao máximo misturar-se pelo casamento.

Frequentemente se mencionou que a nobreza inglesa tinha sido mais prudente, mais capaz, mais aberta que qualquer outra. O que se devia dizer é que, a rigor, na Inglaterra já há muito tempo não existe nobreza, se o termo for tomado no sentido antigo e circunscrito que conservara em todos os outros lugares.

Essa revolução perde-se na noite dos tempos, mas ainda lhe resta uma testemunha viva: o idioma. Já há vários séculos que na Inglaterra o termo *gentil-homem* mudou inteiramente de sentido e o termo *plebeu* não existe mais. Teria sido impossível traduzir literalmente para o inglês este verso do *Tartuffe* quando Molière o escreveu, em 1664:

Et, tel qu'on le voit, il est bien gentilhomme.[6]

Quereis fazer mais uma aplicação da ciência das línguas à ciência da História? Acompanhai através do tempo e do espaço o destino do termo *gentleman*, do qual nosso termo *gentilhomme* foi o pai. Vereis sua significação ampliar-se na Inglaterra à medida que as condições se aproximam e se mesclam. A cada século ele vai se aplicando a homens que estão um pouco mais abaixo na escala social. Por fim, viaja com os ingleses para a América, onde é usado para designar indistintamente todos os cidadãos. Sua história é a própria história da democracia.

Na França o termo *gentilhomme* sempre permaneceu rigorosamente restrito a seu sentido primitivo; a partir da Revolução, praticamente saiu de uso, mas nunca se alterou. Conservara-se intacto o termo que servia para designar os membros da casta, porque se conservara a casta em si, tão separada de todas as outras como sempre estivera.

Mas vou muito além e afirmo que ela se tornara muito mais separada do que no momento em que o termo surgiu, e que houvera entre nós um movimento em sentido inverso do que fora visto na Inglaterra.

Embora o burguês e o nobre estivessem mais parecidos, ao mesmo tempo haviam se isolado cada vez mais um do outro – duas coisas que tanto não devemos con-

---

6. "E apesar da aparência é gentil-homem sim." (ato II, cena 2; Orgon se refere a Tartufo). (N. da T.)

fundir que uma, em vez de atenuar a outra, frequentemente agrava-a.

Na Idade Média e enquanto o feudalismo continuou a dominar, todos os que viviam como rendeiros em terras do senhor (os que a linguagem feudal denominava propriamente *vassalos*), e muitos não eram nobres, estavam constantemente associados a ele para o governo da senhoria; essa era mesmo a principal condição dos *mansos* ou concessões. Não apenas deviam acompanhar o senhor na guerra mas também, em virtude da concessão, deviam passar um certo tempo do ano em sua corte, ou seja, ajudá-lo a aplicar a justiça e a administrar os habitantes. A corte do senhor era a grande engrenagem do governo feudal; aparece em todas as antigas leis da Europa, e ainda em nossos dias encontrei vestígios muito visíveis dela em várias partes da Alemanha. O erudito feudista Edme de Fréminville, que trinta anos antes da Revolução Francesa teve a ideia de escrever um volumoso livro sobre os direitos feudais e sobre a renovação dos cadastros fundiários, conta que viu nos *"títulos de muitas senhorias que os vassalos tinham obrigação de ir cada quinze dias para a corte do senhor, onde, estando reunidos, julgavam conjuntamente com o senhor ou seu juiz comum as decisões e os desacordos que haviam surgido entre os habitantes"*. Acrescenta que encontrou *"às vezes oitenta, cento e cinquenta e até duzentos desses vassalos numa senhoria. Muitos eram plebeus."* Citei isso não como uma prova (há mil outras) mas como um exemplo da maneira como, originariamente e durante muito tempo, a classe dos campos aproximava-se dos fidalgos e unia-se diariamente a eles na condução dos mesmos assuntos. O que a corte do senhor fazia pelos pequenos proprietários rurais os estados provinciais e mais tarde os estados gerais fizeram pelos burgueses das cidades.

Não se poderia estudar o que nos resta dos estados gerais do século XIV, e sobretudo dos estados provinciais da mesma época, sem nos surpreendermos com o lugar que o terceiro estado ocupava nessas assembleias e com o poder que ali exercia.

Como homem, o burguês do século XIV é sem dúvida muito inferior ao burguês do século XVIII; mas a burguesia coletivamente ocupa então na sociedade política uma posição mais segura e mais alta. Seu direito de participar do governo é incontestado; o papel que desempenha nas assembleias políticas é sempre considerável, muitas vezes preponderante. As outras classes sentem cotidianamente a necessidade de contar com ela.

Mas o que impressiona acima de tudo é ver como a nobreza e o terceiro estado encontram então mais facilidades do que tiveram depois para administrar juntos os assuntos públicos ou para resistir em conjunto. Isso não se observa apenas nos estados gerais do século XIV, vários dos quais tiveram um caráter irregular e revolucionário que as agruras da época lhes conferiram, mas também nos estados particulares da mesma época, em que nada indica que os assuntos não seguissem o andamento regular e habitual. É assim que vemos em Auvergne as três ordens tomarem em conjunto as medidas mais importantes e supervisionarem sua execução por comissários escolhidos igualmente em todas três. O mesmo cenário é visto na mesma época em Champagne. Todo mundo conhece aquele ato célebre pelo qual, no início do mesmo século, os nobres e os burgueses de um grande número de cidades se associaram para defender as franquias da nação e os privilégios de suas províncias contra os ataques do poder régio. Encontram-se naquele momento em nossa história vários desses episódios que parecem extraídos da história da Inglaterra. Tais cenários não voltarão a ser vistos nos séculos seguintes.

Efetivamente, à medida que o governo da senhoria se desorganiza, que os estados gerais se tornam mais raros ou cessam e que as liberdades gerais por fim sucumbem, arrastando em seu desmoronamento as liberdades locais, o burguês e o fidalgo não têm mais contato na vida pública. Nunca mais sentem necessidade de se aproximar um do outro e de se entender; são cada dia mais independentes um do outro, mas também mais estranhos um ao outro. No século XVIII essa revolução está concluída: os dois homens então só se encontram por acaso na vida privada. As duas classes já não são apenas rivais, são inimigas.

E – o que parece muito particular da França – ao mesmo tempo que a ordem da nobreza perde assim seus poderes políticos, o fidalgo adquire individualmente vários privilégios que nunca possuíra ou aumenta os que já possuía. Parecia que os membros se enriqueciam com os despojos do corpo. A nobreza tem cada vez menos o direito de comandar, porém os nobres têm cada vez mais a prerrogativa exclusiva de ser os principais servidores do amo; era mais fácil para um plebeu tornar-se oficial sob Luís XIV do que sob Luís XVI. Isso acontecia com frequência na Prússia quando o fato era quase sem exemplo na França. Cada um desses privilégios, uma vez obtido, adere ao sangue, fica inseparável dele. Quanto mais essa nobreza deixa de ser uma aristocracia, mais parece tornar-se uma casta.

Tomemos o mais odioso de todos esses privilégios, a isenção tributária: é fácil ver que, desde o século XV até a Revolução Francesa, ele não parou de crescer. Crescia com o aumento acelerado dos encargos públicos. Quando não se recolhia mais que 1.200.000 libras de talha sob Carlos VII, o privilégio de estar isento dela era pequeno; quando se recolhiam 80 milhões sob Luís XVI, era muito. Quando a talha era o único imposto do plebeu, a isenção do nobre era pouco visível; mas, quando os impostos dessa espécie se multiplicaram sob mil nomes e mil formas, quando à talha foram assimiladas quatro outras taxas, quando encargos desconhecidos na Idade Média – tais como a corveia régia aplicada a todas as obras e serviços públicos, a milícia etc. – foram acrescentados à talha e a seus acessórios e também desigualmente atribuídos, a isenção do fidalgo pareceu imensa. A desigualdade, apesar de grande, era na verdade mais aparente ainda do que real, pois com frequência o nobre era atingido em seu arrendatário pelo imposto do qual escapava pessoalmente; mas nessa matéria a desigualdade que o homem vê prejudica mais do que a desigualdade que sente.

Luís XIV, pressionado pelas necessidades financeiras que o atormentaram no fim de seu reinado, havia estabelecido duas taxas gerais, a capitação e as vintenas. Mas, como se a isenção de impostos fosse em si um privilégio tão respeitável que se devesse consagrá-lo no próprio ato que o agredia, teve-se o cuidado de tornar a percepção diferenciada, ao passo que a taxa era comum. Para uns ela continuou degradante e dura; para outros, indulgente e honrosa.

Embora a desigualdade em matéria de impostos tivesse se estabelecido em todo o continente europeu, havia pouquíssimos países onde houvesse se tornado tão visível e tão constantemente sentida como na França. Em grande parte da Alemanha a maioria das taxas era indireta. Mesmo no imposto direto, o privilégio do fidalgo frequentemente consistia numa participação menor em um encargo geral. Além disso, havia algumas taxas que só incidiam sobre a nobreza e que se destinavam a ocupar o lugar do serviço militar gratuito que não se exigia mais.

Ora, de todas as maneiras de diferenciar os homens e de marcar as classes, a desigualdade fiscal é a mais perniciosa e a mais propícia para somar o isolamento à desigualdade e para torná-los incuráveis, por assim dizer. Pois vede seus efeitos: quando o burguês e o fidalgo não estão mais obrigados a pagar a mesma taxa, todo ano a base de cálculo e o recolhimento do imposto demarcam novamente entre eles, com um traço nítido e preciso, o limite das classes. Todos os anos, cada um dos privilegiados sente um interesse atual e premente em não se deixar confundir com a massa e faz um novo esforço para colocar-se à parte.

Como quase não há assuntos públicos que não tenham origem em uma taxa ou não resultem em uma taxa, tão logo não estão igualmente sujeitas ao imposto, as duas classes quase não têm mais motivos para deliberar juntas em algum momento, não têm mais causas para experimentar necessidades e sentimentos em comum; já não é preciso mantê-las separadas: de certa forma foram-lhes tirados a oportunidade e o desejo de agirem juntas.

Burke, no retrato favorecedor que pinta da antiga constituição da França, ressalta em benefício da instituição de nossa nobreza a facilidade que tinham os burgueses de obter o enobrecimento conseguindo para si algum ofício; via nisso uma analogia com a aristocracia aberta da Inglaterra. De fato, Luís XI havia multiplicado os enobrecimentos: era um meio de rebaixar a nobreza; seus sucessores os prodigalizaram para conseguir dinheiro. Necker informa-nos que em sua época o número de ofícios que conferiam nobreza elevava-se a quatro mil. Nada parecido se via em parte alguma da Europa; mas a analogia que Burke queria estabelecer entre a França e a Inglaterra era ainda mais equivocada.

Se as classes intermediárias da Inglaterra, longe de hostilizar a aristocracia, permaneceram tão intimamente unidas a ela, tal não aconteceu principalmente porque essa aristocracia era aberta, mas antes, como foi dito, porque sua forma era indistinta e seu limite, desconhecido; menos porque se podia ingressar nela do que por nunca se saber quando se estava nela; de tal modo que tudo o que entrava em contato com essa aristocracia já podia fazer parte dela, associar-se a seu governo e obter algum brilho ou algum proveito de sua força.

Mas a barreira que separava a nobreza francesa das outras classes, embora muito fácil de ser cruzada, era sempre fixa e visível, sempre reconhecível por sinais evidentes e odiosos para quem estava fora. Quem a atravessava ficava separado de todos aqueles de cujo meio acabava de sair por privilégios que lhes eram onerosos e humilhantes.

Portanto o sistema de enobrecimentos, em vez de diminuir o ódio do plebeu contra o fidalgo, aumentava-o desmedidamente, aguçava-o com toda a inveja que o novo nobre inspirava a seus antigos iguais. É por isso que em suas queixas o terceiro estado sempre mostra mais irritação contra os enobrecidos do que contra os nobres e, longe de pedir que se alargue a porta que pode levá-lo para fora da plebeidade, constantemente pede que ela seja estreitada.

Em nenhuma época de nossa história a nobreza fora tão facilmente adquirida como em 1789 e nunca o burguês e o fidalgo estiveram tão separados um do outro. Não apenas os nobres se negam a tolerar em seus colégios eleitorais tudo que tenha cheiro de burguesia, mas também os burgueses afastam com o mesmo zelo todos os que possam ter aparência de fidalgos. Em certas províncias, os novos nobres são rejeitados por um lado porque não os consideram suficientemente nobres e pelo outro porque acham que já são nobres demais. Foi esse o caso do célebre Lavoisier, segundo se diz.

E se, deixando de lado a nobreza, considerarmos agora essa burguesia, veremos um cenário muito semelhante e o burguês quase tão apartado do povo como o fidalgo estava apartado do burguês.

No Antigo Regime a quase totalidade da classe intermediária habitava as cidades. Principalmente duas causas haviam produzido esse efeito: os privilégios dos fidalgos e a talha. O senhor que residia em suas terras geralmente demonstrava certa bonomia familiar para com os camponeses; mas sua insolência para com os burgueses, seus vizinhos, era quase infinita. Ela fora crescendo sem cessar à medida que seu poder político diminuía, e justamente por essa razão; pois, de um lado, deixando de governar, ele já não tinha interesse em não melindrar os que podiam auxiliá-lo nessa tarefa e, do outro, como se assinalou frequentemente, gostava de, com o uso imoderado de seus direitos aparentes, consolar-se da perda de seu poder real. Mesmo sua ausência da propriedade, em vez de aliviar os vizinhos, aumentava-lhes os dissabores. O absenteísmo não servia sequer para isso, pois privilégios exercidos pelo procurador eram ainda mais difíceis de suportar.

Mesmo assim, não sei se a talha e todos os impostos que haviam se assimilado a ela não foram causas mais eficazes.

Penso que poderia explicar, e em poucas palavras, por que a talha e seus acessórios pesavam muito mais sobre os campos do que sobre as cidades; mas isso talvez pareça inútil para o leitor. Portanto me bastará dizer que os burgueses reunidos nas cidades tinham mil meios mais de atenuar o peso da talha e muitas vezes de evitá-la totalmente do que qualquer um deles teria isoladamente, se houvesse permanecido em seus domínios. Dessa maneira escapavam sobretudo da obrigação de cobrar a talha, o que temiam ainda muito mais do que a obrigação de pagá-la, e com razão; pois nunca houve no Antigo Regime, e penso que nem mesmo em nenhum regime, condição pior que a do coletor paroquial da talha. Mais adiante terei oportunidade de demonstrá-lo. Entretanto ninguém na aldeia, exceto os fidalgos, podia esquivar-se desse encargo: em vez de sujeitar-se a ele, o plebeu rico alugava sua propriedade e retirava-se para a cidade vizinha. Turgot está de acordo com todos os documentos confidenciais que tive oportunidade de consultar, quando nos diz que "*a coleta da talha transforma em burgueses das cidades quase todos os proprietários plebeus dos campos*". Mencionando de passagem, essa é uma das razões que fizeram com que a

França tivesse mais cidades, e sobretudo cidades pequenas, do que a maioria dos outros países da Europa.

Aquartelado assim intramuros, o plebeu rico perdia rapidamente os gostos e o espírito do campo; tornava-se inteiramente alheio aos trabalhos e aos assuntos de seus iguais que lá haviam permanecido. Tinha agora praticamente um único objetivo na vida: aspirava a tornar-se um funcionário público em sua cidade adotiva.

É um grande erro acreditar que a paixão por cargos que há em quase todos os franceses de nossos dias, e especialmente nos das classes intermediárias, tenha nascido a partir da Revolução: nasceu vários séculos antes e desde então não parou de crescer, graças a mil alimentos novos que se teve o cuidado de dar-lhe.

No Antigo Regime, os postos nem sempre se pareciam com os nossos, mas eram ainda mais numerosos, penso eu; a quantidade de pequenos era quase infinita. Calcula-se que só entre 1693 e 1709 foram criados quarenta mil, quase todos ao alcance dos menores burgueses. Cheguei a contar em 1750, em uma cidade de província de dimensões medianas, cento e nove pessoas ocupadas em administrar justiça e cento e vinte e seis encarregadas de pôr em execução as decisões das primeiras – todas pessoas da cidade. A ânsia dos burgueses para ocupar esses postos era realmente sem igual. Assim que um deles se via de posse de um pequeno capital, em vez de empregá-lo nos negócios utilizava-o prontamente para comprar uma colocação. Essa lamentável ambição prejudicou mais o avanço da agricultura e do comércio na França do que as mestrias e a própria talha. Quando os postos vinham a faltar, a imaginação dos solicitantes, entrando em ação, prontamente inventava novos. Um certo Lemberville publica um memorial para provar que é totalmente conforme com o interesse público criar inspetores para determinada indústria e termina oferecendo a si mesmo para o emprego. Quem de nós não conheceu esse Lemberville? Um homem com algum estudo e certa abastança não julgava decente morrer sem ter sido funcionário público. *"Cada qual, de acordo com sua situação, quer ser alguma coisa em nome do rei"*, diz um contemporâneo.

Nesse assunto a maior diferença que se vê entre os tempos de que falo aqui e os nossos é que então o governo vendia os postos, ao passo que hoje os dá; para adquiri-los um homem já não oferece seu dinheiro: faz melhor, entrega a si mesmo.

Separado dos camponeses pela diferença de lugares e, mais ainda, de tipo de vida, o burguês geralmente o era também pelo interesse. Reclama-se com muita justiça do privilégio dos nobres em matéria de impostos; mas que dizer dos privilégios dos burgueses? Chegam a milhares os ofícios que os isentam da totalidade ou de parte dos encargos públicos: este, da milícia; aquele, da corveia; um outro, da talha. Qual é a paróquia, diz um texto da época, que não tem em seu meio, além dos fidalgos e dos clérigos, vários habitantes que obtiveram para si, por meio de cargos ou de comissão, alguma isenção de imposto? Uma das razões que de quando em quando levam a abolir alguns dos ofícios destinados aos burgueses é a diminuição de receita que a imensa quantidade de indivíduos isentados da talha causa. Não tenho dúvida de que o número de isentos era tão grande na burguesia quanto na nobreza e frequentemente maior.

Essas lamentáveis prerrogativas enchiam de inveja os que delas eram privados e do orgulho mais egoísta os que as possuíam. Nada é mais visível, durante todo o século XVIII, do que a hostilidade dos burgueses das cidades contra os camponeses de seus subúrbios e a inveja do subúrbio contra a cidade. *"Cada uma das cidades, ocupada com seu interesse particular"*, diz Turgot, *"está disposta a sacrificar-lhe os campos e as aldeias de seu distrito."* *"Frequentemente"*, diz ele em outro lugar, falando a seus subdelegados, *"tendes sido obrigados a reprimir a tendên-*

cia constantemente usurpadora e invasiva que caracteriza a conduta das cidades com relação aos campos e às aldeias de seus distritos."

Mesmo o povo que vive com os burgueses no perímetro interno da cidade torna-se estranho a eles, quase seu inimigo. A maioria dos encargos locais que eles estabelecem são direcionados de forma a incidir especialmente sobre as classes baixas. Tive mais de uma oportunidade de comprovar o que o mesmo Turgot diz em outra passagem de suas obras: que os burgueses das cidades haviam encontrado meios de regulamentar as taxas alfandegárias de modo a não recair sobre eles.

Porém o que mais se nota em todos os atos dessa burguesia é o temor de ver-se confundida com o povo e o desejo apaixonado de evitar por todos os meios seu controle.

"Se aprouvesse ao rei que o cargo de prefeito voltasse a ser eletivo", dizem os burgueses de uma cidade em um memorando ao inspetor geral, *"conviria obrigar os eleitores a escolherem apenas entre os principais notáveis e mesmo no* présidial[7]*."*

Vimos como fizera parte da política de nossos reis tirarem sucessivamente do povo das cidades o uso de seus direitos políticos. De Luís XI a Luís XV, toda sua legislação revela essa intenção. Frequentemente os burgueses da cidade associam-se a ela, às vezes sugerem-na.

Por ocasião da reforma municipal de 1764, um intendente consulta os oficiais municipais de uma pequena cidade sobre a questão de manter ou não o direito de os artesãos e *outra gente miúda* eleger os magistrados. Esses oficiais respondem que na verdade *"o povo nunca abusou desse direito e sem dúvida seria gentil conservar-lhe o consolo de escolher os que devem comandá-lo; porém*

---

7. Tribunal com competência local que julgava em instância única os casos de menor importância. (N. da T.)

vale mais ainda, para a preservação da boa ordem e da tranquilidade pública, confiar essa incumbência à assembleia dos notáveis." O subdelegado, por sua vez, informa que reuniu em sua casa, em conferência secreta, os *"seis melhores cidadãos da cidade"*. Esses seis melhores cidadãos acabaram por concordar unanimemente que o melhor seria confiar a eleição nem mesmo à assembleia dos notáveis, como propunham os oficiais municipais, mas a um certo número de deputados escolhidos nos diferentes corpos que compõem essa assembleia. O subdelegado, mais favorável às liberdades do povo do que os próprios burgueses, transmite esse parecer mas acrescenta que *"entretanto para os artesãos é muito duro pagar, sem poder controlar-lhes o uso, somas que foram impostas justamente por aqueles concidadãos que, por causa de seus privilégios de impostos, talvez sejam os menos interessados na questão"*.

Mas completemos o quadro: consideremos agora a burguesia em si mesma, separada do povo, como já consideramos a nobreza separada dos burgueses. Observamos nessa pequena parcela da nação, apartada do restante, divisões infinitas. Parece que o povo francês é como esses pretensos corpos elementares nos quais a química moderna, à medida que os olha mais de perto, vai descobrindo novas partículas separáveis. Encontrei entre os notáveis de uma pequena cidade nada menos que trinta e seis corpos diferentes. Esses diversos corpos, apesar de minúsculos, estão continuamente empenhados em apequenar-se ainda mais; diariamente vão se purgando das partes heterogêneas que possam conter, a fim de ficar reduzidos aos elementos simples. Há alguns que esse belo trabalho reduziu a três ou quatro membros. Com isso sua personalidade fica ainda mais viva e seu humor, mais belicoso. Estão todos separados uns dos outros por alguns pequenos privilégios, dos quais os menos honestos são também sinais de honra. Há entre eles eternas brigas por precedência. O intendente e os tribunais ficam atordoados com o barulho de suas disputas. *"Finalmente se decidiu que a água benta será oferecida ao* présidial *antes de sê-lo à municipalidade. O parlamento hesitava; mas o rei evocou o caso em seu conselho e decidiu pessoalmente. Já era tempo: esse assunto punha em polvorosa toda a cidade."* Se for dada preferência a um dos corpos sobre outro na assembleia geral dos notáveis, este para de comparecer; alega que prefere desistir dos assuntos públicos a ver sua dignidade rebaixada. A corporação de peruqueiros da cidade de La Flèche decide que *"demonstrará dessa maneira a justa mágoa que lhe causa a precedência concedida aos padeiros"*. Uma parte dos notáveis de uma cidade recusa-se obstinadamente a cumprir sua função *"porque"*, diz o intendente, *"introduziram-se na assembleia alguns artesãos com os quais os principais burgueses se sentem humilhados de estar associados"*. *"Se o lugar de magistrado municipal for dado a um tabelião"*, diz o intendente de uma outra província, *"isso desgostará os outros notáveis, pois aqui os tabeliões são pessoas sem berço, que não pertencem a famílias de notáveis e todos foram escreventes."* Os seis melhores cidadãos de que já falei, e que tão facilmente decidem que o povo deve ser privado de seus direitos políticos, veem-se estranhamente perplexos quando se trata de examinar quais serão os notáveis e qual ordem de precedência convém estabelecer entre eles. Em tal matéria expressam mais modestamente apenas dúvidas: alegam que temem *"causar a alguns de seus concidadãos uma dor excessiva"*.

A vaidade natural dos franceses fortalece-se e aguça-se no atrito incessante do amor-próprio desses pequenos corpos e o legítimo orgulho do cidadão fica esquecido. No século XVI a maioria das corporações de que acabo de falar já existe; mas seus membros, depois de resolverem entre si os assuntos de sua associação particular, sempre se reúnem a todos os outros habitantes para juntos se ocuparem dos interesses gerais da cidade. No século XVIII eles estão quase totalmente fechados em si mesmos, pois os atos da vida municipal se tornaram raros e todos são executados por mandatários. Assim, cada uma dessas pequenas sociedades vive apenas para si, apenas de si se ocupa, suas únicas atividades são as que lhe dizem respeito.

Nossos pais não tinham a palavra *individualismo*, que forjamos para nosso uso, porque no tempo deles de fato não havia indivíduo que não pertencesse a um grupo e que pudesse se considerar absolutamente só; mas cada um dos mil pequenos grupos de que a sociedade francesa se compunha só pensava em si mesmo. Era, se posso expressar-me assim, uma espécie de individualismo coletivo, que preparava as almas para o verdadeiro individualismo que conhecemos hoje.

E o mais estranho é que todos os homens que se mantinham tão afastados uns dos outros haviam se tornado tão semelhantes entre si que bastaria fazê-los mudar de lugar para não se conseguir mais reconhecê-los. Mais ainda, quem pudesse sondar-lhes a mente descobriria que aquelas pequenas barreiras que dividiam pessoas tão semelhantes pareciam a eles mesmos tão contrárias ao interesse público como ao bom senso, e que em teoria já adoravam a unidade. Cada um deles só se apegava a sua condição particular porque outros se particularizavam pela condição; mas estavam todos dispostos a confundir-se na mesma massa, contanto que ninguém tivesse nada à parte nem ultrapassasse o nível coletivo.

CAPÍTULO 10

Como a eliminação da liberdade política e a separação de classes causaram quase todas as doenças de que o Antigo Regime morreu

De todas as doenças que atacavam a constituição do Antigo Regime e o condenavam à morte, acabo de descrever a mais mortal. Pretendo voltar ainda à fonte de um mal tão perigoso e tão estranho, e mostrar quantos outros males surgiram dela juntamente com esse.

Se os ingleses, a partir da Idade Média, houvessem perdido inteiramente, como nós, a liberdade política e todas as franquias locais que sem ela não podem existir por muito tempo, é muito provável que cada uma das diferentes classes que compõem sua aristocracia tivesse se isolado, como ocorreu na França e em maior ou menor grau no restante do continente, e que todas juntas tivessem se apartado do povo. Mas a liberdade forçou-os a manter-se sempre ao alcance uns dos outros a fim de poderem ouvir-se quando preciso.

É curioso ver como a nobreza inglesa, impelida justamente por sua ambição, quando lhe parecia necessário soube misturar-se familiarmente com seus inferiores e fingir considerá-los como seus iguais. Arthur Young, que já citei e cujo livro é uma das obras mais instrutivas que existem sobre a antiga França, conta que, encontrando-se um dia no campo em casa do duque de Liancourt, expressou o desejo de entrevistar alguns dos mais capazes e mais ricos agricultores das redondezas. O duque encarregou seu intendente de trazê-los. Então o inglês faz esta observação: *"Em casa de um senhor inglês, teriam feito vir três ou quatro agricultores* (farmers), *que teriam almoçado com a família e entre as senhoras da mais alta posição. Vi isso pelo menos cem vezes em nossas ilhas. É algo que na França procuraríamos em vão de Calais até Bayonne."*

Seguramente, a aristocracia da Inglaterra era de natureza mais altiva que a da França e menos disposta a familiarizar-se com tudo o que vivia abaixo dela; mas as necessidades de sua condição reduziam-na a isso. Estava disposta a tudo para comandar. Há séculos que as únicas desigualdades de impostos existentes entre os ingleses são as que foram sucessivamente introduzidas em favor das classes necessitadas. Considerai, peço-vos, para onde princípios políticos diferentes podem conduzir povos tão próximos! No século XVIII, na Inglaterra é o pobre que goza do privilégio tributário; na França, é o rico. Lá, a aristocracia assumiu os encargos públicos mais pesados para que lhe fosse permitido governar; aqui, até o fim ela conservou para si a imunidade tributária, para consolar-se de haver perdido o governo.

No século XIV, a máxima "Não taxar quem não aceitar" parece tão solidamente estabelecida na França como na própria Inglaterra. É citada com frequência; transgredi-la parece sempre um ato de tirania, obedecer-lhe é voltar para o direito. Nessa época, como mencionei, há uma infinidade de analogias entre nossas instituições políticas e as dos ingleses; mas então os destinos dos dois povos separam-se e vão se tornando cada vez mais dissemelhantes à medida que o tempo avança. São como duas linhas que, partindo de pontos contíguos mas com uma inclinação um pouco diferente, vão se separando indefinidamente à medida que se alongam.

Ouso afirmar que, no dia em que a nação, cansada das longas desordens que haviam acompanhado o cativeiro do rei João e a demência de Carlos VI, permitiu que os reis estabelecessem um imposto geral sem sua participação, e em que a nobreza teve a covardia de deixar taxarem o terceiro estado contanto que ela própria fosse isentada, nesse dia foi semeado o germe de quase todos os vícios e de quase todos os abusos que desgastaram o Antigo Regime durante o resto de sua vida e acabaram por causar sua morte violenta; e admiro a rara sagacidade de Commines quando diz: *"Carlos VII, que lavrou o tento de taxar a talha a seu bel-prazer, sem o consentimento dos estados, sobrecarregou fortemente sua própria alma e a de seus sucessores e abriu em seu reino uma ferida que sangrará por longo tempo."*

Considerai como a ferida realmente aumentou com o passar dos anos; acompanhai passo a passo o fato em suas consequências.

Forbonnais diz com razão, nas eruditas *Recherches sur les Finances de la France*, que na Idade Média os reis geralmente viviam dos rendimentos de seus domínios; "*e, como as necessidades extraordinárias eram atendidas por meio de contribuições extraordinárias, estas incidiam igualmente sobre o clero, a nobreza e o povo*", acrescenta ele.

A maioria dos impostos gerais votados pelas três ordens durante o século XIV teve efetivamente esse caráter. Quase todas as taxas estabelecidas na época são *indiretas*, ou seja, são pagas por todos os consumidores indistintamente. Às vezes o imposto é direto; então incide não sobre a propriedade mas sobre o rendimento. Os nobres, os clérigos e os burgueses estão obrigados a dar para o rei, no decurso de um ano, a décima parte, por exemplo, de todos seus rendimentos. O que digo sobre os impostos votados pelos estados gerais vale também para os que são estabelecidos na mesma época pelos diversos estados provinciais em seus territórios.

É verdade que já naquele tempo o imposto direto, conhecido pelo nome de *talha*, nunca recaía sobre o fidalgo. A obrigação do serviço militar gratuito dispensava-o dele; mas a talha, como imposto geral, era então de uso restrito, mais aplicável à senhoria do que ao reino.

Quando o rei decidiu pela primeira vez cobrar taxas por sua própria iniciativa, compreendeu que era preciso de início uma que não parecesse atingir diretamente os nobres; pois estes, que então constituíam para a realeza uma classe rival e perigosa, nunca admitiriam uma novidade que lhes fosse tão prejudicial; portanto o rei optou por um imposto do qual eles estavam isentos: escolheu a talha.

A todas as desigualdades particulares que já existiam veio somar-se assim uma mais geral, que agravou e manteve todas as outras. A partir daí, à medida que as necessidades do tesouro público aumentam com as atribuições do poder central, a talha vai se ampliando e se diversificando; logo é decuplicada e todas as novas taxas tornam-se talhas. Assim, todo ano a desigualdade tributária separa as classes e isola os homens mais profundamente do que estiveram isolados até então. Visto que o imposto visava a atingir não os mais capazes de pagá-lo e sim os mais incapazes de defender-se dele, seríamos levados à consequência monstruosa de poupar o rico e onerar o pobre. Afirma-se que Mazarin, com falta de dinheiro, pensou em estabelecer uma taxa sobre as principais casas de Paris, mas, encontrando nos interessados alguma resistência, limitou-se a acrescentar os cinco milhões de que necessitava à patente geral da talha. Queria taxar os cidadãos mais opulentos; acabou taxando os mais miseráveis, porém o tesouro nada perdeu com isso.

O produto de taxas tão mal distribuídas tinha limites e as necessidades dos príncipes não os tinham mais. Entretanto estes não queriam convocar os estados para deles obter subsídios nem, taxando a nobreza, incitá-la a exigir a convocação dessas assembleias.

Disso resultou a prodigiosa e malfazeja fecundidade do espírito financeiro que caracteriza tão singularmente a administração do dinheiro público ao longo dos três últimos séculos da monarquia.

É preciso estudar em seus detalhes a história administrativa e financeira do Antigo Regime para compreender a que práticas violentas ou desonestas a necessidade de dinheiro pode reduzir um governo brando mas sem publicidade e sem controle, quando o tempo houver consagrado seu poder e o tiver libertado do medo das revoluções, essa derradeira salvaguarda dos povos.

Nesses anais, a cada passo encontramos bens da Coroa vendidos e depois tomados de volta como invendíveis; contratos violados, direitos adquiridos não reconhecidos; o credor do Estado sacrificado em cada crise, a fé pública incessantemente falseada.

Privilégios concedidos perpetuamente são perpetuamente retirados. Se pudéssemos compadecer-nos com dissabores que uma tola vaidade causa, lamentaríamos a sorte desses infelizes enobrecidos que, durante todo o correr dos séculos XVII e XVIII, são obrigados a recomprar de tempos em tempos as honrarias vãs ou os privilégios injustos pelos quais já pagaram várias vezes. Foi assim que Luís XIV anulou todos os títulos de nobreza adquiridos nos últimos noventa e dois anos, títulos quase todos concedidos por ele mesmo; só se podia conservá-los mediante um novo pagamento, *"todos esses títulos tendo sido obtidos de surpresa"*, diz o édito. Um exemplo que Luís XV não deixa de imitar, oitenta anos depois.

Proíbe-se o miliciano de apresentar um substituto, por medo, alega-se, de encarecer para o Estado o preço dos recrutamentos.

Cidades, comunidades, estabelecimentos assistenciais veem-se forçados a desrespeitar seus compromissos a fim de poder emprestar para o rei. Paróquias são impedidas de empreender obras úteis para evitar que, dividindo assim seus recursos, paguem menos rigorosamente a talha.

Conta-se que Orry e Trudaine, um deles inspetor-geral e o outro diretor-geral das obras públicas, haviam concebido o projeto de substituir a corveia das estradas por uma prestação em dinheiro que os habitantes de cada cantão forneceriam para a reparação de seus caminhos. A razão que fez os dois hábeis administradores desistirem de seu intento é instrutiva: como ficou dito, recearam que, uma vez constituídos os fundos, não se pudesse impedir que o tesouro público os desviasse para aplicá-los em uso próprio, de forma que em breve os contribuintes teriam de arcar ao mesmo tempo com a nova tributação e com as corveias. Não hesito em dizer que nenhum particular conseguiria evitar um mandado de prisão, caso manejasse sua fortuna pessoal do mesmo modo que o grande rei, em toda sua glória, manejava a fortuna pública.

Se encontrardes algum antigo estabelecimento da Idade Média que tenha se mantido agravando seus vícios a contrapelo do espírito da época, ou alguma novidade perniciosa, cavai até a raiz do mal: lá encontrareis um expediente financeiro que se transformou em instituição. Para pagar dívidas de um dia vereis criarem-se novos poderes que vão durar séculos.

Um imposto particular, o direito de feudo livre, fora estabelecido em uma época muito remota, para os plebeus que possuíam bens nobres. Esse direito criava entre as terras a mesma divisão que existia entre os homens e aumentava incessantemente uma por meio da outra. Não sei se o direito de feudo livre não serviu mais que todo o restante para manter separado o plebeu do fidalgo, porque os impedia de unirem-se no que assimila mais rapidamente e melhor os homens uns aos outros: a propriedade fundiária. Assim, de tempos em tempos um abismo era reaberto entre o proprietário nobre e o proprietário plebeu, seu vizinho. Inversamente, na Inglaterra nada apressou mais a coesão dessas duas classes do que a abolição, no século XVII, de todos os sinais de distinção entre o feudo e a propriedade de um plebeu.

No século XIV o direito feudal de feudo livre é leve e só cobrado de vez em quando; mas no século XVIII, quando o feudalismo está quase extinto, é exigido rigorosamente de vinte em vinte anos e representa um ano inteiro do rendimento. O filho paga-o ao suceder o pai. *"Esse direito"*, diz a Sociedade de Agricultura de Tours em 1761, *"prejudica infinitamente o avanço da arte agrícola. De todas as tributações dos súditos do rei, incontestavelmente nenhuma outra oprime tão onerosamente o campo."* *"Esse tributo régio, que inicialmente era cobrado uma única vez na vida, com o passar do tempo foi se tornando um imposto muito cruel"*, diz um outro contemporâneo. A própria nobreza gostaria que o abolissem, pois impedia os plebeus de comprar suas terras; mas as necessidades do fisco exigiam que fosse mantido e aumentado.

Acusa-se erroneamente a Idade Média de todos os males que as corporações industriais podem ter gerado. Tudo indica que originariamente as mestrias e as jurandas foram tão somente meios para interligar os membros de uma mesma profissão e para estabelecer no seio de cada indústria um pequeno governo livre cuja missão era simultaneamente assistir os operários e contê-los. Não parece que são Luís tenha desejado mais que isso.

Foi somente no início do século XVI, em pleno Renascimento, que pela primeira vez se teve a ideia de considerar o direito de trabalhar como um privilégio que o rei podia vender. Apenas então cada corporação tornou-se uma pequena aristocracia fechada e por fim foram estabelecidos aqueles monopólios tão prejudiciais ao avanço das técnicas e que tanto revoltaram nossos pais. Desde Henrique III, que, se não gerou o mal, generalizou-o, até Luís XVI, que o extirpou, pode-se dizer que os abusos do sistema de jurandas nunca cessaram um só momento de crescer e ampliar-se, justamente na época em que os progressos da sociedade os tornavam mais intoleráveis e em que a razão pública mais os punha em evidência. Ano a ano novas profissões deixaram de ser livres; ano a ano os privilégios das antigas aumentaram. Nunca o mal foi levado mais longe do que nos assim chamados "belos anos" do reinado de Luís XIV, porque nunca as necessidades de dinheiro haviam sido maiores, nem a resolução de não recorrer à nação fora mais firme.

Le Trosne dizia com razão em 1775: "*O Estado estabeleceu as comunidades industriais tão somente para nelas buscar recursos, ora vendendo patentes, ora criando novos ofícios que as comunidades são forçadas a recomprar. O édito de 1673 veio levar às últimas consequências os princípios de Henrique III, obrigando todas as comunidades a obter cartas de confirmação mediante pagamento em dinheiro; e todos os artesãos que ainda não estavam em comunidade foram forçados a congregar-se em uma. Esse expediente lamentável produziu trezentas mil libras.*"

Vimos como toda a constituição das cidades foi subvertida, não com objetivo político, mas na esperança de obter alguns recursos para o tesouro.

Foi a essa mesma necessidade de dinheiro, somada à intenção de não pedi-lo aos estados, que a venalidade dos cargos deveu sua origem; e pouco a pouco foi se tornando algo tão estranho que nunca se vira no mundo nada parecido. Graças a essa instituição que o espírito fiscal gerara, durante três séculos a vaidade do terceiro estado foi mantida em alerta e direcionada unicamente para a aquisição de funções públicas, e entranhou-se na nação essa paixão universal por postos que se tornou a fonte comum das revoluções e da servidão.

À medida que as dificuldades financeiras aumentavam, iam surgindo novos empregos, todos remunerados com isenções tributárias ou com privilégios; e, como eram as necessidades do tesouro e não as da administração que decidiam, chegou-se dessa maneira a instituir um número quase inacreditável de funções inteiramente inúteis ou mesmo prejudiciais. Em 1664, por ocasião da enquete feita por Colbert, verificou-se que o capital envolvido nessa lamentável propriedade elevava-se a cerca de quinhentos milhões de libras. Richelieu eliminou cem mil ofícios, segundo se diz. Estes prontamente renasciam com outros nomes. Por um pouco de dinheiro abdicou-se do direito de dirigir, de fiscalizar e de refrear seus próprios agentes. Desse modo pouco a pouco se construiu uma máquina administrativa tão vasta, tão complicada, tão atravancada e improdutiva que foi preciso deixá-la rodar em falso e construir fora dela um instrumento de governo que fosse simples e de manejo mais fácil, por meio do qual realmente se fizesse o que todos aqueles funcionários aparentavam fazer.

Pode-se afirmar que nenhuma dessas odiosas instituições poderia ter subsistido durante vinte anos se fosse permitido discuti-las. Nenhuma haveria de estabelecer-se ou agravar-se caso tivessem consultado os estados, ou se tivessem ouvido suas reclamações quando por acaso ainda os reuniam. Os raros estados gerais dos últimos séculos não cessaram de protestar contra elas. Vemos repetidamente essas assembleias apontarem como origem de todos os abusos o poder que o rei se arrogou de cobrar arbitrariamente taxas, ou, para reproduzir as expressões exatas que a linguagem enérgica do século XV utilizava, *"o direito de enriquecer-se com a substância do povo sem o consentimento e a deliberação dos três estados"*. Eles não se ocupam somente de seus próprios direitos; pedem com veemência e frequentemente obtêm que sejam respeitados os das províncias e das cidades. Em cada nova sessão há vozes que se erguem contra a desigualdade dos encargos. Em várias ocasiões os estados pedem o abandono do sistema de jurandas; de século em século atacam com crescente veemência a venalidade dos ofícios. *"Quem vende ofício vende justiça, o que é infame"*, dizem eles. Quando a venalidade dos cargos está estabelecida, continuam a protestar contra o uso abusivo dos ofícios. Erguem-se contra tantos postos inúteis e privilégios perigosos, mas sempre em vão. Essas instituições eram estabelecidas precisamente contra eles; nasciam do desejo de não reuni-los e da necessidade de travestir aos olhos dos franceses o imposto que não se ousava mostrar-lhes em seu aspecto verdadeiro.

E observai que os melhores reis recorrem a essas práticas como os piores. É Luís XII que consegue estabelecer a venalidade dos ofícios; é Henrique IV que vende sua hereditariedade – tanto os vícios do sistema são mais fortes que a virtude dos homens que o praticam!

Esse mesmo desejo de escapar da tutela dos estados levou a confiar aos parlamentos a maioria de suas atribuições políticas; isso emaranhará o poder judiciário no governo de um modo muito prejudicial à boa ordem das atividades. Era preciso aparentar que se ofereciam algumas garantias novas no lugar das que eram retiradas; pois os franceses, que suportam com bastante paciência o poder absoluto enquanto não é opressivo, nunca apreciam sua visão, e é sempre prudente erguer diante dele alguma aparência de barreiras que, sem poderem detê-lo, escondam-no pelo menos um pouco.

Por fim, esse desejo de impedir que a nação, cujo dinheiro se pedia, pedisse de volta sua liberdade foi o que levou ao zelo incessante em manter as classes apartadas umas das outras, para não poderem reaproximar-se nem se associar em uma resistência conjunta e o governo nunca tivesse de lidar ao mesmo tempo com mais do que um número muito pequeno de homens separados de todos os outros. Em todo o decurso dessa longa história, em que vemos surgirem sucessivamente tantos príncipes notáveis, vários pelo espírito, alguns pelo gênio, quase todos pela coragem, não encontramos um único que se esforce para aproximar as classes e uni-las de outro modo que não submetendo-as a uma mesma dependência. Estou enganado: um único quis isso e mesmo se empenhou de todo coração; e esse, quem poderia sondar os desígnios de Deus!, foi Luís XVI.

A divisão de classes foi o crime da antiga realeza e tornou-se mais tarde sua desculpa; pois, quando todos os que compõem a parte rica e esclarecida da nação não podem mais se entender e auxiliar-se mutuamente no governo, a administração do país por si mesmo é praticamente impossível e faz-se preciso que um senhor intervenha.

"*A nação*", diz tristemente Turgot em um relatório confidencial ao rei, "*é uma sociedade composta de diferentes ordens mal unidas e de um povo cujos membros têm entre si apenas pouquíssimos laços, e na qual, por conseguinte, todos estão ocupados apenas com seus interesses particulares. Em parte alguma há interesse comum visível. As aldeias e as cidades não mantêm mais relações mútuas do que os distritos a que pertencem. Não conseguem entender-se para executar obras públicas que lhes são necessárias. Nessa guerra perpétua de pretensões e cometimentos, Vossa Majestade é obrigado a decidir tudo pessoalmente ou por vossos mandatários. Fica-se à espera de vossas ordens especiais para contribuir para o bem público, para respeitar os direitos de outrem, às vezes para exercer os seus próprios.*"

Não é um pequeno empreendimento aproximar concidadãos que assim viveram durante séculos como estranhos ou como inimigos e ensiná-los a conduzir em comum seus próprios assuntos. Foi muito mais fácil dividi-los do que é então reuni-los. Demos ao mundo um memorável exemplo disso. Quando as diversas classes que partilhavam a sociedade da antiga França entraram novamente em contato, há sessenta anos, depois de estarem isoladas durante tanto tempo por tantas barreiras, inicialmente só se tocaram em seus pontos doloridos e só se reencontraram para se dilacerarem mutuamente. Mesmo em nossos dias suas invejas e seus ódios lhes sobrevivem.

CAPÍTULO 11

Da espécie de liberdade que existia sob o Antigo Regime e de sua influência sobre a Revolução

Quem interrompesse aqui a leitura deste livro teria apenas uma imagem muito imperfeita do governo do Antigo Regime e compreenderia mal a sociedade que fez a Revolução.

Ao vermos concidadãos tão divididos e tão encolhidos em si mesmos, um poder régio tão extenso e tão forte, poderíamos julgar que o espírito de independência havia desaparecido com as liberdades públicas e que todos os franceses estavam igualmente curvados à sujeição. Mas não era assim; mesmo quando já conduzia sozinho e de modo absoluto todos os assuntos coletivos, o governo ainda estava longe de ser senhor de todos os indivíduos.

No meio de muitas instituições já preparadas para o poder absoluto, a liberdade vivia; mas era um tipo de liberdade singular, que hoje é difícil imaginar e que é preciso examinar de muito perto para compreender o bem e o mal que ela nos pôde fazer.

Ao passo que o governo central ocupava o lugar de todos os poderes locais e preenchia cada vez mais toda a esfera da autoridade pública, instituições que deixara viver ou que ele mesmo criara, velhos usos, antigos costumes, mesmo abusos entravavam-lhe os movimentos, alimentavam ainda no fundo da alma de um grande número de indivíduos o espírito de resistência e conservavam em muitos caracteres sua consistência e seu relevo.

A centralização já tinha a mesma índole, os mesmos procedimentos, os mesmos objetivos que em nossos dias, mas não ainda o mesmo poder. Tendo o governo, em seu desejo de fazer dinheiro de tudo, posto à venda a maioria das funções públicas, desprovera a si mesmo da faculdade de dá-las e tomá-las de volta a seu arbítrio. Assim, uma de suas paixões havia prejudicado grandemente o sucesso da outra: a avidez fizera-lhe contrapeso à ambição. Portanto, para agir, constantemente ele se via reduzido a empregar instrumentos que não moldara de mão própria e que não podia romper. Frequentemente lhe acontecia ver assim suas vontades mais absolutas debilitarem-se na execução. Essa constituição bizarra e viciosa das funções públicas fazia o papel de uma espécie de garantia política contra a onipotência do poder central. Era como um dique irregular e mal construído que dividia sua força e diminuía seu impacto.

O governo também não dispunha ainda dessa quantidade infinita de favores, auxílios, honrarias e dinheiro que pode distribuir hoje; tinha assim muito menos meios tanto para seduzir quanto para coagir.

Aliás, ele próprio não conhecia bem os limites exatos de seu poder. Nenhum de seus direitos estava regularmente reconhecido nem solidamente estabelecido; sua esfera de ação era imensa, mas ainda a palmilhava com passos inseguros, como em um lugar escuro e desconhecido. Essas trevas assustadoras que então ocultavam os limites de todos os poderes e imperavam em torno de todos os direitos, favoráveis aos atentados dos príncipes contra a liberdade dos súditos, frequentemente lhe favoreciam a defesa.

A administração, sentindo-se recente e de origem modesta, era sempre tímida em seus procedimentos, por menos obstáculo que encontrasse no caminho. É um cenário que impressiona, quando se lê a correspondência dos ministros e intendentes do século XVIII, ver como esse governo, tão invasivo e tão absoluto enquanto a obediência não é contestada, fica desconcertado ante a menor resistência, como a mais leve crítica o perturba, como qualquer rumor o apavora e como então ele se detém, hesita, parlamenta, adota meias-medidas e frequentemente permanece muito aquém dos limites naturais de seu poderio. O frouxo egoísmo de Luís XV e a bondade de seu sucessor prestavam-se a isso. Esses príncipes, aliás, nunca imaginavam que se pensasse em destroná-los. Nada tinham dessa índole inquieta e dura que em seguida o medo frequentemente deu aos que governam. Só calcavam aos pés as pessoas a quem não viam.

Vários dos privilégios, dos preconceitos, das ideias errôneas que mais se opunham ao estabelecimento de uma liberdade regular e benfazeja mantinham em um grande número de súditos o espírito de independência e os dispunham a inteiriçarem-se contra os abusos da autoridade.

Os nobres tinham grande desprezo pela administração propriamente dita, embora de tempos em tempos a procurassem. Guardavam até no abandono de seu antigo poder algo daquele orgulho de seus pais, tão inimigo da servidão quanto da norma. Pouco se preocupavam com a liberdade geral dos cidadãos e admitiam de bom grado que a mão do poder se abatesse em todo o redor; mas não pretendiam que pesasse sobre eles mesmos e, para consegui-lo, estavam dispostos, se preciso, a correr grandes riscos. No momento em que a Revolução começa, essa nobreza que vai cair com o trono ainda tem para com o rei e sobretudo para com seus agentes uma atitude infinitamente mais altaneira e uma linguagem mais livre que o terceiro estado, que em breve derrubará a realeza. Quase todas as garantias contra os abusos do poder que possuímos ao longo dos trinta e sete anos do regime representativo são altivamente reivindicadas por ela. Ao lermos seus cadernos sentimos, no meio de seus preconceitos e manias, o espírito e algumas das grandes qualidades da aristocracia. Será preciso lamentar sempre que em vez de submeter essa nobreza ao império das leis a tenham abatido e erradicado. Ao agir assim, tiraram da nação uma parte necessária de sua substância e infligiram à liberdade um ferimento que nunca cicatrizará. Uma classe que durante séculos caminhou à frente contraiu, nesse longo uso incontestado da grandeza, uma certa intrepidez de ânimo, uma confiança natural em suas forças, um hábito de ser olhada que a torna o ponto mais resistente do corpo social. Não apenas tem costumes viris; aumenta, por exemplo, a virilidade das outras classes. Extirpando-a, desfibram até mesmo seus inimigos. Nada poderia substituí-la completamente; ela mesma jamais poderia renascer: pode recuperar os títulos e os bens, mas não a alma de seus pais.

Os sacerdotes, que depois nas coisas civis muitas vezes se mostraram servilmente submissos ao soberano temporal, qualquer que fosse, e a seus mais audaciosos aduladores, bastando que ele fizesse menção de favorecer a Igreja, formavam então um dos corpos mais independentes da nação e o único cujas liberdades particulares teriam forçosamente de ser respeitadas.

As províncias haviam perdido suas franquias, as cidades não possuíam mais que a sombra delas. Dez nobres não podiam reunir-se para deliberar juntos sobre um assunto qualquer sem permissão expressa do rei. A Igreja francesa mantinha até o fim suas assembleias periódicas. Em seu seio o próprio poder eclesiástico tinha limites respeitados. O baixo clero possuía garantias sólidas contra a tirania de seus superiores e não estava preparado pela arbitrariedade ilimitada do bispo para a obediência passiva perante o príncipe. Não pretendo julgar essa antiga constituição da Igreja; digo apenas que não preparava a alma dos sacerdotes para o servilismo político.

Muitos clérigos, aliás, eram fidalgos de sangue e transportavam para a Igreja a altivez e a indocilidade das pessoas de sua condição. Além disso, todos tinham uma posição elevada no Estado e possuíam privilégios. O uso desses mesmos direitos feudais, tão fatal para a força moral da Igreja, dava a seus membros individualmente um espírito de independência com relação ao poder civil.

Mas o que contribuía acima de tudo para dar aos padres as ideias, as necessidades, os sentimentos e frequentemente as paixões do cidadão era a propriedade fundiária. Tive a paciência de ler a maioria dos relatórios e dos debates que nos deixaram os antigos estados provinciais – e especialmente os de Languedoc, onde o clero estava ainda mais imiscuído que em outros lugares nos detalhes da administração pública –, bem como as atas das assembleias provinciais que se reuniram em 1779 e 1787; e, levando a essa leitura as ideias de meu tempo, surpreendia-me ver bispos e abades, vários dos quais foram tão eminentes pela santidade quanto pelo saber, fazerem relatórios sobre a construção de um caminho ou de um canal, tratarem da matéria com profundo conhecimento de causa, discutirem com ciência e técnica infinitas quais eram os melhores meios para aumentar a produção da agricultura, assegurar o bem-estar dos habitantes e fazer prosperar a indústria – sempre iguais e frequentemente superiores a todos os laicos que se ocupavam com eles dos mesmos assuntos.

Ouso pensar, contrariando uma opinião bastante geral e muito solidamente estabelecida, que os povos que tiram do clero católico toda e qualquer participação na propriedade fundiária e transformam todos seus rendimentos em salários servem apenas aos interesses da Santa Sé e dos príncipes temporais e privam a si mesmos de um imenso elemento de liberdade.

Um homem que, pela melhor parte de si mesmo, está subordinado a uma autoridade estrangeira e que no país onde vive não pode ter família está, por assim dizer, preso ao solo apenas por um único laço sólido: a propriedade fundiária. Cortai esse laço e ele já não pertence particularmente a lugar algum. Naquele onde o acaso o fez nascer, ele vive como forasteiro no meio de uma sociedade civil da qual quase nenhum dos interesses pode afetá-lo diretamente. Para sua consciência, ele depende apenas do papa; para sua subsistência, apenas do príncipe. Sua única pátria é a Igreja. Em cada acontecimento político vê praticamente apenas o que é útil a ela ou que pode prejudicá-la. Contanto que seja livre e próspera, que importa o restante? Sua condição mais natural em política é a indiferença. Excelente membro da cidade cristã, medíocre cidadão em qualquer outro lugar. Sentimentos como esses e ideias semelhantes em um corpo que é o diretor da infância e o guia dos costumes não podem deixar de debilitar a alma da nação inteira no que diz respeito à vida pública.

Quem quiser ter uma ideia exata das revoluções que o espírito dos homens pode sofrer em decorrência das mudanças por que passam em sua condição deve reler os cadernos da ordem do clero em 1789.

Neles o clero frequentemente se mostra intolerante e às vezes teimosamente apegado a vários de seus antigos privilégios. Mas, quanto ao restante, tão inimigo do despotismo, tão favorável à liberdade civil e tão apaixonado pela liberdade política quanto o terceiro estado ou a nobreza, ele proclama que a liberdade individual deve ser garantida não por promessas mas por um procedimento análogo ao do *habeas corpus*. Pede a eliminação das prisões estatais, a abolição dos tribunais de exceção e das evocações, a publicidade de todos os debates, a inamovibilidade de todos os juízes, a admissibilidade de todos os cidadãos aos empregos, que devem ser franqueados unicamente ao mérito; um recrutamento militar menos opressivo e menos humilhante para o povo e do qual ninguém esteja isento; resgate dos direitos senhoriais, que, provenientes do regime feudal, são contrários à liberdade, diz ele; liberdade ilimitada de trabalho, eliminação das alfândegas internas; multiplicação das escolas privadas: segundo ele, é preciso uma em cada paróquia e que seja gratuita; estabelecimentos laicos de beneficência, tais como escritórios e oficinas de caridade, em todas as áreas rurais; toda espécie de incentivos para a agricultura.

Na política propriamente dita, o clero proclama, mais alto que ninguém, que a nação tem o direito imprescritível e inalienável de reunir-se para elaborar leis e votar livremente o imposto. Nenhum francês, afirma ele, pode ser forçado a pagar uma taxa para a qual não tenha votado pessoalmente ou por representante. Pede ainda que os estados gerais, livremente eleitos, sejam reunidos uma vez por ano; que discutam em presença da nação todos os assuntos importantes; que façam leis gerais às quais não se possa opor nenhum uso ou privilégio particular; que preparem o orçamento e fiscalizem até mesmo a casa do rei; que seus deputados sejam invioláveis e que os ministros tenham de responder perante eles por tudo. Quer também que sejam criadas assembleias de estados em todas as províncias e conselhos municipais em todas as cidades. Sobre o direito divino, nenhuma palavra.

Não sei se, no final das contas e apesar dos vícios clamorosos de alguns de seus membros, já houve no mundo um clero mais notável que o clero católico da França no momento em que a Revolução o apanhou de surpresa; mais esclarecido, mais nacional, menos entrincheirado unicamente nas virtudes privadas, mais bem provido de virtudes públicas e ao mesmo tempo de mais fé: a perseguição mostrou bem isso. Comecei o estudo da antiga sociedade cheio de preconceitos contra ele; terminei-o cheio de respeito. Na verdade, tinha apenas os defeitos que são inerentes a todas as corporações, tanto as políticas como as religiosas, quando estão fortemente unidas e bem constituídas: tendência para invadir, humor pouco tolerante, apego instintivo e às vezes cego aos direitos particulares da classe.

A burguesia do Antigo Regime também estava muito mais preparada que a de hoje para mostrar um espírito de independência. Até mesmo vários dos vícios de sua conformação contribuíam para isso. Vimos que os postos que ocupava eram ainda mais numerosos naquele tempo do que em nossos dias e que as classes intermediárias mostravam a mesma ânsia de adquiri-los. Mas observai a diferença dos tempos. Quase todos esses postos, não sendo dados nem tirados pelo governo, aumentavam a importância do titular sem colocá-lo à mercê do poder – ou seja, o que hoje consuma a sujeição de tantas pessoas era precisamente o que então mais poderosamente lhes servia para se fazerem respeitar.

Além disso, as imunidades de toda espécie que tão nefastamente separavam a burguesia do povo faziam dela uma falsa aristocracia que frequentemente mostrava o orgulho e o espírito de resistência da verdadeira. Em cada uma dessas pequenas associações particulares que a dividiam em tantas partes, esquecia-se facilmente o bem geral, mas estava-se sempre tratando do interesse e dos direitos daquele corpo. Havia ali uma dignidade comum, privilégios comuns a serem defendidos. Ali ninguém podia jamais se perder na multidão e esconder complacências medrosas. Cada homem encontrava-se em um palco muito pequeno, é verdade, mas muito iluminado, e tinha um público que era sempre o mesmo e sempre disposto a aplaudi-lo ou vaiá-lo.

A arte de abafar o rumor de todas as resistências estava então bem menos aperfeiçoada que hoje. A França ainda não se tornara o lugar surdo em que vivemos; ao contrário, era bastante ressonante, embora a liberdade política não se fizesse ver, e bastava erguer a voz para ser ouvido ao longe.

Naquela época o que acima de tudo assegurava aos oprimidos um meio de se fazer ouvir era a constituição da justiça. Havíamos nos tornado um país de governo absoluto por nossas instituições políticas e administrativas, mas permanecíamos um povo livre por nossas instituições judiciárias. A justiça do Antigo Regime era complicada, atravancada, lenta e onerosa; eram grandes defeitos, sem dúvida, mas nunca se encontrava nela o servilismo para com o poder, que é simplesmente uma forma de venalidade, e a pior. Esse vício capital, que não apenas corrompe o juiz mas logo infecta todo o povo, era-lhe inteiramente desconhecido. O magistrado era inamovível e não procurava subir de posto – duas coisas igualmente necessárias para sua independência; pois que importa que não se possa coagi-lo quando se tem mil meios de seduzi-lo?

É verdade que o poder régio conseguira subtrair aos tribunais comuns o conhecimento de quase todos os casos em que a autoridade pública estava envolvida; mas, espoliando-os, continuava a temê-los. Se os impedia de julgar, nem sempre ousava impedi-los de receberem as queixas e darem seu parecer; e, como a linguagem judiciária conservava então as maneiras do francês antigo, que gosta de dar às coisas seu nome próprio, muitas vezes ocorria aos magistrados chamarem cruamente de atos despóticos e arbitrários os procedimentos do governo. Assim a intervenção irregular dos tribunais no governo, que frequentemente perturbava a boa administração dos assuntos, às vezes servia de salvaguarda para a liberdade dos homens: era um grande mal que limitava um mal maior.

No seio desses corpos judiciários e em toda sua volta o vigor dos antigos costumes conservava-se em meio às ideias novas. Os parlamentos estavam sem dúvida mais preocupados consigo mesmos do que com o bem público; mas é preciso reconhecer que, na defesa de sua própria independência e honra, mostravam-se sempre intrépidos e transmitiam sua alma a tudo o que entrava em contato com eles.

Quando em 1770 o parlamento de Paris foi deposto, os magistrados que dele faziam parte sofreram a perda de posição e de poder sem que se visse um só deles ceder individualmente perante a vontade régia. Bem mais ainda, tribunais de uma espécie diferente, como o tribunal de ajudas[8], que não haviam sido afetados nem ameaçados, expuseram-se voluntariamente aos mesmos rigores, no momento mesmo em que esses rigores tinham se tornado inevitáveis. Mas eis algo melhor ainda: os principais advogados que atuavam perante o parlamento associaram-se de livre e espontânea vontade à sorte dele; renunciaram àquilo que lhes dava glória e riqueza e preferiram condenar-se ao silêncio a se apresentarem perante os magistrados desonrados. Não conheço na história dos povos livres nada maior do que o ocorrido nessa ocasião, e entretanto isso aconteceu no século XVIII, ao lado da corte de Luís XV.

Sob muitos aspectos os hábitos judiciários haviam se tornado hábitos nacionais. Também se adotara dos tribunais a ideia de que todo assunto está sujeito ao debate e toda decisão à apelação, ao uso da publicidade, ao gosto pelas formas – coisas inimigas da servidão; essa é a única parte da educação de um povo livre que o Antigo Regime nos deu. A própria administração copiara muito da linguagem e dos usos da justiça. O rei acreditava-se obrigado a sempre justificar seus éditos e expor suas razões antes de concluir; o conselho pronunciava decisões precedidas de longos preâmbulos; o intendente notificava suas decisões por meio de oficial de justiça. No seio de todos os corpos administrativos de origem antiga, como por exemplo o corpo de tesoureiros de França ou dos *élus*, os assuntos eram discutidos publicamente e decididos após sustentação oral. Todos esses hábitos, todas essas formas constituíam barreiras à arbitrariedade do príncipe.

---

8. As ajudas (*aides*) eram impostos indiretos sobre a circulação e venda de certas mercadorias, principalmente bebidas alcoólicas. O tribunal de ajudas (*cour des aides*) era a corte soberana para assuntos referentes a impostos. (N. da T.)

O povo por si só, sobretudo o dos campos, achava-se quase sempre sem condições de resistir à opressão por outro modo que não a violência. Isso porque a maioria dos meios de defesa que acabo de apontar estava fora de seu alcance; para pô-los em prática era preciso ter na sociedade uma posição de onde se pudesse ser visto e uma voz capaz de fazer-se ouvir. Mas fora do povo não havia homem na França que, se tivesse ânimo para isso, não pudesse regatear sua obediência e resistir mesmo curvando-se.

O rei falava à nação mais como chefe do que como senhor. *"Sentimos orgulho de comandar uma nação livre e generosa"*, diz Luís XVI no início de seu reinado, no preâmbulo de um édito. Um de seus antepassados já expressara a mesma ideia em uma linguagem mais arcaica quando, agradecendo aos estados gerais pela ousadia de suas críticas, dissera: *"Gostamos mais de falar a homens francos do que a servos."*

Os homens do século XVIII praticamente não conheciam essa espécie de paixão pelo bem-estar que é como que a mãe da servidão, paixão frouxa porém tenaz e inalterável, que facilmente se mescla e por assim dizer se entrelaça com várias virtudes privadas – com o amor pela família, a observância dos costumes, o respeito pelas crenças religiosas e mesmo a prática morna e assídua do culto estabelecido –, que permite a honestidade, proíbe o heroísmo e esmera-se em fazer homens corretos e cidadãos timoratos. Eles eram melhores e piores.

Os franceses de então amavam a alegria e adoravam o prazer; eram talvez mais desregrados em seus hábitos e mais desordenados em suas paixões e ideias que os de hoje; mas ignoravam esse sensualismo moderado e decente que vemos. Nas classes altas, ocupavam-se bem mais em embelezar sua própria vida do que em torná-la cômoda, em ilustrar-se do que em enriquecer. Mesmo nas classes intermediárias, nunca se deixavam absorver por inteiro na busca do bem-estar; frequentemente o esqueciam para correr atrás de prazeres mais delicados e mais elevados; em toda parte investiam, afora o dinheiro, algum outro bem. *"Conheço minha nação: hábil em fundir e dissipar os metais, ela não é feita para honrá-los com um culto habitual e estaria totalmente disposta a retornar para seus antigos ídolos, o valor, a glória e, ouso dizer, a magnanimidade"*, escreveu um contemporâneo, em um estilo bizarro mas a que não falta orgulho.

É preciso, aliás, ter o cuidado de não avaliar a baixeza dos homens pelo grau de sua submissão para com o poder soberano: seria utilizar uma medida errônea. Por mais submissos que fossem os homens do Antigo Regime às vontades do rei, havia um tipo de obediência que lhes era desconhecido: não sabiam o que era curvar-se sob um poder ilegítimo ou contestado, a que pouco se respeita e frequentemente se despreza, mas que se tolera de bom grado porque é útil ou pode prejudicar. Essa forma degradante de servidão sempre lhes foi desconhecida. O rei inspirava-lhes sentimentos que nenhum dos príncipes mais absolutos que apareceram desde então no mundo pôde causar e que até mesmo para nós se tornaram quase incompreensíveis, tanto a Revolução extirpou-lhes de nossos corações até mesmo a raiz. Tinham para com ele ao mesmo tempo a ternura que se tem por um pai e o respeito que só se deve a Deus. Ao se submeterem às suas ordens mais arbitrárias, cediam menos à coação que ao amor; e assim frequentemente lhes acontecia conservarem a alma muito livre até na mais extrema dependência. Para eles, o maior mal da obediência era a coação; para nós, é o menor. O pior está no sentimento servil que faz obedecer. Não menosprezemos nossos pais; não temos esse direito. Prouvesse a Deus que pudéssemos recuperar, com seus preconceitos e defeitos, um pouco de sua grandeza!

Portanto estaríamos muito errados em acreditar que o Antigo Regime foi um tempo de servilismo e de dependência. Reinava nele muito mais liberdade que em nossos dias; mas era uma espécie de liberdade irregular e intermitente, sempre recolhida no limite das classes, sempre ligada à ideia de exceção e de privilégio, que permitia desafiar quase tanto a lei como a arbitrariedade e quase nunca chegava a fornecer a todos os cidadãos as garantias mais naturais e mais necessárias. Assim reduzida e deformada, a liberdade era ainda fecunda. É ela que, no mesmo momento que a centralização se empenhava cada vez mais em nivelar, amolecer e embaçar todos os caracteres, conservou em um grande número de pessoas particulares a originalidade nativa, o colorido e o relevo, alimentou-lhes no coração o orgulho de si e frequentemente fez predominar sobre todos seus gostos o gosto pela glória. Por ela se formaram essas almas vigorosas, esses gênios altivos e audaciosos que veremos surgir e que farão da Revolução Francesa o objeto tanto da admiração como do terror das gerações seguintes. Seria muito estranho que virtudes tão viris pudessem ter crescido em um solo onde a liberdade não existia mais.

Mas se essa espécie de liberdade desregrada e malsã preparava os franceses para derrubar o despotismo, tornava-os menos adequados que qualquer outro povo, talvez, para fundar em seu lugar o império pacífico e livre das leis.

CAPÍTULO 12

Como, apesar dos avanços da civilização, às vezes a situação do camponês francês era pior no século XVIII do que havia sido no século XIII

No século XVIII o camponês francês não podia mais ser a presa de pequenos déspotas feudais; apenas raramente era alvo de violências da parte do governo; gozava de liberdade civil e possuía uma parte do solo; mas todos os homens das outras classes haviam se afastado dele e vivia mais só do que já se vira talvez em qualquer outra parte do mundo. Uma espécie nova e singular de opressão e cujos efeitos vale a pena examinar atentamente em separado.

No início do século XVII, Henrique IV lamentava, segundo Péréfixe, que os nobres estivessem abandonando os campos. Em meados do século XVIII essa deserção já se tornou quase geral; todos os documentos da época mencionam-na e deploram-na: os livros dos economistas, a correspondência dos intendentes, os informes das sociedades de agricultura. A prova formal dela encontra-se nos registros da capitação. A capitação era percebida no local do domicílio verdadeiro: ora, a cobrança de toda a alta nobreza e de uma parte da média é feita em Paris.

No campo permanecia praticamente apenas o fidalgo que por pobreza de recursos não podia deixá-lo. Com relação aos camponeses seus vizinhos ele se encontrava em uma posição em que jamais algum proprietário rico se vira, penso eu. Não sendo mais seu líder, já não tinha o interesse que tivera outrora em tratá-los bem, ajudá-los, dirigi-los; e, por outro lado, não estando pessoalmente sujeito aos mesmos encargos públicos que eles, não podia sentir grande simpatia por sua miséria, de que não compartilhava, nem se associar a suas queixas, a que estava alheio. Aqueles homens não eram mais seus súditos, ele ainda não era seu concidadão – fato único na História.

Isso ocasionava uma espécie de absentismo de coração, se posso expressar-me assim, ainda mais frequente e mais eficaz que o absentismo propriamente dito. Resultou daí que o fidalgo que residia em suas terras muitas vezes exibia os pontos de vista e os sentimentos que seu intendente teria em sua ausência; como este, o senhor agora via seus rendeiros apenas como devedores e exigia deles rigorosamente tudo o que ainda lhe cabia segundo a lei ou o costume, o que às vezes tornava a cobrança do que restava dos direitos feudais mais impiedosa do que durante o próprio feudalismo.

Frequentemente endividado e sempre pobre, ele em geral vivia com muita parcimônia em seu castelo, pensando apenas em juntar o dinheiro que gastaria na cidade durante o inverno. O povo, que muitas vezes com uma palavra vai direto à ideia, dera a esse fidalgote o nome da menor entre as aves de rapina, o esmerilhão: chamava-o de *hobereau*.

Pode-se sem dúvida objetar-me citando indivíduos; mas falo das classes, apenas elas devem ocupar a História. Ninguém nega que houve naquela época muitos proprietários ricos que, sem motivo obrigatório e sem interesse em comum, se ocupassem do bem-estar dos camponeses. Mas esses lutavam com sucesso contra a norma de sua nova condição, que, a despeito deles mesmos, os impelia para a indiferença, como impelia seus ex-vassalos para o ódio.

Frequentemente se atribuiu esse abandono dos campos pela nobreza à influência particular de certos ministros e de certos reis: uns a Richelieu, outros a Luís XIV. De fato foi uma ideia quase sempre seguida pelos príncipes, ao longo dos três últimos séculos da monarquia, separar do povo os fidalgos e atraí-los para a corte e para os empregos. Isso acontece sobretudo no século XVII, em que a nobreza ainda era para a realeza um objeto de temor. Entre as perguntas dirigidas aos intendentes ainda se encontra esta: Os fidalgos de vossa província gostam de permanecer em sua terra ou de sair dela?

Temos a carta de um intendente respondendo sobre esse assunto; ele se queixa de que os fidalgos de sua província se comprazem em ficar com os camponeses em vez de cumprirem com seus deveres junto ao rei. Ora, observai bem isto: a província de que assim se falava era Anjou, antes da guerra da Vendeia. Esses fidalgos que, como é dito, se recusavam a apresentar seus respeitos ao rei foram os únicos que defenderam de armas na mão a monarquia francesa e podem ter morrido combatendo por ela; e deveram essa gloriosa distinção ao fato de terem sabido reter ao seu redor aqueles camponeses entre os quais gostavam de viver, sendo criticados por isso.

Entretanto não se deve atribuir à influência direta de alguns de nossos reis o abandono dos campos pela classe que então formava o topo da nação. A causa principal e permanente desse fato não esteve na vontade de certos homens e sim na ação lenta e incessante das instituições; prova disso é que no século XVIII, quando o governo quer combater o mal, não consegue sequer deter-lhe o avanço. À medida que a nobreza vai perdendo seus direitos políticos sem adquirir outros e que as liberdades locais desaparecem, esse êxodo dos nobres aumenta; não é mais necessário atraí-los para fora de casa, pois não têm mais vontade de permanecer ali: a vida rural tornou-se insípida para eles.

O que digo aqui sobre os nobres deve ser entendido, em qualquer região, sobre os proprietários ricos: regiões de centralização, campos vazios de habitantes ricos e esclarecidos; eu poderia acrescentar: regiões de centralização, regiões de cultura imperfeita e convencional, e comentar as palavras tão profundas de Montesquieu, determinando-lhes o sentido: "*As terras produzem em razão menos de sua fertilidade que da liberdade dos habitantes.*" Mas não quero sair de meu assunto.

Vimos em outra passagem como os burgueses, deixando por sua vez os campos, em toda parte procuravam um asilo nas cidades. Não há um ponto sobre o qual todos os documentos do Antigo Regime estejam mais de acordo. Quase nunca, dizem eles, se vê nos campos mais que uma geração de camponeses ricos. Um agricultor, graças à sua laboriosidade, consegue por fim adquirir algum bem: prontamente manda o filho largar o arado, envia-o para a cidade e compra-lhe um pequeno ofício. É de então que data essa espécie de horror singular que o agricultor francês manifesta frequentemente, mesmo em nossos dias, pela profissão que o enriqueceu. O efeito sobreviveu à causa.

Na verdade, o único homem bem-educado ou, como dizem os ingleses, o único *gentleman* que residia de modo permanente no meio dos camponeses e se mantinha em contato contínuo com eles era o pároco; por isso, a despeito de Voltaire, o pároco teria se tornado o senhor das populações rurais se ele próprio não estivesse ligado de um modo tão estreito e tão visível à hierarquia política; possuindo vários dos privilégios desta, inspirava em parte o ódio que ela gerava.

Eis portanto o camponês quase inteiramente separado das classes superiores; está distante até mesmo de iguais que poderiam ajudá-lo e orientá-lo. À medida que se tornam esclarecidos ou abastados, estes se põem a evitá-lo; ele fica como que destacado do meio de toda a nação e posto de parte.

Isso não acontecia em tal escala em nenhum dos grandes povos civilizados da Europa, e mesmo na França o fato era recente. O camponês do século XIV era ao mesmo tempo mais oprimido e mais socorrido. A aristocracia às vezes tiranizava-o mas nunca o abandonava.

No século XVIII, uma aldeia é uma comunidade cujos membros são todos pobres, ignorantes e grosseiros; seus magistrados são tão incultos e tão desprezados quanto ela; o síndico não sabe ler; o coletor não consegue lavrar pessoalmente a contabilidade de que depende a fortuna dos vizinhos e a sua própria. Seu antigo senhor não apenas não tem mais o direito de governá-la como chegou a considerar uma espécie de degradação imiscuir-se em seu governo. Determinar as talhas, recrutar a milícia, regulamentar as corveias: atos servis, tarefas de síndico. Agora apenas o poder central ocupa-se da aldeia e, como está instalado muito longe e ainda nada tem a temer dos que a habitam, ocupa-se dela apenas para tirar proveito.

Vede agora em que se transforma uma classe abandonada, que ninguém tem vontade de tiranizar mas que ninguém procura esclarecer e servir.

Os encargos mais pesados com que o sistema feudal onerava o habitante dos campos são retirados e diminuídos, sem dúvida; mas o que quase não se sabe é que foram substituídos por outros, talvez mais pesados. O camponês não sofria todos os males que seus pais haviam sofrido, mas enfrentava muitas misérias que seus pais nunca conheceram.

Sabe-se que era quase unicamente à custa dos camponeses que a talha decuplicara nos dois últimos séculos. Aqui é preciso dizer uma palavra sobre a maneira como a cobravam deles, para mostrar quais leis bárbaras podem criar-se e manter-se nos séculos civilizados quando os homens mais esclarecidos da nação não têm interesse pessoal em mudá-las.

Encontro, em uma carta confidencial que em 1772 o inspetor-geral escreve pessoalmente aos intendentes, esta descrição da talha, que é uma pequena obra-prima de exatidão e concisão. *"A talha",* diz aquele ministro, *"arbitrária em sua distribuição, solidária na percepção, pessoal e não real, na maior parte da França, está sujeita a variações contínuas em decorrência de todas as mudanças que acontecem a cada ano na fortuna dos contribuintes."* Tudo está aí, em três frases; não se poderia descrever com mais arte o mal do qual se tira proveito.

A soma total que a paróquia devia era estabelecida anualmente. Variava sem cessar, como diz o ministro, de modo que nenhum agricultor podia prever um ano antes o que teria de pagar no ano seguinte. No interior da paróquia, cada ano um camponês escolhido ao acaso e nomeado coletor era quem tinha de dividir entre todos os outros o montante do imposto.

Prometi que diria qual era a situação desse coletor. Deixemos que fale a assembleia provincial de Berry em 1779; ela não é suspeita: é inteiramente composta de privilegiados que não pagam a talha e que são escolhidos pelo rei. *"Como todo mundo quer evitar o trabalho do coletor",* dizia ela em 1779, *"é preciso que todos sucessivamente o assumam. Portanto cada ano a cobrança da talha é confiada a um novo coletor, sem levar em conta a capacidade ou a honestidade; por isso a elaboração de cada lista se ressente do caráter daquele que a faz. O coletor imprime-lhe seus temores, suas fraquezas ou seus vícios. Por outro lado, como conseguiria fazê-la bem? Ele age no escuro. Pois quem sabe com exatidão das posses de seu vizinho e da proporção entre essas posses e as de um outro? Entretanto unicamente o parecer do coletor deve definir a decisão; e, sob fiança de todos seus bens e mesmo de sua pessoa, ele é responsável pela receita. Geralmente tem de perder durante dois anos metade de seus dias de trabalho percorrendo as casas dos contribuintes. Os que não sabem ler são obrigados a procurar na vizinhança alguém que o faça por eles."*

Turgot já havia dito sobre uma outra província, um pouco antes: *"Esse emprego causa o desespero e quase sem-*

pre a ruína dos que arcam com ele; assim são sucessivamente reduzidas à miséria todas as famílias abastadas de uma aldeia."

Entretanto esse infeliz estava armado de um arbítrio imenso; era quase tão tirano quanto mártir. Durante esse exercício no qual ele próprio se arruinava, tinha nas mãos a ruína de todo o mundo. *"A preferência pelos parentes"*, é ainda a assembleia provincial que fala, *"pelos amigos e vizinhos, o ódio, a vingança contra os inimigos, a necessidade de um protetor, o medo de desagradar um cidadão abastado que proporciona trabalho remunerado combatem em seu coração os sentimentos de justiça."* O terror frequentemente torna o coletor impiedoso; há paróquias em que ele só anda acompanhado de beleguins e de oficiais de justiça. *"Quando anda sem oficiais de justiça"*, diz um intendente ao ministro em 1764, *"os que devem pagar a talha se recusam."* – *"Apenas na circunscrição de Villefranche"*, diz-nos ainda a assembleia provincial de Guyenne, *"contam-se cento e dez entregadores de intimações e outros auxiliares judiciais sempre a caminho."*

Para escapar dessa taxação violenta e arbitrária, o camponês francês, em pleno século XVIII, age como o judeu da Idade Média. Mostra-se miserável na aparência, quando por acaso não o é na realidade; sua abastança causa-lhe medo, com razão: encontro uma prova evidente disso em um documento que consulto não mais em Guyenne e sim a cem léguas de lá. A Sociedade de Agricultura de Maine anuncia em seu relatório de 1761 que tivera a ideia de distribuir reses como prêmio e incentivo. *"Foi impedida"*, diz ela, *"pelas consequências perigosas que uma inveja mesquinha poderia atrair contra os que ganhassem esses prêmios e, aproveitando-se da atribuição arbitrária dos impostos, oprimi-los nos anos seguintes."*

De fato, nesse sistema de imposto cada contribuinte tinha um interesse direto e permanente em espionar os vizinhos e denunciar ao coletor os avanços de sua prosperidade; todos eles iam sendo adestrados para a delação e o ódio, e rivalizavam entre si nisso. Não seria de pensar que tais coisas se passam nos domínios de um rajá do Industão?

Entretanto na mesma época havia na França regiões onde o imposto era recolhido com regularidade e moderação: eram certos *pays d'états*. É verdade que lhes haviam deixado o direito de eles mesmos cobrá-lo. Em Languedoc, por exemplo, a talha é estabelecida apenas sobre a propriedade fundiária e não varia de acordo com a abastança do proprietário; tem como base fixa e visível um cadastro feito criteriosamente e renovado cada trinta anos, e no qual as terras se dividem em três categorias, de acordo com a fertilidade. Cada contribuinte sabe antecipadamente o valor exato da parcela de imposto que deve pagar. Se não pagar, apenas ele, ou melhor, apenas seu campo responde por isso. Caso se considere lesado no rateio, tem sempre o direito de exigir que se compare sua cota com a de um outro habitante da paróquia, escolhido por ele mesmo. É o que hoje denominamos recurso à igualdade proporcional.

Vê-se que todas essas regras são precisamente as que seguimos agora; praticamente não foram melhoradas desde então, não se fez mais que generalizá-las; pois se deve observar que, embora tenhamos tomado do governo do Antigo Regime a forma propriamente dita de nossa administração pública, abstivemo-nos de imitá-lo em todo o restante. Foi das assembleias provinciais, e não dele, que copiamos nossos melhores métodos administrativos. Ao adotarmos a máquina rejeitamos o produto.

A pobreza habitual do povo dos campos dera origem a máximas que não se prestavam a acabar com ela. "*Se os povos vivessem à larga, dificilmente se ateriam às regras*", escrevera Richelieu em seu testamento político. No século XVIII não se vai mais tão longe, porém ainda se acredita que o camponês não trabalharia se não fosse constantemente aguilhoado pela necessidade: a miséria parece então a única garantia contra a preguiça. É precisamente a teoria que por vezes ouvi professarem a propósito dos negros de nossas colônias. Essa opinião é tão corrente entre os que governam que quase todos os economistas se julgam obrigados a combatê-la formalmente.

Sabe-se que o objetivo primitivo da talha fora possibilitar que o rei comprasse soldados que dispensassem do serviço militar os nobres e seus vassalos; mas no século XVII a obrigatoriedade do serviço militar foi novamente imposta, como vimos, sob o nome de milícia, e dessa vez ela recaiu apenas sobre o povo e quase unicamente sobre o camponês.

Basta considerar a infinidade de autos de polícia que lotam os arquivos de uma intendência, e que se referem todos à perseguição a milicianos rebeldes ou desertores, para considerar que a milícia não era recrutada sem dificuldade. De fato, parece que para os camponeses não havia encargo público mais intolerável do que esse; para evitá-lo, frequentemente fugiam para as matas, onde era preciso persegui-los a mão armada. Isso causa espanto quando se pensa na facilidade com que o recrutamento forçado se opera hoje.

Deve-se atribuir essa extrema repugnância dos camponeses do Antigo Regime pela milícia menos ao princípio propriamente dito da lei do que à maneira como era executada; deve-se culpar a prolongada incerteza em que mantinha aqueles a quem ameaçava (podiam ser convocados até os quarenta anos, a menos que se casassem); a arbitrariedade da revisão, que tornava quase inútil a vantagem de um número favorável no sorteio; a proibição de apresentar um substituto; a falta de atrativo de uma profissão árdua e perigosa, em que toda expectativa de promoção estava excluída; mas sobretudo o pensamento de que um peso tão grande recaía unicamente sobre eles, e sobre os mais miseráveis dentre eles, com a ignomínia da condição tornando mais amargos seus rigores.

Tive em mãos muitas atas de sorteio, lavradas no ano de 1769 em um grande número de paróquias. Desses documentos constam os isentos de cada paróquia: este aqui é um criado da casa de um fidalgo; aquele outro é vigia em uma abadia; um terceiro é apenas um valete de um burguês, é verdade, mas esse burguês *"vive nobremente"*. A simples abastança isenta; quando um agricultor figura anualmente entre os mais tributados, seus filhos têm o privilégio de ser isentados da milícia: é o que chamam de incentivar a agricultura. Os economistas, grandes aficionados da igualdade em todo o restante, não se escandalizam com esse privilégio; pedem apenas que seja estendido a outros casos, isto é, que o encargo dos camponeses mais pobres e menos apadrinhados se torne mais pesado. "*A insignificância do soldo do soldado*", diz um deles, "*a maneira como é alojado, vestido, alimentado, sua total dependência tornariam demasiadamente cruel escolher qualquer homem que não fosse de condição humilde.*"

Até o final do reinado de Luís XIV, as grandes estradas não foram reparadas ou foram-no às expensas de todos os que as utilizavam, ou seja, o Estado e todos os proprietários das terras às margens; mas por volta dessa época começou-se a repará-las recorrendo unicamente à corveia, isto é, à custa apenas dos camponeses. Esse expediente para ter boas estradas sem pagar por elas pareceu tão oportuno que em 1737 uma circular do inspetor-geral Orry aplicou-o a toda a França. Os intendentes foram munidos com o direito de aprisionar à vontade os recalcitrantes ou de enviar-lhes beleguins.

A partir daí, sempre que o comércio cresce, que a necessidade e o prazer de ter boas estradas se espalham, a corveia estende-se a novos caminhos e seu encargo aumenta. No relatório feito em 1779 à assembleia provincial de Berry lê-se que os trabalhos executados pela corveia nessa província pobre devem ser avaliados em 700 mil libras anuais. Em 1787, na baixa Normandia, chegavam aproximadamente à mesma soma. Nada poderia mostrar melhor a triste sorte do povo dos campos: os progressos da sociedade, que enriquecem todas as outras classes, desesperam-no; a civilização volta-se contra ele apenas.

Leio, na correspondência dos intendentes por volta da mesma época, que convém não permitir que os camponeses façam uso da corveia nas estradas particulares de suas aldeias, visto que ela deve ser reservada unicamente para as grandes estradas ou, como se dizia então, para *os caminhos do Rei*. A estranha ideia de que convém fazer o preço das estradas ser pago pelos mais pobres e pelos que provavelmente menos viajam, essa ideia, apesar de nova, enraíza-se tão naturalmente no espírito dos que dela tiram proveito que em pouco tempo não imaginam mais que as coisas possam ser diferentes. Em 1776 tenta-se transformar a corveia em uma taxa local; a desigualdade prontamente se transforma com ela e segue-a no novo imposto.

De senhorial que era, a corveia ao tornar-se régia havia pouco a pouco se estendido a todas as obras públicas. Vejo-a em 1719 servir para construir casernas! *"As paróquias devem enviar seus melhores operários"*, diz a ordenação, *"e todas as outras obras devem ceder preferência a esta."* A corveia transporta os forçados para os banhos e os mendigos para os asilos de caridade; carrega os apetrechos militares sempre que as tropas mudam de lugar – encargo muito oneroso em uma época em que cada regimento levava atrás de si uma pesada bagagem. Era preciso juntar de muito longe um grande número de carroças e de bois para arrastá-la. Esse tipo de corveia, que originariamente tinha pouca importância, tornou-se uma das mais pesadas quando os exércitos permanentes se tornaram numerosos. Encontro empreiteiros do Estado que pedem em altos brados que lhes cedam a corveia para transportar madeira das florestas até os arsenais marítimos. Essas pessoas submetidas à corveia recebiam em geral um salário, porém fixado arbitrariamente e pequeno. O peso de um encargo tão descabido torna-se às vezes tão grande que um recebedor de talhas se inquieta. "*Os gastos exigidos dos camponeses para a recuperação das estradas*", escreve um deles em 1751, "*em breve vão deixá-los sem condições de pagarem sua talha.*"

Poderiam todas essas opressões novas ter se estabelecido se houvesse ao lado do camponês homens ricos e esclarecidos, que tivessem o gosto e o poder, senão de defendê-lo, pelo menos de interceder por ele junto àquele senhor comum que já tinha nas mãos a fortuna do pobre e a do rico?

Li a carta que um grande proprietário escreveu em 1774 ao intendente de sua província, incentivando-o a mandar abrir uma estrada. Essa estrada, segundo ele, traria prosperidade à aldeia; e apresentava as razões disso; em seguida passava para a instalação de uma feira, assegurando que ela duplicaria o preço dos produtos. Esse bom cidadão acrescentava que com um pequeno auxílio financeiro se poderia abrir uma escola que proporcionaria ao rei súditos mais industriosos. Até então ele não havia pensado nesses melhoramentos necessários; só se apercebera disso ao longo de dois anos em que uma *lettre de cachet*[9] o retinha em seu castelo. "*Meu exílio em minhas terras nestes últimos dois anos convenceu-me da extrema utilidade de todas essas coisas*", diz candidamente.

Mas é sobretudo nos períodos de escassez que se percebe que os laços de patronagem e dependência que outrora ligavam o grande proprietário rural aos camponeses estão frouxos ou rompidos. Nesses momentos de crise, o governo central aterroriza-se com seu próprio isolamento e fragilidade; gostaria de fazer renascerem para a

---

9. *Lettre de cachet* ("carta régia"): no Antigo Regime, documento com o sinete pessoal do rei, transmitindo diretamente ao destinatário uma ordem de prisão, exílio ou confinamento sem julgamento. (N. da T.)

circunstância as influências individuais ou as associações políticas que destruiu; chama-as em seu auxílio; ninguém vem, e geralmente ele se espanta ao descobrir mortas as pessoas das quais tirou a vida.

Nessa situação extrema, há nas províncias mais pobres intendentes que, como Turgot por exemplo, fazem irregularmente decretos para obrigar os proprietários ricos a alimentar seus meeiros até a próxima colheita. Encontrei, datadas de 1770, cartas de vários curas que propunham ao intendente taxar os grandes proprietários de suas paróquias, tanto eclesiásticos como laicos, *"que possuem aqui"*, dizem eles, *"vastas propriedades onde não moram e das quais recebem grandes rendimentos que vão comer em outro lugar"*.

Mesmo em tempo normal, as aldeias estão infestadas de mendigos; pois, como diz Le Trosne, os pobres são assistidos nas cidades, mas no campo, durante o inverno, a mendicância é uma necessidade absoluta.

De tempos em tempos procedia-se contra esses infelizes de um modo muito violento. Em 1767, o duque de Choiseul de repente resolveu eliminar a mendicância na França. Pode-se ver na correspondência dos intendentes com que rigor ele se ocupou disso. A polícia montada teve ordem de deter de uma só vez todos os mendigos que houvesse no reino; assegura-se que mais de cinquenta mil foram capturados assim. Os desocupados válidos deviam ser enviados às galeras; quanto aos outros, mais de quarenta asilos para mendigos foram abertos para acolhê-los. Teria sido melhor abrir o coração dos ricos.

Esse governo do Antigo Regime, que era, como mencionei, tão brando e às vezes tão tímido, tão amigo das formalidades, da lentidão e da deferência quando se tratava de homens posicionados acima do povo, é frequentemente rude e sempre célere quando procede contra as classes baixas, sobretudo contra os camponeses. Entre os documentos que passaram por minhas mãos, não vi um único que desse a conhecer a detenção de burgueses por ordem de um intendente; mas os camponeses são detidos a todo momento, por motivos de corveia, milícia, mendicidade, polícia e em mil outras circunstâncias. Para uns, tribunais independentes, longos debates, uma publicidade tutelar; para outros, o preboste, que julgava sumariamente e sem possibilidade de apelação.

"*A imensa distância que existe entre o povo e todas as outras classes*", escreve Necker em 1785, "*ajuda a desviar os olhos da maneira como se pode manejar a autoridade para com todas as pessoas perdidas na multidão. Sem a brandura e a humanidade que caracterizam os franceses e o espírito do século, esse seria um constante motivo de tristeza para os que sabem compadecer-se perante o jugo do qual estão isentos.*"

Mas é menos ainda pelo mal que se fazia àqueles infelizes do que pelo bem que eram impedidos de fazer a si mesmos que a opressão se manifestava. Eles eram livres e proprietários, e continuavam quase tão ignorantes e frequentemente mais miseráveis que os servos, seus antepassados. Permaneciam inaptos no meio dos prodígios das técnicas e incultos em um mundo brilhante de luzes. Conservavam a inteligência e a perspicácia próprias de sua raça, mas não tinham aprendido a servir-se delas; não podiam sequer ser bem-sucedidos no cultivo das terras, que era sua única atividade. "*O que estou vendo é a agricultura do século X*", diz um célebre agrônomo inglês. Só se destacavam na profissão militar; então pelo menos tinham um contato natural e necessário com as outras classes.

Era nesse abismo de isolamento e miséria que o camponês vivia, em que se mantinha como que fechado e impenetrável. Fiquei surpreso e quase assustado ao perceber que, menos de vinte anos antes de o culto católico ser abolido sem resistência e as igrejas serem profanadas, o método que a administração às vezes adotava para saber qual a população de um cantão era este: os párocos indicavam o número dos que haviam se apresentado na Páscoa à mesa de comunhão; acrescentava-se o número provável de crianças pequenas e de doentes; a soma representava o total de habitantes. Entretanto as ideias da época já invadiam de todos os lados esses espíritos rudes; penetravam por caminhos indiretos e subterrâneos, e assumiam nesses lugares estreitos e escuros formas estranhas. Mesmo assim, externamente ainda nada parecia ter mudado. Os costumes do camponês, seus hábitos, suas crenças pareciam sempre os mesmos; ele era submisso, era até mesmo alegre.

É preciso não se fiar na alegria que frequentemente o francês demonstra nos maiores males; é prova apenas de que, acreditando que sua má fortuna é inevitável, procura escapar-lhe não pensando nela, e não de que não a sente. Franqueai para esse homem uma saída que possa conduzi-lo para fora dessa miséria que parece afetá-lo tão pouco e ele prontamente se precipitará para esse lado com tanta violência que passará sobre vosso corpo sem vervos, se estiverdes em seu caminho.

Percebemos claramente essas coisas do ponto em que estamos; mas os contemporâneos não as viam. Sempre é só com grande dificuldade que os homens das classes superiores chegam a discernir nitidamente o que se passa na alma do povo e em particular na dos camponeses. A educação e o tipo de vida abrem-lhes sobre as coisas humanas pontos de vista que lhes são próprios e que permanecem fechados para todos os outros. Mas, quando o pobre e o rico quase não têm mais interesses em comum, queixas em comum nem atividades em comum, essa escuridão que esconde o espírito de um ao espírito do outro torna-se insondável, e esses dois homens poderiam viver eternamente lado a lado sem nunca compreender um ao outro. É curioso ver em que estranha segurança viviam todos os que ocupavam os pavimentos superiores e intermediários do edifício social no momento mesmo em que a Revolução estava começando, e ouvi-los discorrer engenhosamente entre si sobre as virtudes do povo, sobre sua brandura, seu devotamento, seus prazeres inocentes, quando 1793 já está logo abaixo de seus pés: espetáculo ridículo e terrível!

Detenhamo-nos aqui antes de passar adiante e consideremos por um momento, através de todos esses pequenos fatos que acabo de descrever, uma das maiores leis de Deus na condução das sociedades.

A nobreza francesa obstina-se em permanecer apartada das outras classes; os fidalgos conseguem isentar-se da maioria dos encargos públicos que pesam sobre elas; imaginam que conservarão sua grandeza furtando-se a esses encargos, e de início parece ser assim. Mas logo uma doença interna parece ter-se aferrado à sua condição, que se reduz pouco a pouco sem que ninguém os toque; vão empobrecendo à medida que suas imunidades aumentam. Inversamente, a burguesia, com a qual tanto temeram misturar-se, vai se tornando mais rica e mais esclarecida ao lado deles, sem eles e contra eles; não quiseram ter os burgueses como associados nem como concidadãos, vão tê-los como rivais, em breve como inimigos e por fim como senhores. Um poder externo desobrigou-os de conduzir, proteger, assistir seus vassalos; mas, como ao mesmo tempo lhes deixou seus direitos pecuniários e seus privilégios honoríficos, estimam que nada perderam. Como continuam a marchar à frente, acreditam que ainda comandam; e, de fato, continuam a ter em torno de si homens a quem, nas escrituras públicas, chamam de seus *súditos*; outros denominam-se seus vassalos, seus meeiros, seus arrendatários. Na realidade, ninguém os segue; estão sozinhos e, quando por fim se apresentarem os que querem aniquilá-los, só lhes restará fugir.

Embora o destino da nobreza e o da burguesia tenham sido muito diferentes um do outro, assemelharam-se em um ponto: o burguês acabou por viver tão apartado do povo quanto o próprio fidalgo. Longe de aproximar-se dos camponeses, ele evitara o contato com suas misérias; em vez de unir-se estreitamente a eles para lutarem em conjunto contra a desigualdade comum, só procurara criar em proveito próprio novas injustiças: viram-no tão ardoroso em obter exceções para si quanto o fidalgo em manter seus privilégios. Esses camponeses dos quais viera haviam se tornado para ele não apenas estranhos mas, por assim dizer, desconhecidos; e só depois de ter-lhes posto as armas nas mãos ele se deu conta de haver excitado paixões de que nem sequer tinha ideia, que era tão impotente para conter quanto para conduzir e das quais ia tornar-se vítima depois de ter sido instigador.

Em todas as épocas as pessoas se espantarão ao ver as ruínas dessa grande casa de França que parecera dever estender-se por toda a Europa; mas os que lerem atentamente sua história compreenderão sem dificuldade sua queda. De fato, quase todos os vícios, quase todos os erros, quase todos os preconceitos funestos que acabo de descrever nasceram, perduraram ou desenvolveram-se graças à habilidade que a maioria de nossos reis teve para dividir os homens a fim de governá-los mais absolutamente.

Mas, quando o burguês ficou assim totalmente isolado do fidalgo, e o camponês do fidalgo e do burguês; quando um trabalho análogo teve prosseguimento no seio de cada classe e formaram-se no interior de cada uma delas pequenas agregações particulares quase tão isoladas umas das outras quanto as classes o eram entre si, sucedeu que o todo formava apenas uma massa homogênea cujas partes porém não estavam mais interligadas. Agora nada estava organizado para atrapalhar o governo, nada tampouco para auxiliá-lo. De tal modo que o edifício todo da grandeza daqueles príncipes pôde desmoronar por inteiro e em um momento, assim que a sociedade que lhe servia de base se agitou.

E por fim esse povo, que parece o único a ter tirado proveito das faltas e dos erros de todos seus senhores, se de fato escapou do domínio deles, não pôde subtrair-se ao jugo das ideias equivocadas, dos hábitos viciosos, das más tendências que eles lhe haviam dado ou deixado adquirir. Vimo-lo por vezes transportar até mesmo para o uso de sua liberdade os gostos de um escravo – tão incapaz de conduzir a si mesmo quanto se havia mostrado duro para com seus preceptores.

LIVRO III

CAPÍTULO 1

Como, em meados do século XVIII, os literatos tornaram-se os principais homens políticos do país, e dos efeitos que disso resultaram

Agora perco de vista os fatos antigos e gerais que prepararam a grande Revolução que quero retratar. Chego aos fatos particulares e mais recentes que terminaram por determinar-lhe o lugar, o nascimento e o caráter.

De todas as nações da Europa, a França era já há muito tempo a mais letrada; apesar disso, seus literatos nunca haviam mostrado o espírito que mostraram em meados do século XVIII nem ocupado o lugar que assumiram então. Isso nunca se vira entre nós nem, penso eu, em qualquer outro lugar.

Eles não se envolviam cotidianamente nas atividades públicas, como na Inglaterra; ao contrário, nunca haviam vivido mais longe delas; não se revestiam de nenhuma autoridade que fosse e não cumpriam nenhuma função pública em uma sociedade já repleta de funcionários.

Entretanto não permaneciam, como a maioria de seus congêneres na Alemanha, inteiramente alheios à política e isolados no mundo da filosofia pura e das belas-letras. Ocupavam-se constantemente das matérias que dizem respeito ao governo; na verdade, essa era mesmo sua ocupação própria. Todo dia podia-se ouvi-los discorrer sobre a origem das sociedades e sobre suas formas primitivas, sobre os direitos primordiais dos cidadãos e da autoridade, sobre as relações naturais e artificiais dos homens entre si, sobre o erro ou a legitimidade do costume e mesmo sobre os princípios das leis. Adentrando assim diariamente até as bases da constituição de sua época, examinavam-lhe cuidadosamente a estrutura e criticavam-lhe o plano geral. É bem verdade que nem todos faziam desses grandes problemas o objeto de um estudo específico e aprofundado; a maioria só os abordava de passagem e displicentemente, mas todos deparavam com eles. Essa espécie de política abstrata e literária estava difundida em doses desiguais em todas as obras daquele tempo; do tratado de peso à canção, não há alguma que não contenha um pouco dela.

Quanto aos sistemas políticos desses escritores, variavam tanto entre si que quem quisesse conciliá-los e formar uma teoria única de governo nunca chegaria ao fim do trabalho.

Mesmo assim, quando afastamos os detalhes para chegar às ideias-mãe, percebemos facilmente que os autores desses sistemas diversos concordam pelo menos quanto a uma noção muito geral que cada um deles parece ter concebido igualmente, que em sua mente parece preexistir a todas as ideias particulares e ser a fonte comum delas. Por separados que estejam no restante de seu trajeto, todos eles se apegam a este ponto de partida: todos pensam que convém substituir por regras simples e elementares, buscadas na razão e na lei natural, os costumes complicados e tradicionais que regem a sociedade de seu tempo.

Observando bem, veremos que o que se poderia chamar de filosofia política do século XVIII consiste, a rigor, nessa única noção.

Tal pensamento não era novo: há três mil anos vinha continuamente passando e repassando pela imaginação dos homens, sem poder fixar-se. Como dessa vez conseguiu apossar-se do espírito de todos os escritores? Por que em vez de deter-se, como já fizera frequentemente, na cabeça de alguns filósofos, descera até a multidão e ali assumira a consistência e o calor de uma paixão política, de forma tal que teorias gerais e abstratas sobre a natureza das sociedades passassem a ser assunto das conversas cotidianas dos ociosos e inflamassem até a imaginação das mulheres e dos camponeses? Como letrados que não possuíam cargos, honrarias, riquezas, responsabilidade ou poder se tornaram efetivamente os principais homens políticos da época – e mesmo os únicos, visto que, enquanto outros exerciam o governo, só eles detinham a autoridade? Quero indicá-lo em poucas palavras e mostrar que influência extraordinária e terrível esses fatos que parecem pertencer apenas à história de nossa literatura tiveram sobre a Revolução e até nossos dias.

Não foi por acaso que os filósofos do século XVIII conceberam generalizadamente noções tão opostas às que ainda serviam de base para a sociedade de seu tempo; essas ideias foram-lhes sugeridas naturalmente, pela visão dessa mesma sociedade que todos tinham diante de si. O espetáculo de tantos privilégios abusivos ou absurdos, cujo peso se fazia sentir cada vez mais e cuja causa era compreendida cada vez menos, impelia ou antes precipitava simultaneamente o espírito de cada um deles para a ideia da igualdade natural de condições. Vendo tantas instituições irregulares e bizarras, filhas de outros tempos, que ninguém tentara harmonizar entre si nem adaptar às necessidades novas e que pareciam dever eternizar sua existência depois de terem perdido a eficácia, eles facilmente tomavam aversão pelas coisas antigas e pela tradição, e eram naturalmente levados a querer reconstruir a sociedade de sua época de acordo com um plano inteiramente novo, que cada um traçava unicamente à luz de sua própria razão.

A própria condição desses escritores preparava-os para apreciar as teorias gerais e abstratas em matéria de governo e para se confiarem cegamente a elas. No distanciamento quase infinito em que viviam da prática, nenhuma experiência vinha moderar os ardores de sua índole; nada os advertia sobre os obstáculos que os fatos existentes podiam opor até mesmo às reformas mais desejáveis; não tinham a menor ideia dos perigos que sempre acompanham as revoluções mais necessárias. Nem sequer os pressentiam; pois a ausência total de qualquer liberdade política fazia com que o mundo dos assuntos públicos lhes fosse não apenas pouco conhecido mas invisível. Ali nada faziam e sequer podiam ver o que outros faziam. Faltava-lhes portanto essa instrução superficial que a visão de uma sociedade livre e a notícia de tudo o que nela se diz dão até mesmo aos que menos se ocupam do governo. Tornaram-se assim muito mais ousados em suas novidades, mais apaixonados por ideias gerais e por sistemas, mais detratores da sabedoria antiga e mais confiantes ainda em sua razão individual do que se vê habitualmente entre os autores que escrevem livros especulativos sobre política.

A mesma ignorância entregava-lhes o ouvido e o coração da multidão. Se os franceses, como outrora, ainda participassem do governo nos estados gerais, se mesmo continuassem a ocupar-se cotidianamente da administração do país nas assembleias de suas províncias, pode-se afirmar que nunca se deixariam inflamar, como então fizeram, pelas ideias dos escritores; manteriam um certo hábito dos assuntos públicos que os preveniria contra a teoria pura.

Se, como os ingleses, eles pudessem, sem destruir suas antigas instituições, mudar-lhes gradualmente o espírito pela prática, talvez não imaginassem de tão bom grado outras totalmente novas. Mas cada qual se sentia diariamente prejudicado, em sua fortuna, em sua pessoa, em seu bem-estar ou em seu orgulho, por alguma velha lei, algum antigo uso político, algum resquício dos antigos poderes, e não via a seu alcance nenhum remédio que pudesse aplicar pessoalmente a esse mal particular. Parecia que fosse preciso tudo suportar ou tudo destruir na constituição do país.

Havíamos entretanto conservado uma liberdade na ruína de todas as outras: podíamos filosofar quase sem impedimento sobre a origem das sociedades, sobre a natureza essencial dos governos e sobre os direitos primordiais do gênero humano.

Todos os que a prática diária da legislação entravava apaixonaram-se de pronto por essa política literária. O gosto por ela invadiu até mesmo aqueles que a natureza ou a condição mais afastava naturalmente das especulações abstratas. Não houve contribuinte lesado pela desigualdade no rateio das talhas que não se inflamasse à ideia de que todos os homens devem ser iguais; não houve pequeno proprietário devastado pelos coelhos do fidalgo seu vizinho que não se comprouvesse em ouvir dizer que todos os privilégios indistintamente eram condenados pela razão. Cada paixão pública disfarçou-se assim como filosofia; a vida política foi violentamente rechaçada para a literatura, e os escritores, tomando nas mãos o comando da opinião, viram-se ocupando por um momento o lugar que os chefes de partido ocupam habitualmente nos países livres.

Já não havia ninguém em condições de disputar-lhes esse papel.

Uma aristocracia vigorosa não apenas conduz os assuntos públicos; dirige também as opiniões, dá o tom aos escritores e autoridade às ideias. No século XVIII, a nobreza francesa havia perdido inteiramente essa parte de seu império; seu crédito havia seguido o destino de seu poder: o lugar que ela ocupara no governo dos espíritos estava vago e os escritores podiam invadi-lo à vontade e preenchê-lo sozinhos.

Mais ainda, a própria aristocracia cujo lugar ocupavam favorecia-lhes o empreendimento; ela esquecera tão bem como teorias gerais, uma vez aceitas, chegam inevitavelmente a transformar-se em paixões políticas e em atos que as doutrinas mais contrárias a seus direitos particulares e mesmo à sua existência lhe pareciam engenhosos jogos mentais; de bom grado participava pessoalmente deles para passar o tempo e desfrutava tranquila suas imunidades e privilégios, dissertando serenamente sobre o absurdo de todos os costumes estabelecidos.

Muitos se espantam ao ver a estranha cegueira com que as classes altas do Antigo Regime contribuíram assim para sua própria ruína; mas onde iriam elas encontrar esclarecimento? As instituições livres não são menos necessárias aos principais cidadãos para informá-los sobre seus riscos do que aos menores para assegurar seus direitos. Durante mais de um século em que os últimos vestígios da vida pública haviam desaparecido entre nós, nenhum abalo, nenhum ruído alertara as pessoas mais diretamente interessadas na manutenção da antiga constituição sobre a decadência desse antigo edifício. Como exteriormente nada mudara, elas supunham que tudo permanecia exatamente igual. Assim, seu espírito estava parado no ponto de vista em que se colocara o de seus pais. A nobreza mostra-se tão preocupada com as usurpações pelo poder régio nos cadernos de 1789 como poderia ter se mostrado nos do século XV. Por sua vez, o infortunado Luís XVI, um momento antes de perecer no desenfreamento da democracia – Burke observa-o com razão –, continuava a ver na aristocracia a principal rival do poder régio, desconfiava dela como se ainda estivessem na época da Fronda. A burguesia e o povo, ao contrário, pareciam-lhe, como a seus antepassados, o apoio mais seguro do trono.

Mas o que nos parecerá mais estranho, a nós que temos ante os olhos os escombros de tantas revoluções, é que a própria noção de uma revolução violenta estava ausente da mente de nossos pais. Não a discutiam, não a haviam concebido. Os pequenos estremecimentos que a liberdade pública imprime sem cessar às sociedades mais bem assentadas lembram diariamente a possibilidade de desmoronamento e mantêm em alerta a prudência pública; mas naquela sociedade francesa do século XVIII, que ia cair no abismo, ainda nada avisara que estavam pendendo.

Leio atentamente os cadernos que as três ordens redigiram antes de se reunirem em 1789; digo as três ordens, as da nobreza e do clero tanto quanto a terceira. Vejo que aqui se pede a mudança de uma lei, ali de um uso, e tomo nota. Vou prosseguindo esse imenso trabalho até o final e, quando termino de reunir todos esses desejos particulares, percebo com uma espécie de terror que o que se exige é a abolição simultânea e sistemática de todas as leis e de todos os usos em curso no país; vejo prontamente que se tratará de uma das mais vastas e mais perigosas revoluções que jamais terão surgido no mundo. Os que amanhã serão suas vítimas nada sabem dela; acreditam que a transformação total e súbita de uma sociedade tão complicada e tão velha pode operar-se sem convulsões, por meio da razão e apenas por sua eficácia. Que infelizes! Esqueceram até aquela máxima que quatrocentos anos antes seus pais haviam assim expressado, no francês simples e enérgico daquela época: "Por exigir franquia desmedida e liberdades, homem cai em servidão desmedida."

Não é de surpreender que a nobreza e a burguesia, por tanto tempo excluídas de toda e qualquer vida pública, mostrassem essa singular inexperiência; porém o mais espantoso é que mesmo aqueles que conduziam os assuntos públicos – os ministros, os magistrados, os intendentes – praticamente não demonstravam maior antevisão. Entretanto vários eram pessoas muito capacitadas em seu trabalho; conheciam a fundo todos os detalhes da administração pública da época; mas quanto à grande ciência do governo, que ensina a compreender o movimento geral da sociedade, a julgar o que se passa no espírito das massas e a prever os resultados, eram tão novatos quanto o próprio povo. De fato, apenas o jogo das instituições livres pode ensinar plenamente aos estadistas essa parte principal de sua arte.

Isso se vê bem no memorando que Turgot dirigiu ao rei em 1775, em que lhe aconselhava, entre outras coisas, que fizesse toda a nação eleger livremente uma assembleia representativa e que anualmente a reunisse durante seis semanas em torno de sua pessoa, mas que não lhe concedesse nenhum poder efetivo. Ela só se ocuparia de administração e nunca de governo, teria pareceres a dar e não vontades a expressar e, na verdade, seria encarregada apenas de discorrer sobre as leis, sem fazê-las. *"Desse modo o poder régio seria esclarecido e não entravado"*, dizia ele, *"e a opinião pública seria contentada sem risco. Pois essas assembleias não teriam nenhuma autoridade para se oporem às operações indispensáveis e se, por impossível, não chegassem a tanto, Sua Majestade continuaria sempre no comando."* Não poderia haver um desconhecimento maior do alcance de uma medida e do espírito da época. É bem verdade que, por volta do final das revoluções, muitas vezes foi possível fazer impunemente o que Turgot propunha e, sem conceder liberdades reais, oferecer um arremedo delas. Augusto tentou isso com sucesso. Uma nação fatigada de longos debates concorda facilmente em ser enganada, contanto que a deixem repousar; e a História ensina que então para contentá-la basta coletar por todo o país um certo número de homens obscuros ou dependentes e fazê-los desempenhar diante dela o papel de uma assembleia política, mediante salário. Houve vários exemplos disso. Mas no início de uma revolução tais empreendimentos sempre fracassam e nunca fazem mais que inflamar o povo sem contentá-lo. O menor cidadão de um país livre sabe disso; Turgot, grande administrador que era, ignorava-o.

Se pensarmos agora que essa mesma nação francesa, tão alheia a seus próprios assuntos e tão desprovida de experiência, tão entravada por suas instituições e tão impotente em melhorá-las, também era então, de todas as nações da Terra, a mais culta e a mais apaixonada pelo "belo espírito", compreenderemos facilmente como seus escritores se tornaram uma potência política e acabaram sendo a principal.

Enquanto na Inglaterra os que escreviam sobre o governo e os que governavam estavam juntos, uns introduzindo na prática as ideias novas e os outros retificando e circunscrevendo as teorias por meio dos fatos, na França o mundo político permaneceu como que dividido em duas províncias separadas e sem contato entre si. Na primeira administrava-se; na outra estabeleciam-se os princípios abstratos nos quais toda administração deveria fundamentar-se. Aqui se tomavam medidas particulares que a rotina indicava; lá proclamavam-se leis gerais, sem nunca pensar nos meios de aplicá-las: para uns, a condução dos assuntos; para outros, a direção das inteligências.

Acima da sociedade real, cuja constituição era ainda tradicional, confusa e irregular, onde as leis continuavam diversas e contraditórias, as posições sociais nitidamente demarcadas, as condições fixas e os encargos desiguais, construía-se assim pouco a pouco uma sociedade imaginária na qual tudo parecia simples e coordenado, uniforme, equitativo e conforme com a razão.

Gradualmente, a imaginação da multidão desertou a primeira para recolher-se à segunda. Desinteressaram-se do que era e puseram-se a pensar no que podia ser, e por fim viveram pelo espírito naquela cidade ideal que os escritores haviam construído.

Frequentemente se atribuiu nossa revolução à da América; de fato esta teve muita influência sobre a Revolução Francesa, porém a deveu não tanto ao que se fez então nos Estados Unidos quanto ao que se pensava na França no mesmo momento. Enquanto no restante da Europa a Revolução Americana ainda era apenas um fato novo e singular, na França ela só vinha tornar mais sensível e mais impositivo o que se acreditava já conhecer. Fora ela surpreendia; aqui, terminava de convencer. Os americanos pareciam não fazer mais que executar o que nossos escritores haviam concebido; davam a substância da realidade àquilo que estávamos sonhando. Era como se Fénélon subitamente se visse em sua Salente[1].

Essa circunstância, tão nova na História, de toda a educação política de um grande povo inteiramente feita por literatos, talvez tenha sido o que mais contribuiu para dar à Revolução Francesa seu gênio próprio e para fazer nascer dela o que estamos vendo.

Os escritores não forneceram apenas suas ideias ao povo que a fez; deram-lhe seu temperamento e seu humor. Sob sua longa disciplina, na ausência de quaisquer outros condutores, em meio à profunda ignorância em que se vivia da prática, toda a nação, ao lê-los, acabou contraindo os instintos, o modo de pensar, os gostos e até as manias naturais aos que escrevem; de tal forma que, quando por fim teve de agir, ela transportou para a política todos os hábitos da literatura.

Quando se estuda a história de nossa revolução, vê-se que foi feita precisamente com o mesmo espírito que gerou tantos livros abstratos sobre o governo. A mesma atração pelas teorias gerais, pelos sistemas completos de legislação e pela exata simetria nas leis; o mesmo desdém pelos fatos existentes; a mesma confiança na teoria; o mesmo gosto pelo original, pelo engenhoso e pelo novo nas

---

1. Salente é a cidade ideal em *Aventures de Télémaque*, romance didático (publicado em 1699) que Fénélon escreveu para instruir o duque de Borgonha, de quem era preceptor, sobre a arte de reinar. Em Salente o poder régio é moderado por conselhos e o povo caracteriza-se pela virtude cívica. (N. da T.)

instituições; o mesmo desejo de refazer de uma só vez a constituição inteira, seguindo as regras da lógica e de acordo com um plano único, em vez de procurar melhorá-la em suas partes. Espetáculo assustador! Pois o que é qualidade no escritor às vezes é vício no estadista e as mesmas coisas que frequentemente levaram a escrever belos livros podem levar a grandes revoluções.

A própria linguagem da política tomou então um pouco da que os autores falavam; encheu-se de expressões gerais, de termos abstratos, de palavras ambiciosas, de construções literárias. Esse estilo, auxiliado pelas paixões políticas que o empregavam, penetrou em todas as classes e desceu com singular facilidade até as mais baixas. Bem antes da Revolução, os éditos de Luís XVI frequentemente falam da lei natural e dos direitos do homem. Encontro camponeses que em suas solicitações chamam os vizinhos de concidadãos; o intendente, de um respeitável magistrado; o cura da paróquia, de ministro dos altares e o bom Deus, de Ser Supremo, e aos quais, para se tornarem maus escritores, só falta saberem ortografia.

Essas qualidades novas incorporaram-se tão bem ao antigo fundo do caráter francês que frequentemente se atribuiu à nossa índole o que provinha tão somente dessa educação singular. Ouvi afirmar que o gosto ou antes a paixão que temos mostrado há sessenta anos pelas ideias gerais, pelos sistemas e pelas expressões solenes em matéria política se devia a não sei qual atributo específico de nossa raça, ao qual chamavam um tanto enfaticamente de *o espírito francês* – como se esse suposto atributo pudesse ter aparecido subitamente em fins do século passado, depois de ficar oculto durante todo o restante de nossa História.

Realmente singular é termos conservado os hábitos que adquirimos da literatura e perdido quase completamente nosso antigo amor pelas letras. Ao longo de minha vida pública, muitas vezes surpreendi-me ao ver pessoas que não liam os livros do século XVIII nem os de nenhum outro, e que menosprezavam os autores, reterem tão fielmente alguns dos principais defeitos que, antes do nascimento delas, o espírito literário apresentara.

CAPÍTULO 2

Como a irreligiosidade pôde tornar-se uma paixão geral e dominante entre os franceses do século XVIII e que espécie de influência isso teve sobre o caráter da Revolução

Desde a grande revolução do século XVI, em que o espírito analítico se empenhara em destrinçar entre as diversas tradições cristãs quais eram as falsas e quais as verdadeiras, nunca deixaram de surgir gênios mais curiosos ou mais ousados que contestaram ou rejeitaram todas elas. O mesmo espírito que, na época de Lutero, tirara de uma só vez do catolicismo vários milhões de católicos, todo ano impelia isoladamente alguns cristãos para fora do próprio cristianismo: à heresia sucedera a incredulidade.

Pode-se dizer de modo geral que no século XVIII o cristianismo perdera em todo o continente europeu uma grande parte de sua força; mas na maioria dos países ele era mais abandonado do que violentamente combatido; mesmo os que o abandonavam deixavam-no como que a contragosto. A irreligião estava difundida entre os príncipes e os espíritos refinados; ainda quase não penetrava no seio das classes intermediárias e do povo; continuava a ser um capricho de certos espíritos, não uma opinião comum. *"É um preconceito geral na Alemanha"*, diz Mirabeau em 1787, *"que as províncias prussianas estariam repletas de ateus. A verdade é que, embora se encontrem nelas alguns livre-pensadores, seu povo é tão apegado à religião quanto nas regiões mais devotas, e até mesmo existe ali um grande número de fanáticos."* Acrescenta que é muito lamentável que Frederico II não autorize o casamento dos padres católicos e sobretudo se recuse a deixar aos que se casam os rendimentos de seu benefício eclesiástico, "*medida que ousaríamos julgar digna desse grande homem*", diz. Em lugar nenhum a irreligião já se tornara uma paixão geral, ardente, intolerante ou opressiva, a não ser na França.

Aqui acontecia algo que ainda não se vira. Em outros tempos os homens haviam atacado com violência religiões estabelecidas, mas o ardor que mostravam contra elas sempre tivera origem no zelo que religiões novas inspiravam. Mesmo as religiões falsas e detestáveis da Antiguidade só tiveram adversários numerosos e apaixonados quando o cristianismo surgiu para suplantá-las; até então se extinguiam mansamente e sem alarde na dúvida e na indiferença: é a morte senil das religiões. Na França, atacaram com uma espécie de furor a religião cristã, sem sequer tentarem colocar outra religião em seu lugar. Trabalharam ardorosa e continuamente em tirar das almas a fé que as enchera e deixaram-nas vazias. Uma multidão de homens inflamou-se nesse ingente empreendimento. A incredulidade absoluta em matéria de religião, que é tão contrária aos instintos naturais do homem e coloca sua alma em uma posição tão dolorosa, pareceu atraente para a multidão. O que até então produzira apenas uma espécie de langor doentio dessa vez engendrou o fanatismo e o espírito de propaganda.

A confluência de vários grandes escritores dispostos a negar as verdades da religião cristã não parece suficiente para explicar um acontecimento tão extraordinário; pois por que todos os escritores, todos, direcionaram a mente para esse lado e não para outro? Por que entre eles não se viu um único que tenha pensado em escolher a tese contrária? E finalmente, por que encontraram, mais que todos seus predecessores, o ouvido da multidão totalmente receptivo para ouvi-los e seu espírito tão propenso a dar-lhes crédito? Apenas causas muito particulares ao tempo e ao país desses escritores podem explicar tanto seu empreendimento como sobretudo seu êxito. O espírito de Voltaire estava há muito tempo no mundo; mas o próprio Voltaire só podia imperar de fato no século XVIII e na França.

Devemos primeiro reconhecer que a Igreja nada tinha de mais censurável entre nós do que em outros lugares; ao contrário, os vícios e os abusos que lhe haviam introduzido eram bem menores que na maioria dos países católicos; ela era infinitamente mais tolerante do que fora até então e do que era ainda entre outros povos. Por isso é muito menos no estado da religião que no da sociedade que devemos procurar as causas particulares do fenômeno.

Para compreendê-lo é preciso nunca perder de vista o que mencionei no capítulo anterior, ou seja: que todo o espírito de oposição política que os vícios do governo faziam surgir, não podendo manifestar-se nos assuntos públicos, refugiara-se na literatura, e que os escritores haviam se tornado os verdadeiros chefes do grande partido que tendia a derrubar todas as instituições sociais e políticas do país.

Bem compreendido isso, a questão muda de objeto. Já não se trata de saber em que a Igreja daquela época podia pecar como instituição religiosa, mas em que ela era um obstáculo à revolução política que se preparava e devia ser particularmente incômoda para os escritores que eram seus principais promotores.

A Igreja, pelos próprios princípios de seu governo, opunha-se aos princípios que esses escritores queriam fazer prevalecer no governo civil. Ela se apoiava principalmente na tradição: eles professavam um grande desprezo por todas as instituições que se fundamentam no respeito pelo passado; ela reconhecia uma autoridade superior à razão individual: eles recorriam apenas a essa mesma razão; ela se assentava sobre uma hierarquia: eles tendiam à confusão das posições. Para poder entender-se com ela, seria preciso que ambos os lados reconhecessem que a sociedade política e a sociedade religiosa, sendo por natureza essencialmente diferentes, não podem pautar-se por princípios iguais; mas naquela hora se estava muito longe disso e parecia que para conseguir atacar as instituições do Estado fosse necessário destruir as da Igreja, que lhes serviam de fundamento e de modelo.

Além disso, a própria Igreja era então o primeiro entre os poderes políticos e o mais detestado de todos, embora não fosse o mais opressor; pois viera misturar-se a eles sem ser levada a isso por sua vocação ou por sua natureza, frequentemente consagrava neles vícios que reprovava em outras partes, cobria-os com sua inviolabilidade sagrada e parecia querer torná-los imortais como ela mesma. Atacando-a, tinha-se antes de tudo certeza de entrar na paixão do público.

Mas, além dessas razões gerais, os escritores tinham outras mais particulares – e, por assim dizer, pessoais – para se voltarem primeiro contra ela. A Igreja representava precisamente a parte do governo que lhes era mais próxima e mais diretamente oposta. Os outros poderes só de tempos em tempos exerciam-se sobre eles; mas aquele, estando especialmente encarregado de vigiar os passos do pensamento e de censurar os escritos, incomodava-os diariamente. Defendendo contra a Igreja as liberdades gerais do espírito humano, combatiam também em causa própria e começavam por quebrar o entrave que os coibia mais estreitamente.

Ademais, de todo o vasto edifício que atacavam, a Igreja parecia-lhes ser – e efetivamente era – o lado mais exposto e menos defendido. Sua força se debilitara ao mesmo tempo que o poder dos príncipes temporais se consolidava. Após ter sido sua superiora e em seguida sua igual, ela se reduzira a tornar-se sua cliente; estabelecera-se uma espécie de intercâmbio: eles lhe emprestavam sua força material, ela lhes emprestava sua autoridade moral; eles faziam os preceitos da Igreja serem obedecidos, ela fazia a vontade dos príncipes ser respeitada. Comércio perigoso quando tempos de revolução se aproximam, e sempre desvantajoso para uma potência que não se fundamenta na coerção e sim na crença.

Embora ainda se chamassem filhos primogênitos da Igreja, nossos reis desincumbiam-se muito negligentemente de suas obrigações para com ela; mostravam bem menos ardor em protegê-la do que em defender seu próprio governo. Não permitiam, é verdade, que erguessem a mão contra ela; mas admitiam que a ferissem de longe com mil dardos.

Essa semicoerção que era imposta então aos inimigos da Igreja, em vez de diminuir-lhes o poder, aumentava-o. Em alguns momentos a opressão aos escritores chega a deter o movimento do pensamento, em outros precipita-o; mas nunca aconteceu que uma espécie de policiamento semelhante ao que se exercia então sobre a imprensa não tenha centuplicado seu poder.

Os autores eram perseguidos apenas na proporção que faz reclamar, não na que faz tremer; sofriam a espécie de embaraço que anima a luta e não o jugo pesado que prostra. As acusações de que eram alvo, quase sempre lentas, ruidosas e vãs, pareciam ter como objetivo menos desviá-los de escrever do que excitá-los a isso. Uma total liberdade da imprensa teria sido menos prejudicial à Igreja.

"Considerais nossa intolerância mais favorável ao progresso do espírito do que vossa liberdade ilimitada", escrevia Diderot a David Hume em 1768; *"d'Holbach, Helvetius, Morellet e Suard não são de vossa opinião."* Entretanto o escocês é que tinha razão. Habitante de um país livre, possuía experiência no assunto; Diderot julgava-o como literato, Hume julgava-o como político.

Detenho o primeiro americano que encontro, seja em seu país ou em outro, e pergunto-lhe se considera a religião útil para a estabilidade das leis e para a boa ordem da sociedade; ele me responde sem hesitar que uma sociedade civilizada, mas sobretudo uma sociedade livre, não pode subsistir sem religião. O respeito à religião é, a seu ver, a maior garantia da estabilidade do Estado e da segurança dos particulares. Os menos versados na ciência de governar sabem pelo menos isso. Entretanto não há no mundo país em que as mais ousadas doutrinas dos filósofos do século XVIII, em matéria de política, sejam mais aplicadas que na América; apenas suas doutrinas antirreligiosas nunca puderam manifestar-se ali, mesmo com o favor da liberdade ilimitada da imprensa.

Direi o mesmo dos ingleses. Nossa filosofia irreligiosa foi-lhes pregada antes mesmo que a maioria de nossos filósofos viesse ao mundo: foi Bolingbroke que terminou de instruir Voltaire. Durante todo o correr do século XVIII, a incredulidade teve na Inglaterra representantes célebres. Escritores talentosos, pensadores profundos assumiram sua causa; nunca conseguiram fazê-la triunfar como na França, porque todos os que tinham algo a temer nas revoluções apressaram-se a vir em socorro das crenças estabelecidas. Mesmo aqueles que estavam mais envolvidos com a sociedade francesa da época e que não julgavam errôneas as doutrinas de nossos filósofos repudiaram-nas como perigosas. Grandes partidos políticos, como sempre acontece entre os povos livres, viram interesse em ligar sua causa à da Igreja; o próprio Bolingbroke chegou a tornar-se aliado dos bispos. O clero, animado por esses exemplos e nunca se sentindo sozinho, combatia energicamente em causa própria. A Igreja da Inglaterra, apesar do vício de sua constituição e dos abusos de toda espécie que fervilhavam em seu seio, aparou vitoriosamente o choque; de suas fileiras saíram escritores e oradores que acorreram com ardor em defesa do cristianismo. Depois de discutidas e refutadas, as teorias que eram hostis a ele foram por fim rejeitadas pelo esforço da própria sociedade, sem que o governo se imiscuísse.

Mas por que buscar exemplos fora da França? Hoje qual francês pensaria em escrever os livros de Diderot ou de Helvetius? Quem desejaria lê-los? Direi mesmo, quem conhece seus títulos? A experiência incompleta que adquirimos nos últimos sessenta anos de vida pública bastou para desgostar-nos dessa literatura perigosa. Podeis ver como o respeito à religião reassumiu gradualmente seu domínio nas diversas classes da nação, à medida que cada uma delas adquiria essa experiência na dura escola das revoluções. A antiga nobreza, que era a classe mais irreligiosa antes de 1789, tornou-se a mais fervorosa depois de 1793; primeira a ser atingida, foi a primeira a converter-se. Quando a própria burguesia se sentiu atacada em seu triunfo, vimo-la por sua vez reaproximar-se das crenças. Pouco a pouco o respeito pela religião penetrou em toda parte onde os homens tinham algo a perder na desordem popular, e a descrença desapareceu, ou pelo menos esconde-se, à medida que o medo das revoluções se manifestava.

Não acontecia o mesmo no final do Antigo Regime. Tínhamos perdido tão completamente a prática dos grandes assuntos humanos e ignorávamos tão bem a parcela que a religião assume no governo dos impérios que a descrença se estabeleceu primeiro no espírito justamente daqueles que tinham o interesse mais pessoal e mais premente em manter o Estado na ordem e o povo na obediência. Não apenas a acolheram como em sua cegueira difundiram-na abaixo deles; fizeram da impiedade uma espécie de passatempo de sua vida ociosa.

A Igreja de França, até ali tão fértil em grandes oradores, sentindo-se assim desertada de todos os que um interesse em comum devia unir à sua causa, tornou-se muda. Por um momento pareceu que, contanto que lhe conservassem as riquezas e a posição, ela estava disposta a condenar sua crença.

Como os que negavam o cristianismo erguiam a voz e os que ainda acreditavam faziam silêncio, aconteceu o que desde então se viu tão frequentemente entre nós, não apenas em matéria de religião mas em qualquer outra matéria. Os homens que conservavam a antiga fé temeram ser os únicos a permanecer fiéis e, receando mais o isolamento do que o erro, juntaram-se à multidão sem pensar como ela. Assim, o que ainda era o sentimento de apenas uma parte da nação aparentou ser a opinião de todos e por isso pareceu irresistível justamente aos olhos dos que lhe davam essa falsa aparência.

O descrédito universal em que caíram todas as crenças religiosas no final do século passado exerceu indiscutivelmente a maior influência sobre toda nossa Revolução; marcou-lhe o caráter. Nada contribuiu mais para dar à sua fisionomia a expressão terrível que mostrou.

Quando procuro discernir os diferentes efeitos que a irreligião produziu então na França, percebo que foi muito mais desregrando os espíritos do que degradando os corações ou mesmo corrompendo os costumes que ela dispôs os homens daquele tempo a entregarem-se a extremos tão singulares.

Quando a religião desertou as almas, não as deixou, como acontece com frequência, vazias e debilitadas; viram-se momentaneamente preenchidas por sentimentos e ideias que durante algum tempo ocuparam o lugar dela e inicialmente impediram que desmoronassem.

Se os franceses que fizeram a Revolução eram mais incrédulos que nós em matéria de religião, restava-lhes pelo menos uma crença admirável que nos falta: acreditavam em si mesmos. Não duvidavam da perfectibilidade, do poder do homem; apaixonavam-se facilmente por sua glória, tinham fé em sua virtude. Depositavam em suas próprias forças essa confiança orgulhosa que muitas vezes leva ao erro, mas sem a qual um povo só é capaz de servir; não duvidavam absolutamente que estivessem destinados a transformar a sociedade e a regenerar nossa espécie. Esses sentimentos e paixões haviam se tornado para eles como uma espécie de religião nova que, produzindo alguns dos grandes efeitos que se viu as religiões produzirem, arrancava-os do egoísmo individual, impelindo-os para o heroísmo e o devotamento, e frequentemente tornava-os como que insensíveis a todos esses pequenos bens que nos possuem.

Estudei muito a História e ouso afirmar que nela nunca encontrei revolução em cujo início se pudesse ver, em um número tão grande de homens, um patriotismo mais sincero, mais desinteresse, mais grandeza verdadeira. A nação mostrou ali o principal defeito mas também a principal qualidade que a juventude tem: inexperiência e generosidade.

E entretanto a irreligião produziu então um imenso mal público.

Na maioria das grandes revoluções políticas que até ali haviam surgido no mundo, os que atacavam as leis estabelecidas haviam respeitado as crenças; e na maioria das revoluções religiosas os que atacavam a religião não haviam pretendido simultaneamente mudar a natureza e a ordem de todos os poderes e abolir de cima a baixo a antiga constituição do governo. Portanto, nos maiores abalos das sociedades sempre houvera um ponto que continuava sólido.

Mas na Revolução Francesa, como as leis religiosas haviam sido abolidas ao mesmo tempo em que as leis civis eram derrubadas, o espírito humano perdeu por completo sua estabilidade; não soube mais a que se agarrar nem onde se deter; e viu-se aparecerem revolucionários de uma espécie desconhecida, que levaram a audácia até a loucura, que nenhuma novidade pôde surpreender, nenhum escrúpulo pôde moderar e que nunca hesitaram ante a execução de um desígnio. E não se deve acreditar que esses seres novos tenham sido a criação isolada e efêmera de um momento, destinada a passar com ele; formaram desde então uma linhagem que se perpetuou e se espalhou em todas as partes civilizadas da Terra, que em toda parte conservou a mesma fisionomia, as mesmas paixões, o mesmo caráter. Encontramo-la no mundo ao nascermos; ainda está ante nossos olhos.

CAPÍTULO 3

Como os franceses quiseram reformas antes de querer liberdades

Uma coisa digna de nota é que, entre todas as ideias e todos os sentimentos que prepararam a Revolução, a ideia e o gosto da liberdade pública propriamente dita tenham sido os últimos a apresentar-se, como foram os primeiros a desaparecer.

Desde muito tempo começara-se a abalar o velho edifício do governo; ele já oscilava e ainda não a mencionavam. Voltaire raramente pensava nela: em seus três anos de permanência na Inglaterra conheceu-a mas não a amou. A filosofia cética que é livremente pregada entre os ingleses encanta-o; suas leis políticas pouco o impressionam: nota-lhes mais os vícios que as virtudes. Em *Lettres sur l'Angleterre*, uma de suas obras-primas, o parlamento é o que menos menciona; na realidade, inveja os ingleses sobretudo sua liberdade literária, mas praticamente não se ocupa de sua liberdade política, como se a primeira pudesse existir por muito tempo sem a segunda.

Em meados do século vemos aparecer um certo número de escritores que tratam especialmente das questões de administração pública e aos quais vários princípios semelhantes fizeram que se desse o nome comum de *economistas* ou *fisiocratas*. Os economistas tiveram menos repercussão na História do que os filósofos; possivelmente contribuíram menos que eles para o advento da Revolução; entretanto creio que é sobretudo em seus escritos que se pode estudar-lhe melhor a verdadeira índole. Os filósofos quase não saíram das ideias muito gerais e muito abstratas em matéria de governo; os economistas, sem se separar das teorias, desceram porém mais perto dos fatos. Uns disseram o que se podia imaginar, os outros por vezes indicaram o que havia a fazer. Todas as instituições que a Revolução devia abolir sem retorno foram objeto particular de seus ataques; nenhuma mereceu sua indulgência. Ao contrário, anunciaram antecipadamente e preconizaram com ardor todas aquelas que podem passar por obra própria da Revolução; mal se poderia citar uma única cujo germe não tenha sido depositado em alguns de seus escritos; encontra-se ali tudo o que há de mais substancial nela.

Mais ainda, já se reconhece em seus livros esse temperamento revolucionário e democrático que conhecemos tão bem; eles não apenas têm ódio a certos privilégios, a própria diversidade lhes é odiosa: adorariam a igualdade até na servidão. O que os atrapalha em seus desígnios só serve para ser destruído. Os contratos inspiram-lhes pouco respeito; os direitos privados, nenhuma consideração; ou melhor, a seu ver já não há, a bem dizer, direitos privados, mas somente uma utilidade pública. Entretanto, em geral são homens de hábitos amenos e pacíficos, pessoas de bem, magistrados honestos, administradores competentes; mas o gênio específico de sua obra os arrasta.

O passado é para os economistas objeto de um desprezo sem limites. *"Há séculos a nação é governada por princípios errôneos; nela tudo parece ter sido feito ao acaso"*, diz Le Trosne. Partindo dessa ideia, entram em ação; não há instituição tão antiga, e que pareça tão bem embasada em nossa História, cuja abolição não peçam, por menos que os incomode e prejudique a simetria de seus planos. Um deles propõe que sejam anuladas de uma só vez todas as antigas divisões territoriais e mudados todos os nomes das províncias, quarenta anos antes que a Assembleia Constituinte o faça.

Eles já conceberam a ideia de todas as reformas sociais e administrativas que a Revolução fez, antes que a ideia das instituições livres tenha começado a surgir-lhes na mente. São, é verdade, muito favoráveis à livre troca de mercadorias, ao *laissez-faire* ou ao *laissez-passer* no comércio e na indústria; mas, quanto às liberdades políticas propriamente ditas, não pensam absolutamente nelas e, mesmo quando por acaso se apresentam à sua imaginação, rejeitam-nas de imediato. A maioria começa por mostrar-se muito contrária às assembleias deliberativas, aos poderes locais e secundários e em geral a todos esses contrapesos que em diferentes épocas foram estabelecidos por todos os povos livres a fim de contrabalançar o poder central. "*O sistema de contraforças em um governo é uma ideia funesta*", diz Quesnay. "*As especulações a partir das quais se imaginou o sistema de contrapesos são quiméricas*", diz um amigo de Quesnay.

A única garantia que imaginam contra o abuso do poder é a educação pública; pois, como diz ainda Quesnay, "*o despotismo é impossível se a nação for esclarecida*". "*Atingidos pelos males que os abusos da autoridade provocam*", diz outro discípulo seu, "*os homens inventaram mil meios totalmente inúteis e negligenciaram o único realmente eficaz, que é o ensino público geral e contínuo da justiça em sua essência e da ordem natural.*" É com essa pequena algaravia literária que pretendem suprir todas as garantias políticas.

Le Trosne, que deplora tão amargamente o abandono em que o governo deixa os campos, que os mostra sem estradas, sem indústria, sem instrução, não imagina que seus assuntos poderiam se resolver melhor se os próprios habitantes fossem encarregados de resolvê-los.

O próprio Turgot, que pela grandeza de alma e pelas raras qualidades de inteligência deve ser distinguido de todos os outros, não tem muito mais que eles o gosto pelas liberdades políticas, ou pelo menos esse gosto só lhe vem tarde e quando o sentimento público o sugere. Para ele, como para a maioria dos economistas, a primeira garantia política é uma certa instrução pública dada pelo Estado, de acordo com certos processos e dentro de um certo espírito. A confiança que demonstra nesse tipo de medicação intelectual – ou, como diz um de seus contemporâneos, no *"mecanismo de uma educação conforme com os princípios"* – é sem limites. *"Ouso responder-vos, sire",* escreve ele em um memorial em que propõe ao rei um plano dessa espécie, *"que daqui a dez anos vossa nação não será mais reconhecível e que, pelas luzes, pelos bons costumes, pelo zelo esclarecido a serviço vosso e da pátria, ela estará infinitamente acima de todos os outros povos. As crianças que agora têm dez anos serão então homens preparados para o Estado, afeiçoados a seu país, obedientes à autoridade não por temor mas por razão, prestativos para com seus concidadãos acostumados a reconhecer e a respeitar a justiça."*

Fazia tanto tempo que a liberdade política estava abolida na França que as pessoas haviam esquecido quase totalmente quais eram suas condições e seus efeitos. Mais ainda, os escombros informes que dela ainda restavam e as instituições que pareciam feitas para substituí-la tornavam-na suspeita e frequentemente geravam preconceitos contra ela. A maioria das assembleias de estados que ainda existiam conservava juntamente com as formas antiquadas o espírito da Idade Média e entravava o progresso da sociedade em vez de contribuir para ele; os parlamentos, sozinhos no encargo de servir de corpos políticos, não podiam impedir o mal que o governo fazia e muitas vezes impediam o bem que ele desejava fazer.

Para os economistas a ideia de recorrer a todos esses velhos instrumentos para realizar a revolução que imaginavam parece impraticável; o pensamento de confiar a execução de seus planos à nação tornada sua senhora pouco lhes agrada; pois como fazer todo um povo adotar e seguir um sistema de reformas tão vasto e tão estreitamente ligado em suas partes? Parece-lhes mais fácil e mais oportuno fazer a própria administração régia servir a seus desígnios.

Esse poder novo não saiu das instituições da Idade Média, não porta sua marca; no meio de seus erros, os economistas destrinçam algumas inclinações boas. Assim como eles, tem um gosto natural pela igualdade das condições e pela uniformidade das regras; tanto quanto eles, odeia no fundo do coração todos os antigos poderes que nasceram do feudalismo ou que tendem para a aristocracia. Em vão se procuraria no restante da Europa uma máquina governamental tão bem montada, tão grande e tão forte; a existência de um governo como esse entre nós parece-lhes uma circunstância singularmente feliz; haveriam de chamá-la de providencial, se então estivesse na moda, como hoje, fazer a Providência intervir a cada passo. *"A situação da França"*, diz Le Trosne, *"é infinitamente melhor que a da Inglaterra; pois aqui é possível realizar reformas que em um instante mudam toda a situação do país, ao passo que entre os ingleses tais reformas podem sempre ser entravadas pelos partidos."*

Portanto não se trata de eliminar esse poder absoluto e sim de convertê-lo. *"É preciso que o Estado governe de acordo com as regras da ordem essencial"*, diz Mercier de la Rivière, *"e quando assim acontecer, é preciso que ele seja todo-poderoso."* *"Que o Estado compreenda bem seu dever"*, diz um outro, *"e que então o deixem livre."* Ide de Quesnay ao abade Bodeau e em todos encontrareis o mesmo estado de espírito.

Eles não contam apenas com a administração régia para reformar a sociedade de seu tempo; tomam-lhe emprestada, em parte, a ideia do governo futuro que desejam fundar. Olhando um é que formaram uma imagem do outro.

O Estado, segundo os economistas, não tem unicamente de comandar a nação, tem também de moldá-la de uma certa maneira; cabe a ele formar o espírito dos cidadãos de acordo com um determinado modelo que estabeleceu previamente; seu dever é prover-lhes a mente de certas ideias e fornecer-lhes ao coração certos sentimentos que julgar necessários. Na realidade, não há limites para seus direitos nem fronteiras para o que pode fazer; não apenas reforma os homens, transforma-os; possivelmente estaria unicamente em suas mãos fazer outros! "*O Estado faz dos homens tudo o que quiser*", diz Bodeau. Essas palavras resumem todas as teorias deles.

Esse imenso poder social que os economistas imaginam não apenas é maior do que qualquer um dos que têm ante os olhos; difere também pela origem e pelo caráter. Não decorre diretamente de Deus; não está ligado à tradição; é impessoal: não se denomina mais "o rei" e sim "o Estado"; não é a herança de uma família; é o produto e o representante de todos e deve fazer com que o direito de cada um se curve ante a vontade de todos.

Essa forma particular de tirania denominada despotismo democrático, de que a Idade Média não tivera ideia, já lhes é familiar. Não há mais hierarquia na sociedade, não há mais classes definidas, não há mais posições fixas; um povo composto de indivíduos quase semelhantes e inteiramente iguais, essa massa confusa reconhecida como o único soberano legítimo, mas cuidadosamente privada de todas as faculdades que poderiam permitir que ela própria dirigisse e mesmo fiscalizasse seu governo. Acima dela, um mandatário único, encarregado de tudo fazer em seu nome sem consultá-la. Para controlá-lo, uma razão pública sem órgãos; para detê-lo, revoluções e não leis; de direito, um agente subordinado; de fato, um amo.

Não encontrando ainda nas redondezas nada que lhes pareça conforme com esse ideal, eles vão buscá-lo nos confins da Ásia. Não exagero ao afirmar que não há um único que em alguma parte de seus escritos não tenha feito um elogio enfático da China. Ao lermos seus livros podemos ter certeza de deparar pelo menos com isso; e, como a China ainda é muito mal conhecida, não há um disparate que não nos contem a respeito dela. Aquele governo imbecil e bárbaro, que um punhado de europeus domina a seu bel-prazer, parece-lhes o modelo mais perfeito que todas as nações do mundo possam copiar. É para eles o que mais tarde a Inglaterra e por fim a América se tornaram para todos os franceses. Sentem-se comovidos e como que fascinados ao ver um país cujo soberano absoluto, mas isento de preconceitos, uma vez por ano lavra a terra com as próprias mãos para honrar as artes úteis; em que todos os cargos são obtidos em concursos literários; que tem como religião unicamente uma filosofia e como aristocracia unicamente letrados.

Acredita-se que as teorias destrutivas que em nossos dias são designadas pelo nome de *socialismo* sejam de origem recente; é um erro: essas teorias são contemporâneas dos primeiros economistas. Enquanto esses empregavam o governo todo-poderoso com que sonhavam para mudar as formas da sociedade, os outros apossavam-se em imaginação do mesmo poder para demolir-lhe as bases.

Lede o *Code de la Nature*, de Morelly, e nele encontrareis, juntamente com todas as doutrinas dos economistas sobre a onipotência do Estado e sobre seus direitos ilimitados, várias das teorias políticas que mais aterrorizaram a França nestes últimos tempos e que supúnhamos que vimos nascerem: o caráter comunitário dos bens, o direito ao trabalho, a igualdade absoluta, a uniformidade em todas as coisas, a regularidade mecânica em todos os movimentos dos indivíduos, a tirania regulamentar e a absorção completa da personalidade dos cidadãos no corpo social.

"Nada na sociedade pertencerá singularmente nem como propriedade a ninguém", diz o artigo 1º desse Có-

digo. "*A propriedade é odiosa e quem tentar restabelecê-la ficará aprisionado por toda a vida, como louco furioso e inimigo da humanidade. Cada cidadão será alimentado, cuidado e ocupado às expensas do Estado*", diz o artigo 2. "*Todas as produções serão armazenadas em lojas públicas, para serem distribuídas a todos os cidadãos e atenderem às necessidades de sua vida. As cidades serão construídas seguindo a mesma planta; todos os edifícios para uso dos particulares serão iguais. Aos cinco anos, todas as crianças serão retiradas da família e educadas em conjunto, às custas do Estado, de um modo uniforme.*" Esse livro que vos parece escrito ontem tem cem anos; foi publicado em 1755, no momento em que Quesnay fundava sua escola – tanto é verdade que a centralização e o socialismo são produtos do mesmo solo; são um para com o outro o que o fruto cultivado é para com a arvorezinha selvagem.

De todos os homens de sua época, os economistas são os que pareceriam menos deslocados na nossa; sua paixão pela igualdade é tão resoluta e seu gosto pela liberdade é tão incerto que eles têm um falso ar de contemporâneos. Quando leio os discursos e os escritos dos homens que fizeram a Revolução, sinto-me subitamente transportado para um lugar e uma sociedade que não conheço; mas, quando percorro os livros dos economistas, parece-me que vivi com aquelas pessoas e que acabo de discutir com elas.

Por volta de 1750, a nação inteira não se teria mostrado mais exigente do que os próprios economistas em matéria de liberdade política; ao perder seu uso ela lhe perdera o gosto e até a ideia. Desejava reformas mais que direitos e, se estivesse então no trono um príncipe com o porte e o temperamento de Frederico o Grande, não tenho a menor dúvida de que ele teria realizado na sociedade e no governo muitas das maiores mudanças que a Revolução fez, não apenas sem perder sua coroa mas aumentando muito seu poder. Assegura-se que Machault d'Arnouville, um dos ministros mais competentes que Luís XV teve, entreviu essa ideia e indicou-a a seu senhor; mas empreendimentos como esse não se aconselham: só é feito para realizá-los quem for capaz de concebê-los.

Vinte anos depois, já não se dava o mesmo: a imagem da liberdade política apresentara-se ao espírito dos franceses e tornava-se cada dia mais atraente. Pode-se perceber isso por muitos indícios. As províncias começam a conceber o desejo de se autoadministrar novamente. A ideia de que o povo todo tem o direito de tomar parte em seu governo introduz-se nos espíritos e os conquista. A lembrança dos antigos estados gerais reaviva-se. A nação, que detesta sua própria história, só dessa parte recorda-se com prazer. A nova corrente arrasta até mesmo os economistas e força-os a complicar seu sistema unitário com algumas instituições livres.

Quando em 1771 os parlamentos são abolidos, o mesmo público que tão frequentemente tivera de suportar seus preconceitos comove-se profundamente ao vê-los cair. Parecia que com eles caía a última barreira que ainda podia conter a arbitrariedade régia.

Essa oposição surpreende e indigna Voltaire. *"Quase todo o reino está em efervescência e consternação"*, escreve ele a seus amigos; *"a fermentação é tão forte nas províncias como na própria Paris. Entretanto o édito me parece cheio de reformas úteis. Suprimir a venalidade dos cargos, prestar justiça gratuita, impedir os litigantes de virem a Paris dos extremos do reino para se arruinarem aqui, encarregar o rei de pagar as custas de tribunais senhoriais não são grandes serviços prestados à nação? Aliás, esses parlamentos não foram frequentemente perseguidores e bárbaros? Na verdade, admira-me que os gauleses tomem o partido desses burgueses insolentes e indóceis. Quanto a mim, creio que o rei tem razão e, visto que é preciso servir, penso que mais vale fazê-lo sob um leão de boa linhagem e que nasceu muito mais forte que eu do que sob duzentos ratos de minha espécie."* E acrescenta a modo de desculpa: *"Lembrai que devo apreciar infinitamente a graça que o rei concedeu a todos os senhores de terras, ao assumir as custas dos tribunais senhoriais."*

Voltaire, ausente de Paris há muito tempo, acreditava que o espírito público ainda permanecia no ponto em que o deixara. Não era assim. Os franceses não se limitavam mais a desejar que seus assuntos fossem mais bem resolvidos; começavam a querer resolvê-los eles mesmos; e estava claro que a grande Revolução para a qual tudo preparava ia acontecer não apenas com o assentimento do povo mas por suas mãos.

Penso que a partir daquele momento essa revolução radical, que devia confundir em uma mesma ruína o que o Antigo Regime continha de pior e o que encerrava de melhor, passava a ser inevitável. Um povo tão mal preparado para agir por si mesmo não podia tentar reformar tudo de uma só vez sem destruir tudo. Um príncipe absoluto teria sido um inovador menos perigoso. Quanto a mim, quando considero que essa mesma revolução que suprime tantas instituições, ideias, hábitos contrários à liberdade, abole por outro lado tantos outros dos quais a liberdade dificilmente pode privar-se, inclino-me a crer que, realizada por um déspota, ela talvez nos tivesse deixado menos inaptos a nos tornarmos um dia uma nação livre, do que feita em nome da soberania do povo e por ele.

É preciso nunca perder de vista o que precede, se quisermos compreender a história de nossa Revolução.

Quando o amor dos franceses pela liberdade política despertou, eles já tinham concebido em matéria de governo certo número de noções que não apenas não se coadunavam facilmente com a existência de instituições livres como lhe eram quase opostas.

Haviam aceitado como ideal de uma sociedade um povo sem outra aristocracia que não a dos funcionários públicos, uma administração única e todo-poderosa, dirigente do Estado, tutora dos particulares. Ao desejarem ser livres, não quiseram renunciar a essa noção inicial; tentaram apenas conciliá-la com a de liberdade.

Decidiram portanto misturar ao mesmo tempo uma centralização administrativa sem limites e um corpo legislativo preponderante: a administração da burocracia e o governo dos eleitores. A nação como tal teve todos os direitos da soberania, cada cidadão em particular foi restringido à mais estreita dependência: a uma pediram a experiência e as virtudes de um povo livre; ao outro, as qualidades de um bom servidor.

Foi esse desejo de introduzir a liberdade política no meio de instituições e de ideias que lhe eram alheias ou contrárias, mas das quais já havíamos contraído o hábito ou imaginado antecipadamente o gosto, que durante sessenta anos produziu tantas tentativas vãs de governos livres, seguidas de revoluções tão funestas; até que por fim, cansados de tantos esforços, desencorajados por um trabalho tão árduo e tão estéril, abandonando sua segunda aspiração para voltar à primeira, muitos franceses reduziram-se a pensar que, no fim das contas, viver iguais sob um senhor ainda tinha uma certa doçura. É assim que nos acontece sermos hoje infinitamente mais parecidos com os economistas de 1750 do que com nossos pais de 1789.

Frequentemente me perguntei onde está a nascente dessa paixão pela liberdade política que, em todas as épocas, levou os homens a fazer as coisas maiores que a humanidade realizou, em quais sentimentos ela se enraíza e encontra alimento.

Vejo que, quando são malconduzidos, os povos facilmente concebem o desejo de governar a si mesmos; mas esse tipo de amor à independência que nasce apenas de certos males particulares e passageiros que o despotismo traz nunca é duradouro: acaba junto com o acidente que o fizera nascer; pareciam amar a liberdade, mas na realidade não faziam mais que odiar seu senhor. O que os povos feitos para serem livres odeiam é o próprio mal da dependência.

Tampouco creio que o verdadeiro amor à liberdade possa algum dia nascer unicamente da visão dos bens materiais que ela proporciona; pois essa visão frequentemente vem a obscurecer-se. É bem verdade que com o passar do tempo a liberdade sempre traz, aos que sabem conservá-la, abastança, bem-estar e muitas vezes riqueza; mas há períodos em que ela conturba momentaneamente o uso de tais bens; há outros em que apenas o despotismo pode proporcionar seu gozo passageiro. Os homens que nela valorizam apenas esses bens nunca a conservaram por muito tempo.

O que, em todas as épocas, apegou tão fortemente a ela o coração de certos homens são seus próprios atrativos, seu encanto próprio, independente de benefícios; é o prazer de poder falar, agir, respirar sem peias, sob o governo unicamente de Deus e das leis. Quem procura na liberdade outra coisa que não ela mesma é feito para servir.

Alguns povos perseguem-na obstinadamente através de toda espécie de perigos e misérias. O que amam nela não são os bens materiais que lhes proporciona; consideram-na em si mesma como um bem tão precioso e tão necessário que nenhum outro poderia consolá-los de sua perda e, desfrutando-a, se consolam de tudo. Outros se cansam dela em meio à prosperidade; deixam que lhe seja arrancada das mãos sem resistir, temendo comprometer por um esforço o mesmo bem-estar que lhe devem. O que falta a esses para continuarem livres? O quê? O próprio gosto de sê-lo. Não me peçais para analisar esse gosto sublime; é preciso experimentá-lo. Ele entra por si mesmo nos grandes corações que Deus preparou para recebê-lo; invade-os, incendeia-os. É inútil tentar explicá-lo às almas medíocres que nunca o sentiram.

CAPÍTULO 4

Que o reinado de Luís XVI foi a época mais próspera da antiga monarquia e como essa mesma prosperidade apressou a Revolução

Não se poderia duvidar que o esgotamento do reino sob Luís XIV tenha começado no tempo mesmo em que esse príncipe ainda triunfava sobre toda a Europa. Encontram-se os primeiros indícios disso nos anos mais gloriosos do reinado. A França estava arruinada muito antes de ter cessado de vencer. Quem não leu aquele assustador ensaio de estatística administrativa que Vauban nos deixou? Nos informes que dirigem ao duque de Borgonha no final do século XVII e antes mesmo que a nefasta guerra da sucessão tenha início, todos os intendentes fazem alusão a essa decadência crescente da nação e não falam dela como de um fato muito recente. De alguns anos para cá a população diminuiu muito nesta *généralité*, diz um; esta cidade, que outrora era rica e florescente, hoje está sem indústria, diz outro. Este aqui: existiram manufaturas na província, mas hoje estão abandonadas. Aquele: outrora os habitantes tiravam de suas terras muito mais do que agora; a agricultura era infinitamente mais florescente há vinte anos. A população e a produção diminuíram um quinto de uns trinta anos para cá, diz um intendente de Orléans na mesma época. Deveríamos aconselhar a leitura desses informes aos particulares que prezam o governo absoluto e aos príncipes que amam a guerra.

Como essas misérias tinham origem principalmente nos vícios da constituição, a morte de Luís XIV e mesmo a paz não fizeram renascer a prosperidade pública. É um parecer comum a todos os que escrevem sobre a administração ou sobre a economia social na primeira metade do século XVIII que as províncias não se restabelecem; muitos chegam a pensar que continuam a arruinar-se. Apenas Paris enriquece e cresce, dizem eles. Intendentes, antigos ministros, homens de negócios concordam com literatos sobre esse ponto.

Quanto a mim, confesso que não creio nessa decadência contínua da França ao longo da primeira metade do século XVIII; mas uma opinião tão geral, que pessoas tão bem informadas compartilham, prova pelo menos que não se fazia então nenhum progresso visível. Todos os documentos administrativos que se referem a essa época de nossa História e que me chegaram às mãos denotam de fato uma espécie de letargia na sociedade. O governo pouco faz além de andar em roda das velhas rotinas, sem nada criar de novo; as cidades não fazem quase nenhum esforço para tornar mais cômoda e mais saudável a situação de seus habitantes; mesmo os particulares não se dedicam a nenhum empreendimento considerável.

Cerca de trinta ou quarenta anos antes de a Revolução eclodir, o cenário começa a mudar; julgamos discernir então em todas as partes do corpo social uma espécie de estremecimento interior que ainda não se havia observado. Inicialmente apenas um exame muito atento pode detectá-lo; mas pouco a pouco se torna mais característico e mais distinto. Cada ano esse movimento amplia-se e acelera-se: por fim a nação inteira movimenta-se e parece renascer. Mas atenção! Não é sua antiga vida que se reanima; o espírito que move esse grande corpo é um espírito novo; reaviva-o por um momento tão somente para desagregá-lo.

Cada qual se inquieta e se agita em sua condição e se esforça para mudá-la: a busca do melhor é universal; mas é uma busca impaciente e tristonha, que faz maldizer o passado e imaginar um estado de coisas totalmente oposto ao que se tem ante os olhos.

Em breve esse espírito infiltra-se até o seio do próprio governo; transforma-o interiormente sem nada alterar no exterior: não mudam as leis, mas as praticam de modo diferente.

Afirmei em outra passagem que o inspetor-geral e o intendente de 1740 não se pareciam com o intendente e o inspetor-geral de 1780. A correspondência administrativa mostra com detalhes essa realidade. O intendente de 1780 tem no entanto os mesmos poderes, os mesmos agentes, o mesmo arbítrio que seu predecessor, mas não os mesmos objetivos: um praticamente só se ocupava de manter sua província na obediência, de ali recrutar a milícia e sobretudo de cobrar a talha; o outro tem preocupações muito diferentes: sua cabeça está repleta de mil projetos que visam a aumentar a riqueza pública. As estradas, os canais, as manufaturas, o comércio são os principais objetos de seu pensamento; a agricultura sobretudo atrai-lhe a atenção. Sully torna-se moda então entre os administradores.

É nessa época que eles começam a formar as sociedades de agricultura de que já falei; organizam concursos, distribuem prêmios. Há circulares do inspetor-geral que parecem menos comunicados oficiais do que tratados sobre a arte agrícola.

É principalmente na cobrança de todos os impostos que melhor se vê a mudança operada no espírito dos que governam. A legislação continua a ser tão desigual, tão arbitrária e tão dura quanto no passado, mas todos os vícios se moderam na execução.

"Quando comecei a estudar as leis fiscais", diz Mollien em suas *Mémoires*, *"fiquei assustado com o que encontrei: multas, aprisionamentos, castigos corporais postos à disposição de tribunais especiais para simples omissões; cobradores dos impostos régios mantendo quase todas as*

propriedades e as pessoas à mercê de seus juramentos etc. Felizmente, não me limitei à simples leitura desse código e logo tive de reconhecer que entre o texto e sua aplicação havia a mesma diferença que entre os hábitos dos antigos financistas e os dos novos. Os jurisconsultos tendiam sempre a atenuar os delitos e a moderar as penas."

"A quantos abusos e vexações a cobrança dos impostos pode dar margem!", diz a assembleia provincial da baixa Normandia em 1787. *"Entretanto devemos prestar justiça à brandura e aos cuidados de que se vem fazendo uso há alguns anos."*

O exame dos documentos justifica plenamente essa asserção. Neles o respeito à liberdade e à vida dos homens manifesta-se com frequência. Percebe-se sobretudo uma preocupação autêntica com os males dos pobres; até então teríamos procurado em vão por ela. As violências do fisco para com os miseráveis são raras; os adiamentos e reduções de impostos, mais frequentes; os auxílios, mais numerosos. O rei aumenta todos os fundos destinados a criar oficinas de caridade nos campos ou a socorrer os indigentes e frequentemente estabelece novos. Leio que mais de 80 mil libras foram distribuídas pelo Estado dessa maneira unicamente na *généralité* da alta Guyenne em 1779; 40 mil em 1784 na de Tours; 48 mil na da Normandia em 1787. Luís XVI não queria deixar unicamente com seus ministros essa parte do governo; às vezes assumia-a pessoalmente. Quando em 1776 um decreto do conselho veio determinar as indenizações que seriam devidas aos camponeses cujos campos a caça do rei devastava nas proximidades das capitanias e indicou meios simples e garantidos de recebê-las, o rei redigiu pessoalmente os considerandos. Turgot conta-nos que esse bom e infeliz príncipe entregou-os a ele, escritos de próprio punho, dizendo: *"Podeis ver que eu de minha parte também trabalho."* Quem descrevesse o Antigo Regime tal como era nos últimos anos de sua existência faria dele um retrato muito lisonjeiro e pouco fiel.

À medida que essas mudanças se operam no espírito de governados e governantes, a prosperidade pública desenvolve-se com uma rapidez até então sem exemplo. Todos os sinais a anunciam: a população aumenta, as riquezas crescem mais depressa ainda. A guerra da América não retarda esse avanço; o Estado endivida-se com ela, mas os particulares continuam a enriquecer; tornam-se mais industriosos, mais empreendedores, mais inventivos.

"*Desde 1774*", diz um administrador da época, "*os diversos gêneros de indústria, desenvolvendo-se, haviam aumentado a matéria de todas as taxas de consumo.*" De fato, quando se comparam os tratados feitos, nas diferentes épocas do reinado de Luís XVI, entre o Estado e as companhias financeiras encarregadas do recolhimento dos impostos, vê-se que o valor dos arrendamentos está sempre aumentando a cada renovação, com uma rapidez crescente. O contrato de arrendamento de 1786 dá 14 milhões a mais que o de 1780. "*Pode-se contar que o produto de todos os direitos de consumo aumenta 2 milhões por ano*", diz Necker no relatório de 1781.

Arthur Young afirma que em 1788 Bordeaux comerciava mais que Liverpool; e acrescenta: "*Nestes últimos tempos, os avanços do comércio marítimo foram mais rápidos na França que na própria Inglaterra; na França esse comércio duplicou nos últimos vinte anos.*"

Se atentarmos para a diferença das épocas, vamos convencer-nos de que em nenhuma das épocas que se seguiram à Revolução a prosperidade pública se desenvolveu mais rapidamente do que durante os vinte anos que a precederam. Os trinta e sete anos de monarquia constitucional, que foram para nós tempos de paz e de progressos rápidos, só se podem comparar, sob esse aspecto, ao reinado de Luís XVI.

A visão dessa prosperidade já tão grande e tão crescente pode causar surpresa, quando se pensa em todos os vícios que o governo ainda comportava e em todos os entraves com que a indústria ainda deparava; é até mesmo possível que muitos políticos neguem o fato porque não conseguem explicá-lo, julgando, como o médico de Molière, que um doente não poderia sarar contrariando as normas. De fato, como acreditar que a França pudesse prosperar e enriquecer com a desigualdade de encargos, a diversidade de costumes, as alfândegas internas, os direitos feudais, as jurandas, os ofícios etc.? Entretanto, a despeito de tudo isso ela começava a enriquecer e a desenvolver-se de todos os lados, porque fora de todas essas engrenagens mal construídas e mal ajustadas, que pareciam destinar-se mais a retardar a máquina social do que a impulsioná-la, escondiam-se duas molas muito simples e muito fortes, que já bastavam para manter tudo coeso e fazer tudo caminhar para o objetivo da prosperidade pública: um governo que permanecera muito poderoso deixando de ser despótico, que mantinha a ordem em toda parte; uma nação que, em suas classes superiores, já era a mais esclarecida e a mais livre do continente, e em cujo seio cada qual podia enriquecer à vontade e conservar sua fortuna depois de adquiri-la.

O rei continuava a falar como senhor, mas na realidade obedecia pessoalmente a uma opinião pública que o inspirava ou o arrastava todos os dias, que ele consultava, temia, adulava sem cessar; absoluto pela letra das leis, limitado por sua prática. Em 1784, Necker dizia em um documento público, como um fato inconteste: "*A maioria dos estrangeiros tem dificuldade em formar uma ideia da autoridade que a opinião pública exerce hoje na França: dificilmente compreendem o que é esse poder invisível que manda até no palácio real. Entretanto é assim.*"

Nada é mais superficial do que atribuir a grandeza e a força de um povo unicamente ao mecanismo de suas leis; pois nessa matéria é menos a perfeição do instrumento do que a força dos motores que faz o produto. Vede a Inglaterra: quanto ainda hoje suas leis administrativas parecem mais complicadas, mais diversas, mais irregulares que as nossas! Haverá entretanto na Europa um único país em que a fortuna pública seja maior, a propriedade particular seja mais ampla, mais garantida e mais variada, a sociedade mais sólida e mais rica? Isso não provém da excelência de tais leis em particular, mas do espírito que anima a legislação inglesa inteira. A imperfeição de alguns órgãos nada impede, porque a vida é poderosa.

À medida que se desenvolve na França a prosperidade que acabo de descrever, os espíritos parecem entretanto mais desconfortáveis e mais inquietos; o descontentamento público exaspera-se; o ódio contra todas as instituições antigas vai crescendo. A nação caminha visivelmente para uma revolução.

Mais ainda, as partes da França que seriam o principal foco dessa revolução são precisamente aquelas em que os avanços são mais evidentes. Quem estudar o que resta dos arquivos da antiga *généralité* de Ile-de-France comprovará facilmente que é nas regiões vizinhas de Paris que o Antigo Regime se havia reformado mais cedo e mais profundamente. Ali, a liberdade e os bens dos camponeses já estão mais garantidos que em qualquer outro *pays d'élection*. A corveia pessoal desapareceu muito antes de 1789. A cobrança da talha tornou-se mais regular, mais moderada, mais uniforme que no restante da França. É preciso ler o regulamento que a melhora, em 1772, para compreender o que podia então um intendente para o bem-estar ou para a miséria de toda uma província. Visto nesse regulamento, o imposto já tem um aspecto muito diferente. Comissários do governo visitam todos os anos cada paróquia; a comunidade reúne-se em sua presença; o valor dos bens é publicamente estabelecido, os recursos de cada um são definidos na presença das partes; por fim a talha é estabelecida com a participação de todos os que devem pagá-la. Já não há arbitrariedade do síndico, já não há violências inúteis. É certo que a talha conserva os vícios que lhe são inerentes, qualquer que seja o sistema de cobrança; recai apenas sobre uma classe de contribuintes e atinge tanto a indústria como a propriedade; mas em todo o restante difere profundamente do que ainda leva seu nome nas *généralités* vizinhas.

Inversamente, em parte alguma o Antigo Regime conservara-se melhor do que ao longo do Loire, perto de sua foz, nos pântanos de Poitou e nas charnecas da Bretagne. Foi precisamente aí que se acendeu e se avivou o fogo da guerra civil e que se resistiu mais violentamente e por mais tempo à Revolução; de tal forma que se diria que os franceses consideraram sua posição tanto mais intolerável quanto melhor ela se tornava.

Uma tal visão surpreende; a História está repleta de cenários como esse.

Nem sempre é indo de mal a pior que se acaba caindo em revolução. Acontece muito frequentemente que um povo que suportou sem reclamar, e como se não as sentisse, as leis mais opressivas repele-as violentamente assim que seu peso fica mais leve. O regime que uma revolução derruba quase sempre é melhor do que aquele que o precedeu imediatamente; e a experiência ensina que o momento mais perigoso para um mau governo geralmente é aquele em que começa a se reformar. Apenas um grande gênio poderia salvar um príncipe que decide aliviar seus súditos após uma longa opressão. O mal que sofriam pacientemente como inevitável parece insuportável assim que concebem a ideia de escapar-lhe. Tudo o que se elimina então dos abusos parece mostrar melhor o que deles resta e torna mais pungente sua sensação: o mal tornou-se menor, é verdade, porém a sensibilidade é mais viva. O feudalismo em toda sua força não havia inspirado aos franceses tanto ódio quanto no momento em que ia desaparecer. Os menores golpes da arbitrariedade de Luís XVI pareciam mais difíceis de suportar do que todo o despotismo de Luís XIV. O breve aprisionamento de Beaumarchais produziu mais comoção em Paris do que as Dragonadas.

Ninguém mais afirma, em 1780, que a França está em decadência; diriam, ao contrário, que nesse momento não há mais limites para seus avanços. É então que nasce a teoria da perfectibilidade contínua e indefinida do homem. Vinte anos antes, nada se esperava do futuro; agora nada se teme dele. A imaginação, apossando-se antecipadamente dessa bem-aventurança próxima e inaudita, insensibiliza para os bens que já se possui e impele para as coisas novas.

Independentemente dessas razões gerais do fenômeno, há outras mais particulares e não menos fortes. Embora tivesse se aperfeiçoado como todo o restante, a administração das finanças conservava os vícios que estão ligados especificamente ao governo absoluto. Como era secreta e sem garantia, seguia ainda algumas das piores práticas que estiveram em uso sob Luís XIV e Luís XV. O próprio esforço que o governo fazia para desenvolver a prosperidade pública, os auxílios e incentivos que distribuía, as obras públicas que mandava executar aumentavam dia a dia as despesas sem aumentar proporcionalmente as receitas; isso colocava a toda hora o rei em dificuldades ainda maiores que as de seus antecessores. Assim como eles, constantemente deixava em suspenso o pagamento a seus credores; como eles, tomava emprestado em toda parte, sem publicidade e sem concorrência, e seus credores nunca tinham certeza de receber os rendimentos; mesmo seus capitais sempre estavam à mercê unicamente da boa-fé do príncipe.

Uma testemunha digna de confiança, pois vira com os próprios olhos e estava mais apto que outros a ver bem, disse nessa ocasião: *"Nas relações com seu próprio governo os franceses tinham então apenas incertezas. Aplicavam seus capitais em empréstimos a ele? Nunca podiam contar com uma época fixa para o pagamento dos juros.*

Construíam seus navios, reparavam suas estradas, vestiam seus soldados? Permaneciam sem garantias para tais investimentos, sem data para o reembolso, reduzidos a calcular os resultados de um contrato com os ministros como os de um empréstimo de alto risco." E acrescenta com muito discernimento: "*Nessa época em que a indústria, tomando mais impulso, havia desenvolvido em um maior número de homens o amor à propriedade, o gosto e a necessidade da abastança, os que haviam confiado uma parte de sua propriedade ao Estado suportavam com menos resignação a violação da lei dos contratos por aquele que de todos os devedores era o que mais devia respeitá-la.*"

De fato, os abusos criticados aqui à administração francesa não eram novos; nova era a impressão que causavam. Os vícios do sistema financeiro chegaram mesmo a ser muito mais gritantes nos períodos anteriores; mas desde então haviam ocorrido no governo e na sociedade mudanças que os tornavam infinitamente mais sentidos que antes.

O governo, que nos últimos vinte anos se tornara mais ativo e se entregava a toda espécie de empreendimentos em que não pensara até então, conseguira tornar-se o maior consumidor dos produtos da indústria e o maior empreendedor de obras que houve no reino. Crescera prodigiosamente o número dos que tinham com ele relações financeiras, que estavam interessados em seus empréstimos, viviam de seus salários e especulavam em seus mercados. Nunca a fortuna do Estado e a fortuna particular estiveram tão entrelaçadas. A má gestão das finanças, que durante muito tempo fora apenas um mal público, tornou-se então, para uma multidão de famílias, uma calamidade privada. Em 1789 o Estado devia assim cerca de 600 milhões a seus credores, que por sua vez eram quase todos devedores e que, como disse um financista da época, associavam às suas queixas contra o governo todos os que a impontualidade deste associava a seus próprios descumprimentos. E observai que, à medida que os descontentes dessa espécie se tornavam mais numerosos, tornavam-se também mais irritados; pois o desejo de especular, a ânsia de enriquecer, o gosto pelo bem-estar, espalhando-se e crescendo com os negócios, faziam tais males parecerem intoleráveis àqueles mesmos que trinta anos antes talvez os tivessem suportado sem reclamar.

Disso resultou que os que auferiam rendas, os comerciantes, os industriais e outros homens de negócios ou de finanças, que habitualmente formam a classe mais inimiga das novidades políticas, a mais amiga do governo existente, qualquer que seja ele, e a mais submissa às mesmas leis que menospreza ou detesta, mostrou-se dessa vez a mais impaciente e a mais resoluta em matéria de reformas. Exigia em altos brados principalmente uma revolução completa em todo o sistema financeiro, sem pensar que revolver profundamente essa parte do governo faria cair todo o restante.

Como se poderia ter evitado uma catástrofe? De um lado, uma nação em cujo seio o desejo de fazer fortuna vai se espalhando dia a dia; do outro, um governo que continuamente excita essa paixão nova e conturba-a sem cessar, inflama-a e desespera-a, forçando assim dos dois lados rumo à sua própria ruína.

CAPÍTULO 5

Como, tentando ajudar o povo, amotinaram-no

Visto que em cento e quarenta anos o povo não aparecera um só instante na cena dos assuntos públicos, haviam deixado totalmente de acreditar que algum dia pudesse mostrar-se nela; vendo-o tão impassível, julgavam-no surdo; de forma que, quando começaram a interessar-se por sua sorte, puseram-se a falar dele em sua presença como se não estivesse ali. Era como se devessem ser ouvidos apenas pelos que estavam colocados acima dele e que o único perigo a temer fosse não os compreenderem bem.

As pessoas que mais deviam temer-lhe a cólera conversavam em voz alta na sua presença sobre as injustiças cruéis de que sempre fora vítima; mostravam uns aos outros os vícios monstruosos existentes nas instituições que lhe eram mais pesadas; empregavam a retórica para descrever suas misérias e seu trabalho mal recompensado; enchiam-no de furor ao esforçarem-se assim para ajudá-lo. Não estou me referindo aos escritores e sim ao governo, a seus principais agentes, aos próprios privilegiados.

Quando o rei, treze anos antes da Revolução, tenta abolir a corveia, diz em seu preâmbulo: *"Com exceção de um pequeno número de províncias (os* pays d'états*), quase todas as estradas do reino foram feitas gratuitamente pela parte mais pobre de nossos súditos. Portanto todo seu peso recaiu sobre aqueles que contam apenas com os pró-*

prios braços e só muito secundariamente estão interessados nas estradas; os verdadeiros interessados são os proprietários, quase todos privilegiados, cujos bens aumentam de valor com a criação de estradas. Forçando o pobre a repará-las sozinho, obrigando-o a dar seu tempo e seu trabalho sem salário, tira-se o único recurso que ele tem contra a miséria e a fome, a fim de fazê-lo trabalhar em proveito dos ricos."

Quando se decide, na mesma época, eliminar os entraves que o sistema de corporações industriais impunha aos operários, proclama-se em nome do rei *"que o direito de trabalhar é a mais sagrada de todas as propriedades; que toda lei que o prejudique viola o direito natural e deve ser considerada naturalmente nula; que as corporações existentes são, ademais, instituições bizarras e tirânicas, frutos do egoísmo, da cupidez e da violência"*. Palavras como essas eram perigosas. Mais perigoso ainda era pronunciá-las em vão. Alguns meses mais tarde restabeleciam-se as corporações e a corveia.

Diz-se que Turgot era quem colocava tal linguagem na boca do rei. A maioria de seus sucessores não o faz falar de outro modo. Quando em 1780 o rei anuncia a seus súditos que dali em diante os aumentos da talha estarão sujeitos à publicidade do registro, tem o cuidado de acrescentar à guisa de comentário: *"Os tributáveis, já atormentados pelas vexações da cobrança das talhas, estavam também expostos, até hoje, a aumentos inesperados, de tal modo que o tributo da parte mais pobre de nossos súditos aumentou numa proporção bem superior à de todos os outros."* Quando, não ousando ainda tornar iguais todos os encargos, o rei decide pelo menos estabelecer a igualdade de cobrança dos que já são comuns, diz: *"Sua Majestade espera que as pessoas ricas não se considerem lesadas quando, reconduzidas ao nível geral, não farão mais que saldar o encargo que há muito tempo deveriam estar compartilhando mais igualitariamente."*

Mas é sobretudo nos períodos de escassez que se parece ter a intenção de inflamar as paixões do povo mais do que atender às suas necessidades. Um intendente, para estimular a caridade dos ricos, fala então *"da injustiça e insensibilidade desses proprietários que devem aos trabalhos do pobre tudo o que possuem e que o deixam morrer de fome no momento em que ele se extenua para valorizar-lhes os bens."* O rei, por sua vez, diz em uma ocasião análoga: *"Sua Majestade quer defender o povo contra as manobras que o expõem à falta do alimento de primeira necessidade e forçam-no a trabalhar por qualquer salário que apraza aos ricos dar-lhe. O rei não admitirá que uma parte dos homens fique entregue à avidez da outra."*

Até o final da monarquia, a luta que existia entre os diferentes poderes administrativos dava lugar às mais variadas manifestações dessa espécie: os dois contendores costumavam culpar-se mutuamente pelas misérias do povo. Isso fica evidente sobretudo na contenda que surgiu em 1772 entre o parlamento de Toulouse e o rei, a propósito da circulação dos cereais. *"O governo, com suas medidas errôneas, arrisca-se a fazer o pobre morrer de fome"*, diz esse parlamento. *"A ambição do parlamento e a avidez dos ricos causam a aflição pública"*, replica o rei. Os dois lados trabalham assim para introduzir no espírito do povo a ideia de que é sempre aos superiores que ele deve culpar por seus males.

Essas coisas não se encontram em correspondências confidenciais e sim em documentos públicos que o governo e o parlamento têm eles mesmos o cuidado de mandar imprimir e publicar aos milhares. De passagem, o rei diz sobre seus predecessores e sobre si mesmo verdades muito duras. *"O tesouro do Estado, outrora, foi onerado pelas prodigalidades de vários reinados. Muitos de nossos domínios inalienáveis foram cedidos a preço vil."* *"As corporações industriais são produto sobretudo da avidez fiscal dos reis"*, fazem-no dizer em outra ocasião, com mais razão do que prudência. "*Se frequentemente aconteceu fazerem-se despesas inúteis e se a talha aumentou desmedidamente*", observa ele mais adiante, "*isso se deu porque a administração das finanças, considerando o aumento da talha como o recurso mais fácil, devido à falta de publicidade, servia-se dele, embora vários outros fossem menos onerosos para nossos súditos.*"

Tudo isso era dirigido à parte esclarecida da nação, para convencê-la da utilidade de certas medidas que interesses particulares reprovavam. Quanto ao povo, estava implícito que ouvia sem compreender.

É preciso reconhecer que mesmo nessa benevolência restava um grande fundo de menosprezo pelos miseráveis cujos males se desejava tão sinceramente aliviar; isso lembra um pouco o sentimento de madame Duchâtelet, que, como nos conta o secretário de Voltaire, não hesitava em trocar de roupa diante de seus criados, pois não considerava comprovado que valetes fossem homens.

E não se deve acreditar que apenas Luís XVI ou seus ministros usassem a linguagem perigosa que acabo de reproduzir; esses privilegiados que são o objeto mais próximo da cólera do povo não se expressam diante dele de outra maneira. Deve-se reconhecer que na França as classes superiores da sociedade começaram a preocupar-se com a sorte do povo antes de começarem a temê-lo; interessaram-se por ele num período em que ainda não acreditavam que seus males pudessem causar-lhes a ruína. Isso se torna evidente sobretudo durante os dez anos que precedem 1789: então frequentemente se compadecem dos camponeses e falam deles a todo momento; indagam por quais procedimentos poderiam ajudá-los; ressaltam os principais abusos de que padecem e criticam as leis fiscais que os prejudicam particularmente; mas em geral são tão imprevidentes na expressão dessa simpatia nova quanto o foram durante muito tempo na insensibilidade.

Lede as atas das assembleias provinciais que se reuniram em algumas partes da França em 1779 e mais tarde em todo o reino, estudai os outros documentos públicos que nos restam delas: ficareis comovidos com os bons sentimentos que expressam e surpresos com a singular imprudência da linguagem que utilizam.

"*Temos visto com demasiada frequência*", diz a assembleia provincial da baixa Normandia em 1787, *o dinheiro que o rei destina para as estradas servir apenas à comodidade do rico sem ser útil ao povo. Frequentemente o têm empregado para tornar mais agradável o acesso a um castelo, em vez de utilizá-lo para facilitar a entrada em um burgo ou em uma aldeia.*" Nessa mesma assembleia, as ordens da nobreza e do clero, depois de descreverem os vícios da corveia, espontaneamente se propõem a destinar, sozinhas, 50 mil libras para o melhoramento dos caminhos, a fim, dizem, de que as estradas da província se tornem praticáveis sem que isso custe mais nada para o povo. Talvez tivesse sido menos oneroso para esses privilegiados substituir a corveia por uma taxa geral e pagar a parcela que lhes correspondesse; mas, cedendo de bom grado o benefício da desigualdade do imposto, comprazíam-se em conservar-lhe a aparência. Abandonando a parte útil de seu direito, retinham cuidadosamente sua parte odiosa.

Outras assembleias, compostas inteiramente de proprietários isentos da talha e que pretendiam continuar a sê-lo, também descreviam com as cores mais negras os males que essa talha infligia aos pobres. Compunham de todos esses abusos um quadro apavorante e empenhavam-se em multiplicar infinitamente as cópias dele. E, o que é muito particular, a esses testemunhos evidentes do interesse que o povo lhes inspirava juntavam ocasionalmente expressões públicas de menosprezo. Ele já se tornara objeto de sua simpatia sem deixar ainda de ser objeto de seu desdém.

A assembleia provincial da alta Guyenne, falando desses camponeses cuja causa defende calorosamente, chama-os de "*seres ignorantes e grosseiros, seres turbulentos e caracteres rudes e indóceis*". Turgot, que tanto fez pelo povo, praticamente não fala de outro modo.

Essas duras expressões encontram-se em autos destinados à maior publicidade e feitos para serem vistos pelos próprios camponeses. Parecia que se vivesse naquelas regiões da Europa, tais como a Galícia, em que as classes altas, falando uma linguagem diferente da linguagem das classes inferiores, não podem ser entendidas por elas. Os feudistas do século XVIII, que frequentemente mostram, com relação aos censitários e outros devedores de direitos feudais, um espírito de brandura, moderação e justiça pouco conhecido de seus antecessores, em certos lugares ainda falam *dos vis camponeses*. Parece que essas injúrias eram de estilo, como dizem os tabeliães.

À medida que 1789 se aproxima, essa simpatia pelas misérias do povo vai se tornando mais viva e mais imprudente. Tive nas mãos circulares que várias assembleias provinciais, nos primeiros dias de 1788, dirigiam aos habitantes das diversas paróquias, a fim de saber deles mesmos, com detalhes, todos os motivos de queixa que podiam ter para apresentar.

Uma dessas circulares é assinada por um abade, um grande senhor, três fidalgos e um burguês, todos membros da assembleia e agindo em nome dela. Essa comissão ordena ao síndico de cada paróquia que reúna todos os camponeses e lhes pergunte o que têm a dizer contra a maneira como são estabelecidos e cobrados os diversos impostos que pagam. "*Sabemos de um modo geral*", diz ela, "*que a maioria dos impostos, especialmente a gabela e a talha, tem consequências desastrosas para o agricultor, porém ademais fazemos questão de conhecer particularmente cada abuso.*" A curiosidade da assembleia provincial não se detém aí; ela quer saber o número de pessoas que gozam de qualquer privilégio de impostos na paróquia, sejam nobres, clérigos ou plebeus, e quais são precisamente esses privilégios; qual é o valor das propriedades desses isentos; se eles residem ou não em suas terras; se ali existem muitos bens eclesiásticos ou, como se dizia então, fundos de mão-morta, que sejam bens fora do comércio, e seu valor. Tudo isso ainda não basta para satisfazê-la: é preciso dizer em quanto se pode avaliar a parcela de impostos, talha, acessórios, capitação, corveia com que os privilegiados deveriam arcar, se existisse igualdade fiscal.

Isso era inflamar cada homem individualmente com o relato de suas misérias, apontar-lhe com o dedo os responsáveis, torná-lo audaz ao ver que eram minoria e penetrar até o fundo de seu coração para ali acender a cupidez, a inveja e o ódio. Parecia que tivessem esquecido inteiramente a Jaqueria, os *Maillotins*[2], os Dezesseis[3], e ignorassem que os franceses, que são o povo mais manso e mesmo o mais benevolente do mundo, enquanto permanecer tranquilo em seu estado natural, torna-se o mais bárbaro quando violentas paixões o arrancam dele.

Infelizmente não consegui obter todos os relatórios que foram enviados pelos camponeses em resposta a essas perguntas mortíferas; mas encontrei alguns, o bastante para conhecer o espírito geral que os ditou.

Nesses libelos, o nome de cada privilegiado nobre ou burguês é cuidadosamente indicado; sua maneira de viver é ocasionalmente descrita e sempre criticada. Pormenorizam criteriosamente o valor de seus bens; alongam-se sobre o número e a natureza de seus privilégios, e princi-

---

2. Nome dado aos parisienses que em 1382, no reinado de Carlos VI, se insurgiram contra a opressão fiscal, lutando armados com malhos de guerra (*maillotins*) tirados do Arsenal. (N. da T.)

3. Comitê composto de 16 membros da Liga (confederação dos católicos) em Paris, representando os 16 bairros da cidade. Em 12 de maio de 1588 esse comitê organizou o Dia das Barricadas, mobilizando a população em apoio ao duque de Guise, que, desafiando a proibição régia, retornava a Paris. (N. da T.)

palmente sobre o mal que estes causam a todos os outros habitantes da aldeia. Enumeram os alqueires de trigo que é preciso dar-lhe em prestação; calculam seus rendimentos com inveja – rendimentos de que ninguém tira proveito, dizem. O pé de altar do pároco, *seu salário*, como já o chamam, é excessivo; observam com amargura que na Igreja tudo é pago e que o pobre não conseguiria sequer ser enterrado gratuitamente. Quanto aos impostos, são todos mal estabelecidos e opressivos; não há um único que tenha sua indulgência e falam de todos numa linguagem exaltada em que transparece o furor.

"*Os impostos indiretos são odiosos*", dizem eles; "*não há casa que o cobrador dos contratadores não venha remexer; nada é sagrado para seus olhos nem para suas mãos. Os direitos de registro são esmagadores. O recebedor das talhas é um tirano cuja cupidez se serve de todos os meios para vexar a gente pobre. Os oficiais de justiça não valem mais que ele: nenhum agricultor honesto está a salvo de sua ferocidade. Os coletores são obrigados a arruinar seus vizinhos para não se exporem eles mesmos à voracidade desses déspotas.*"

Nessa enquete a Revolução não anuncia apenas que se aproxima: está presente, já fala sua linguagem própria e mostra plenamente a face.

De todas as diferenças que se observam entre a revolução religiosa do século XVI e a Revolução Francesa, há uma que impressiona: no século XVI a maioria dos grandes atirou-se à mudança de religião por calculismo de ambição ou por cupidez; o povo, ao contrário, abraçou-a por convicção e sem nenhuma expectativa de proveito. No século XVIII não ocorre o mesmo; foram crenças desinteressadas e simpatias generosas que então moveram as classes esclarecidas e as colocaram em revolução, ao passo que a amargura das queixas e a ânsia de mudar de posição agitavam o povo. O entusiasmo dos primeiros terminou de acender e armar as cóleras e as cobiças do segundo.

CAPÍTULO 6

De algumas práticas por meio das quais o governo completou a educação revolucionária do povo

Já havia muito tempo que o próprio governo se empenhava em introduzir e fixar no espírito do povo várias das ideias que a partir de então foram chamadas de revolucionárias – ideias hostis ao indivíduo, contrárias aos direitos particulares e amigas da violência.

O rei foi o primeiro a mostrar com que menosprezo era possível tratar as instituições mais antigas e aparentemente mais bem estabelecidas. Luís XV abalou a monarquia e apressou a Revolução tanto por suas inovações como por seus vícios, tanto por sua energia como por sua frouxidão. Quando o povo viu cair e desaparecer aquele parlamento quase contemporâneo da realeza e que até ali parecera tão inabalável quanto ela, compreendeu vagamente que se aproximavam aqueles tempos de violência e de risco em que tudo se torna possível, em que não há coisas tão antigas que sejam respeitáveis nem tão novas que não possam ser experimentadas.

Em todo o decurso de seu reinado, Luís XVI não fez senão falar de reformas a serem feitas. Há poucas instituições cujo desmoronamento próximo ele não tenha feito prever, antes que a Revolução viesse efetivamente deitar por terra todas elas. Tirou da legislação várias das piores e logo em seguida restabeleceu-as; era como se quisesse apenas desenraizá-las, deixando para outros o trabalho de abatê-las.

Entre as reformas que havia feito pessoalmente, algumas mudaram, bruscamente e sem preparativos suficientes, hábitos antigos e respeitados e por vezes violentaram direitos adquiridos. Assim elas prepararam a Revolução bem menos derrubando o que a atrapalhava do que mostrando ao povo como podia proceder para fazê-la. O que aumentou o mal foi precisamente a intenção pura e desinteressada que impulsionava o rei e seus ministros; pois não há exemplo mais perigoso que o da violência exercida para o bem e por pessoas de bem.

Muito tempo antes, Luís XIV ensinara publicamente em seus éditos a teoria de que originariamente todas as terras do reino haviam sido concedidas condicionalmente pelo Estado, que se tornava assim o único proprietário verdadeiro, enquanto todos os outros não passavam de posseiros com título contestável e direito imperfeito. Essa doutrina tivera origem na legislação feudal, mas só foi professada na França na época em que o feudalismo estava morrendo, e os tribunais nunca a admitiram. É a ideia-mãe do socialismo moderno. É curioso vê-la criar raízes primeiramente no despotismo régio.

Ao longo dos reinados que se seguiram ao desse príncipe, a administração ensinou diariamente ao povo, de modo mais prático e mais acessível, o menosprezo que convinha ter pela propriedade privada. Quando, na segunda metade do século XVIII, o gosto pelas obras públicas e especialmente pelas estradas começou a difundir-se, o governo não hesitou em apossar-se de todas as terras de que precisava para seus empreendimentos e em derrubar as casas que o atrapalhavam. O departamento de obras públicas ficou tão apaixonado pelas belezas geométricas da linha reta quanto se mostrou desde então; evitava com grande cuidado seguir os caminhos existentes, se acaso lhe parecessem um pouco sinuosos, e, ao invés de fazer um pequeno desvio, cortava através de mil propriedades. Os bens assim devastados ou destruídos eram sempre arbitrária e tardiamente pagos, e muitas vezes não o eram em absoluto.

Quando a assembleia provincial da baixa Normandia tomou das mãos do intendente a administração, constatou que, em matéria viária, o preço de todas as terras desapropriadas arbitrariamente nos últimos vinte anos ainda não fora pago. A dívida assim contraída e ainda não saldada pelo Estado naquele pedacinho da França elevava--se a 250 mil libras. O número de grandes proprietários afetados era restrito; mas o número de pequenos proprietários lesados era grande, pois a terra já estava dividida. Cada um deles aprendera por experiência própria o pouco respeito que o direito do indivíduo merece quando o interesse público requer sua violação – doutrina que cuidou de não esquecer quando se tratou de aplicá-la a outros em proveito próprio.

Haviam existido outrora, em um grande número de paróquias, fundações de caridade que, na intenção de seus criadores, tinham como objetivo socorrer os habitantes em certos casos e de uma certa maneira que o testamento indicava. Nos últimos tempos da monarquia a maioria dessas fundações foi abolida ou desviada de seu propósito primitivo por simples decretos do conselho, ou seja, puramente por arbítrio do governo. Geralmente esses fundos concedidos às aldeias foram confiscados em proveito de hospitais e asilos vizinhos. Por sua vez, mais ou menos na mesma época a propriedade desses hospitais e asilos foi alterada com desígnios que o fundador não tivera e que sem dúvida não teria adotado. Um édito de 1780 autorizou todos esses estabelecimentos a vender os bens que lhes haviam sido deixados em qualquer momento, com a condição de terem seu usufruto perpétuo, e permitiu que repassassem o valor recebido para o Estado, que lhes pagaria os rendimentos correspondentes. Dizia-se que isso era fazer da caridade dos antepassados um uso melhor do que eles mesmos haviam feito. Esquecia-se que o melhor meio de ensinar os homens a violar os direitos individuais dos vivos é não dar a menor importância à vontade dos mortos. O menosprezo que a administração do Antigo Regime lhes atestava não foi superado por nenhum dos poderes que a sucederam. Acima de tudo ela nunca demonstrou um mínimo desse escrúpulo um tanto meticuloso que leva os ingleses a emprestar a cada cidadão toda a força do corpo social para ajudá-lo a manter o efeito de suas derradeiras disposições e que os faz testemunhar mais respeito ainda à sua memória do que a ele mesmo.

As requisições, a venda obrigatória de víveres, a limitação do preço máximo são medidas governamentais que tiveram precedentes sob o Antigo Regime. Vi, em períodos de escassez, administradores fixarem previamente o preço dos gêneros que os camponeses iam colocar à venda, e quando estes, para não se submeterem, não se apresentavam no mercado, emitirem ordens para obrigá-los sob pena de multa.

Porém não houve ensinamento mais pernicioso do que certas formas que a justiça criminal seguia quando se tratava do povo. O pobre já estava muito mais protegido do que se imagina contra os ataques de um cidadão mais rico ou mais poderoso que ele; porém, se tivesse pela frente o Estado, encontrava apenas, como mencionei em outra passagem, tribunais de exceção, juízes tendenciosos, um processo rápido ou enganoso, uma sentença executória provisória e sem apelação. *"Encarrega o preboste da força policial e seu tenente de conhecerem das comoções e manifestações que possam ocorrer a propósito dos grãos; ordena que por eles o processo seja levado a termo, julgado sem apelação e em última instância; Sua Majestade proíbe a todas as cortes de justiça tomarem ciência dele."* Esse decreto do conselho constitui jurisprudência durante todo o século XVIII. Vê-se pelos autos policiais que, nessas circunstâncias, cercavam de noite as aldeias suspeitas, entravam nas casas antes do amanhecer e prendiam os camponeses que eram designados, sem apresentação de mandado. O homem assim detido frequentemente permanecia muito tempo preso antes de poder falar com seu juiz; entretanto os éditos ordenavam que todo acusado fosse interrogado dentro de vinte e quatro horas. Essa determinação não era menos formal nem mais respeitada que em nossos dias.

Era assim que um governo moderado e estável ensinava diariamente ao povo o código de instrução criminal mais apropriado para os tempos de revolução e mais cômodo para a tirania. Sua escola estava sempre aberta. O Antigo Regime deu até o fim às classes baixas essa educação perigosa. Não houve quem, nesse ponto, não imitasse fielmente seus predecessores; até mesmo Turgot. Quando em 1775 sua nova legislação sobre os cereais gerou resistências no parlamento e motins nos campos, ele obteve do rei uma ordenação que, tirando a competência dos tribunais, entregou os amotinados à jurisdição prebostal, *"que se destina principalmente a reprimir as comoções populares, quando é útil que exemplos sejam dados com celeridade"*. Mais ainda, todos os camponeses que se afastavam de suas paróquias sem estar munidos de uma declaração assinada pelo pároco e pelo síndico deviam ser perseguidos, detidos e julgados prebostemente – sem apelação – por vadiagem.

É verdade que, nessa monarquia do século XVIII, se as formas eram assustadoras, a pena quase sempre era moderada. Preferiam causar medo a causar mal; ou antes, eram arbitrários e violentos por hábito e por indiferença, e brandos por temperamento. Mas isso só ia consolidando o gosto por essa justiça sumária. Quanto mais leve era a pena, mais facilmente esqueciam a forma como era pronunciada. A brandura da sentença ocultava o horror dos trâmites.

LIVRO III

Ousarei dizer, porque tenho em mãos os fatos, que um grande número de procedimentos empregados pelo governo revolucionário teve precedentes e exemplos nas medidas adotadas para com o povo humilde durante os últimos dois séculos da monarquia. O Antigo Regime forneceu à Revolução várias de suas formas; ela lhes acrescentou apenas a atrocidade de seu gênio.

CAPÍTULO 7

Como uma grande revolução administrativa precedera a revolução política e das consequências que isso teve

Ainda nada havia mudado na forma do governo e já se abolira ou modificara a maioria das leis secundárias que regulamentam a condição das pessoas e a administração dos assuntos.

A supressão das jurandas e seu restabelecimento parcial e incompleto haviam alterado profundamente todas as antigas relações entre o obreiro e o mestre. Essas relações tornaram-se não apenas diferentes mas incertas e forçadas. A polícia dominial estava em ruínas; a tutela do Estado ainda era pouco estável e o artesão, posto em uma situação desconfortável e indecisa, entre o governo e o patrão, não sabia bem qual dos dois podia protegê-lo ou devia contê-lo. Essa situação de mal-estar e anarquia em que fora colocada de uma só vez toda a classe baixa das cidades teve grandes consequências tão logo o povo começou a reaparecer no cenário político.

Um ano antes da Revolução, um édito do rei havia subvertido em todas suas partes a ordem da justiça; criaram-se várias jurisdições novas, aboliu-se uma infinidade de outras, modificaram-se todas as regras da competência. Ora, na França, como já mencionei anteriormente, era imenso o número dos que se ocupavam seja em julgar, seja em executar as sentenças dos juízes. Na verdade, toda a burguesia estava ligada de perto ou de longe aos tribunais. Portanto o efeito da lei foi conturbar inesperadamente milhares de famílias em sua situação e em seus bens, e dar-lhes uma base nova e precária. O édito não incomodara menos os litigantes, que no meio dessa revolução judiciária tinham dificuldade em encontrar a lei que lhes era aplicável e o tribunal que devia julgá-los.

Mas foi sobretudo a reforma radical que a administração propriamente dita teve de sofrer em 1787 que, depois de levar a desordem aos assuntos públicos, veio perturbar cada cidadão até mesmo em sua vida privada.

Já mencionei que, nos *pays d'élection*, ou seja, em cerca de três quartos da França, toda a administração da *généralité* estava entregue a um único homem, o intendente, que agia não apenas sem fiscalização como sem conselho.

Em 1787, foi instalada ao lado desse intendente uma assembleia provincial que se tornou o verdadeiro administrador da região. Em cada aldeia, um corpo municipal eleito assumiu igualmente o lugar das antigas assembleias paroquiais e, na maioria dos casos, do síndico.

Uma legislação tão oposta à que a precedera, e que mudava tão completamente não apenas a ordem dos assuntos públicos mas a posição relativa dos homens, teve de ser aplicada em toda parte ao mesmo tempo e em toda parte aproximadamente do mesmo modo, sem a menor consideração pelos usos anteriores nem pela situação particular das províncias – tanto o gênio unitário da Revolução já possuía esse velho governo que a Revolução ia deitar por terra.

Então ficou evidente a participação que o hábito assume no jogo das instituições políticas e como os homens resolvem seus problemas mais facilmente com leis obscuras e complicadas, mas das quais têm uma longa experiência, do que com uma legislação mais simples que lhes é nova.

Havia na França sob o Antigo Regime toda espécie de poderes, que variavam infinitamente de uma província para outra e nenhum dos quais tinha limites fixos e bem conhecidos, de tal forma que o campo de ação de cada um era sempre comum a vários outros. Entretanto acabara por estabelecer-se uma ordem regular e bastante fácil nas atividades; ao passo que os novos poderes, que eram em menor número, cuidadosamente limitados e semelhantes entre si, chocaram-se e encavalaram-se prontamente em meio à maior confusão, e muitas vezes reduziram-se mutuamente à impotência.

Além disso, a lei nova continha um grande vício que por si só teria bastado, sobretudo no início, para dificultar sua execução: todos os poderes que criava eram coletivos.

Sob a antiga monarquia, sempre houve apenas dois modos de administrar. Nos locais onde a administração estava confiada a um único homem, este agia sem o concurso de nenhuma assembleia. Onde existiam assembleias, como nos *pays d'états* ou nas cidades, o poder executivo não estava confiado a ninguém em particular; a assembleia não apenas governava e fiscalizava a administração como administrava por si mesma ou por meio de comissões temporárias que nomeava.

Como apenas essas duas maneiras de agir eram conhecidas, assim que se abandonou uma adotou-se a outra. É bastante estranho que, em uma sociedade tão esclarecida e em que a administração pública desempenhava já há muito tempo um papel tão grande, nunca se tenha pensado em reunir os dois sistemas e em distinguir, sem desagregá-los, o poder que deve executar e o poder que deve fiscalizar e prescrever. Essa ideia que parece tão simples não surgiu; só foi achada neste século. É, por assim dizer, a única grande descoberta propriamente nossa em matéria de administração pública. Veremos a consequência que teve a prática contrária quando, transportando para a política os hábitos administrativos e obedecendo à tradição do Antigo Regime mas sempre detestando-o, aplicou-se na Convenção Nacional o sistema que os estados provinciais e as pequenas municipalidades das cidades haviam seguido, e como daquilo que até então fora apenas um motivo de confusão nos assuntos nasceu subitamente o Terror.

As assembleias provinciais de 1787 receberam portanto o direito de elas mesmas administrarem, na maioria das circunstâncias em que até então o intendente fora o único a agir; foram encarregadas, sob a autoridade do governo central, de definir a base da talha e supervisionar seu recolhimento, de decidir quais as obras públicas a ser empreendidas e de mandar executá-las. Tiveram sob suas ordens imediatas todos os agentes das obras públicas, desde o inspetor até o capataz. Tiveram de prescrever-lhes o que julgavam conveniente, prestar contas do serviço desses agentes ao ministro e sugerir-lhe as gratificações que mereciam. A tutela das comunas foi quase totalmente entregue a essas assembleias; tiveram de julgar em primeira instância a maior parte dos litígios, que até então eram levados ao intendente etc. – funções das quais várias não se adequavam a um poder coletivo e irresponsável e que ademais seriam exercidas por pessoas que administravam pela primeira vez.

O que terminou de confundir tudo foi que, apesar de reduzir assim o intendente à impotência, deixaram-no subsistir. Depois de tirar-lhe o direito absoluto de tudo fazer, impuseram-lhe o dever de auxiliar a assembleia e de fiscalizar o que ela fizesse, como se um funcionário destituído pudesse jamais entrar no espírito da legislação que o afasta e facilitar sua prática!

O que fizeram com o intendente foi feito com seu subdelegado. Ao lado dele e no lugar que ocupara até então, colocaram uma assembleia distrital que devia atuar sob a direção da assembleia provincial e seguindo princípios análogos.

Tudo o que se sabe sobre os atos das assembleias provinciais criadas em 1787, e suas próprias atas, mostram que imediatamente depois de nascerem elas entraram em guerra velada e frequentemente aberta com os intendentes, pois estes empregavam unicamente em entravar os movimentos de seus sucessores a experiência superior que haviam adquirido. Aqui, uma assembleia queixa-se de que só com muito esforço consegue arrancar das mãos do intendente os documentos que lhe são mais necessários. Ali, é o intendente que acusa os membros da assembleia de querer usurpar atribuições que, segundo ele, os éditos lhe deixaram; apela para o ministro, que muitas vezes nada responde ou fica em dúvida, pois a matéria lhe é tão nova e obscura quanto para todos os outros. Às vezes a assembleia delibera que o intendente não administrou bem, que as estradas que mandou construir estão mal traçadas ou mal conservadas, que deixou comunidades de que era o tutor se arruinarem. Com frequência essas assembleias hesitam em meio às obscuridades de uma legislação tão pouco conhecida; consultam-se mutuamente de longe e continuamente enviam e recebem pareceres. O intendente de Auch afirma que pode se opor à vontade da assembleia provincial, que autorizara uma comuna a lançar um imposto; a assembleia alega que nessa matéria o intendente agora só tem pareceres e não ordens a dar, e pergunta à assembleia provincial de Ile-de-France o que pensa do assunto.

Em meio a essas recriminações e consultas o andamento da administração frequentemente se retarda e às vezes se detém: a vida pública fica então como que suspensa. *"A estagnação das atividades é total"*, diz a assembleia provincial de Lorraine, fazendo eco a várias outras; *"todos os bons cidadãos afligem-se com isso."*

Outras vezes, é por excesso de atividade e de confiança em si mesmas que essas novas administrações pecam; estão totalmente tomadas por um zelo inquieto e perturbador que as leva a querer mudar de imediato os antigos métodos e corrigir às pressas os mais velhos abusos. Com o pretexto de que doravante cabe a elas exercer a tutela das cidades, dispõem-se a gerir diretamente os assuntos comunais; em resumo, terminam por confundir tudo ao tentar melhorar tudo.

Se considerarmos agora o lugar imenso que a administração pública vinha ocupando já há muito tempo na França, a infinidade de interesses com que se envolvia diariamente, tudo o que dependia dela ou necessitava de sua participação; se pensarmos que os particulares já contavam com ela mais do que consigo mesmos para levar a cabo seus negócios pessoais, desenvolver sua indústria, assegurar a subsistência própria, abrir e conservar as estradas, preservar sua tranquilidade e garantir seu bem-estar, teremos uma ideia do número infinito de indivíduos que se viram pessoalmente afetados pelo mal de que ela sofria.

Mas foi sobretudo nas aldeias que os vícios da nova organização se fizeram sentir. Nesses locais ela não conturbou apenas a ordem dos poderes: mudou bruscamente a posição relativa dos homens e colocou frente a frente e em conflito todas as classes.

Quando Turgot, em 1775, propôs ao rei reformar a administração dos campos, o maior obstáculo que encontrou – é ele mesmo que nos informa – proveio da desigualdade de atribuição dos impostos; pois, como fazer agir em comum e deliberar juntas sobre os assuntos da paróquia, dos quais os principais são a determinação, o recolhimento e o emprego dos tributos, pessoas que não estão todas obrigadas a pagá-los da mesma maneira e algumas estão totalmente dispensadas de arcar com eles? Cada paróquia tinha fidalgos e clérigos que não pagavam a talha, camponeses que estavam parcial ou totalmente isentos e outros que a pagavam integralmente. Era como três paróquias distintas, cada uma das quais requeresse uma administração à parte. A dificuldade era insolúvel.

De fato, em lugar algum a distinção de impostos era mais visível que nos campos; em parte alguma a população estava mais dividida em grupos diferentes e muitas vezes inimigos uns dos outros. Para conseguir dar às aldeias uma administração coletiva e um pequeno governo livre, teria sido preciso primeiro sujeitar todo mundo aos mesmos impostos e diminuir a distância que separava as classes.

Não foi assim que se procedeu quando por fim se empreendeu essa reforma, em 1787. No interior da paróquia, manteve-se a antiga separação das ordens e a desigualdade em matéria de impostos, que era sua marca principal, e mesmo assim entregou-se toda a administração a corpos eletivos. Isso levou imediatamente às mais singulares consequências.

Tratava-se da assembleia eleitoral que devia escolher os oficiais municipais? Então o pároco e o senhor não podiam comparecer, pois, como era dito, pertenciam às ordens da nobreza e do clero; ora, nesse momento era o terceiro estado que tinha de eleger seus representantes.

Uma vez eleito o conselho municipal, o pároco e o senhor eram, ao contrário, membros de direito; pois não pareceria correto tornar totalmente alheios ao governo da paróquia dois habitantes tão notáveis. O senhor até mesmo presidia esses conselheiros municipais que não ajudara a eleger, mas não era preciso que se ingerisse na maioria de seus atos. Quando se procedia à definição e distribuição da talha, por exemplo, o cura e o senhor não podiam votar. Não estavam ambos isentos desse imposto? Por sua vez, o conselho municipal nada tinha a ver com a capitação deles, que continuava a ser regulamentada pelo intendente, de acordo com formas particulares.

Temendo que esse presidente, assim isolado do corpo que supostamente dirigia, nele ainda exercesse indiretamente uma influência contrária ao interesse da ordem de que não fazia parte, requereu-se que os votos de seus rendeiros não contassem; e as assembleias provinciais, consultadas sobre esse ponto, acharam tal exigência muito justa e totalmente conforme com os princípios. Os outros fidalgos que moravam na paróquia não podiam entrar nesse mesmo corpo municipal plebeu, a menos que fossem eleitos pelos camponeses, e nesse caso, como o regulamento trata de salientar, tinham direito a representar apenas o terceiro estado.

Portanto o senhor comparecia ao conselho municipal apenas para ficar totalmente submisso a seus antigos súditos, que de repente se tornaram seus senhores; era mais prisioneiro do que chefe deles. Ao reunir esses homens dessa maneira, parecia que o objetivo fosse menos aproximá-los do que fazê-los ver mais distintamente em que diferiam e quanto seus interesses eram opostos.

Era o síndico ainda aquele funcionário desacreditado cujas funções alguém era coagido a exercer, ou sua condição se elevara com a comunidade da qual continuava a ser o principal agente? Ninguém sabia exatamente. Encontro, datada de 1788, a carta de um certo oficial de justiça de aldeia que se mostra indignado porque o elegeram para cumprir as funções de síndico. *"Isso é contrário a todos os privilégios de seu cargo"*, diz ele. O inspetor geral responde que é preciso corrigir as ideias desse particular *"e fazê-lo compreender que deveria considerar uma honra ser escolhido por seus concidadãos; que ademais os novos síndicos não se parecerão com os funcionários que até então portavam o mesmo nome, e que eles devem contar com mais atenções da parte do governo"*.

Por outro lado, veem-se habitantes importantes da paróquia, e mesmo fidalgos, de repente se aproximarem dos camponeses quando estes se tornam um poder. Nas redondezas de Paris o senhor responsável pela alta justiça queixa-se de que o édito o impede de participar, mesmo *como simples habitante*, das atividades da assembleia paroquial. Outros concordam, *"por devotamento ao bem público, em cumprir mesmo as funções de síndico"*, dizem eles.

Era tarde demais. À medida que os homens das classes ricas se aproximam assim do povo dos campos e procuram misturar-se com ele, este se refugia no isolamento que lhe haviam imposto e ali se defende. Há assembleias municipais de paróquias que se recusam a receber em seu meio o senhor; outras opõem toda espécie de chicanas antes de admitir até mesmo os plebeus, quando são ricos. *"Estamos a par"*, diz a assembleia provincial da baixa Normandia, *"de que várias assembleias municipais recusaram-se a admitir em seu seio os proprietários plebeus da paróquia que não estão domiciliados nela, embora não haja dúvida de que têm direito de participar. Outras assembleias até mesmo recusaram-se a admitir os arrendatários que não tinham propriedades em seu território."*

Portanto, tudo já era novidade, obscuridade, conflito nas leis secundárias, antes mesmo de se mexer nas leis principais que regulavam o governo do Estado. O que permanecia em pé estava abalado e já não existia, por assim dizer, um único regulamento cuja abolição ou modificação iminente o próprio poder central não houvesse anunciado.

Essa renovação súbita e imensa de todas as regras e de todos os hábitos administrativos, que na França precedeu a revolução política e de que hoje quase não se fala, já era entretanto uma das maiores turbulências que jamais ocorreram na história de um grande povo. Essa primeira revolução exerceu uma influência prodigiosa sobre a segunda e fez dela um acontecimento diferente de todos os da mesma espécie que tiveram lugar até então no mundo e dos que tiveram lugar depois.

A primeira revolução da Inglaterra, que subverteu toda a constituição política daquele país e aboliu até sua realeza, só tocou muito superficialmente nas leis secundárias e mudou quase nada nos costumes e nos usos. A justiça e a administração conservaram suas formas e seguiram as mesmas rotinas que no passado. No auge da guerra civil os doze juízes da Inglaterra, segundo se diz, continuaram a fazer duas vezes por ano a ronda dos tribunais criminais. Portanto nem tudo foi agitado ao mesmo tempo. A revolução viu-se circunscrita em seus efeitos e a sociedade inglesa, embora sacudida no topo, permaneceu firme na base.

Nós mesmos vimos na França, de 1789 em diante, várias revoluções que mudaram de cima a baixo toda a estrutura do governo. A maioria foi muito súbita e realizou-se pela força, violando abertamente as leis existentes. Mesmo assim a desordem que geraram nunca foi longa nem geral; a maior parte da nação pouco as sentiu, às vezes passaram quase despercebidas.

Isso porque, a partir de 1789, a constituição administrativa permaneceu sempre em pé no meio das ruínas das constituições políticas. Mudavam a pessoa do príncipe ou as formas do poder central, mas o andamento diário das atividades não era interrompido nem perturbado; cada qual continuava subordinado, nos pequenos assuntos que o interessavam particularmente, às regras e aos usos que conhecia; dependia dos poderes secundários aos quais sempre tivera o hábito de dirigir-se e geralmente tinha de haver-se com os mesmos agentes; pois, se a cada revolução a administração era decapitada, seu corpo permanecia intacto e vivo; as mesmas funções eram exercidas pelos mesmos funcionários; estes transportavam através da diversidade das leis políticas seu espírito e sua prática. Julgavam e administravam em nome do rei, em seguida em nome da república, por fim em nome do imperador. Depois, quando a fortuna levava sua roda a refazer a mesma volta, recomeçavam a administrar e a julgar para o rei, para a república e para o imperador, sempre os mesmos e do mesmo modo; pois que lhes importava o nome do senhor? O que lhes interessava era menos serem cidadãos do que serem bons administradores e bons juízes. Portanto, assim que o primeiro abalo passava, parecia que nada havia mudado no país.

No momento em que a Revolução eclodiu, essa parte do governo que, apesar de subordinada, se faz sentir todos os dias a cada cidadão e influi da maneira mais contínua e mais eficaz sobre seu bem-estar, acabava de ser totalmente subvertida: a administração pública mudara em um momento todos seus agentes e renovara todos seus preceitos. Inicialmente o Estado não parecera receber dessa imensa reforma um grande choque; mas todos os franceses haviam sentido uma pequena comoção particular. Cada qual se vira abalado em sua situação, perturbado em seus hábitos ou entravado em sua indústria. Uma certa ordem regular continuava a reinar nos assuntos mais importantes e mais gerais e já ninguém sabia a quem obedecer, a quem se dirigir nem como se conduzir nos assuntos menores e particulares que constituem o andamento diário da vida social.

Assim, a nação não estando mais a prumo em nenhuma de suas partes, um último golpe conseguiu fazê-la oscilar por inteiro e produzir a mais vasta convulsão e a mais assustadora confusão que já aconteceram.

CAPÍTULO 8

Como a Revolução surgiu naturalmente do que precede

Terminando, quero reunir algumas das características que já descrevi em separado e, desse Antigo Regime cujo retrato acabo de traçar, ver a Revolução surgir como que por si mesma.

Quem considerar que era entre nós que o sistema feudal, sem mudar o que nele podia prejudicar ou irritar, mais havia perdido tudo o que podia proteger ou servir, ficará menos surpreso por a Revolução que devia abolir violentamente essa velha constituição da Europa ter eclodido na França e não em outro lugar.

Quem ponderar que a nobreza, depois de ter perdido seus antigos direitos políticos e, mais do que fora visto em qualquer outro país da Europa feudal, ter deixado de administrar e de conduzir os habitantes, mesmo assim não apenas conservara mas aumentara muito suas imunidades pecuniárias e as vantagens de que seus membros gozavam individualmente; que, ao se tornar uma classe subordinada, continuara a ser uma classe privilegiada e fechada – cada vez menos uma aristocracia e cada vez mais uma casta, como mencionei em outra passagem –, deixará de estranhar que seus privilégios tenham parecido tão inexplicáveis e tão detestáveis aos franceses, e que a visão dela tenha acendido em seus corações um desejo democrático tão intenso que ainda arde.

Por fim, quem pensar que essa nobreza, separada das classes intermediárias, que repelira de seu seio, e do povo, cujo coração deixara escapar, estava inteiramente isolada no meio da nação – aparentemente a cabeça de um exército, na realidade um corpo de oficiais sem soldados –, compreenderá como, depois de estar em pé durante mil anos, possa ter sido derrubada no espaço de uma noite.

Mostrei de que maneira o governo do rei, tendo abolido as liberdades provinciais e em três quartos da França ocupado o lugar de todos os poderes locais, atraíra para si todos os assuntos públicos, tanto os menores como os maiores; por outro lado, mostrei como, por uma consequência necessária, Paris se tornara a senhora do país do qual fora até então apenas a capital, ou melhor, tornara-se o país inteiro. Esses dois fatos, que eram particulares à França, por si sós bastariam para explicar por que um motim pôde destruir de cima a baixo uma monarquia que durante tantos séculos suportara choques tão violentos e que na véspera de sua queda ainda parecia inabalável aos mesmos que iam derrubá-la.

Sendo a França um dos países europeus em que toda vida política estava há mais tempo e mais completamente extinta, onde os particulares mais haviam perdido o exercício dos assuntos públicos, o hábito de interpretar os fatos, a experiência dos movimentos populares e quase a noção de povo, é fácil imaginar como todos os franceses puderam ao mesmo tempo cair em uma revolução terrível sem vê-la, com os mais ameaçados por ela marchando à frente, encarregando-se de abrir e alargar o caminho que conduzia a ela.

Como não existiam mais instituições livres, e consequentemente já não existiam classes políticas, corpos políticos vivos nem partidos organizados e dirigidos, e como na ausência de todas essas forças regulares a orientação da opinião pública, quando a opinião pública veio a renascer, coube unicamente a filósofos, era previsível que a

Revolução seria conduzida menos em vista de certos fatos particulares do que de acordo com princípios abstratos e teorias muito gerais; podia-se antecipar que em vez de atacar separadamente as más leis ela se voltaria contra todas as leis e que desejaria substituir a antiga constituição da França por um sistema de governo totalmente novo, que esses escritores haviam concebido.

Como a Igreja se encontrava naturalmente imiscuída em todas as velhas instituições que importava destruir, não havia como duvidar que essa revolução devesse abalar a religião ao mesmo tempo que derrubasse o poder civil; a partir daí era impossível dizer a quais temeridades inauditas podia entregar-se o espírito dos inovadores, libertados simultaneamente de todos os entraves que a religião, os costumes e as leis impõem à imaginação dos homens.

E quem houvesse estudado bem a situação do país facilmente teria previsto que não havia temeridade tão inaudita que nele não se pudesse tentar nem violência que não se devesse sofrer.

"*Ora essa!*" brada Burke em um de seus eloquentes panfletos. "*Não se vê um só homem que possa responder pelo menor distrito; mais ainda, não se vê um único homem que possa responder por outro. Cada qual fica trancado em sua casa, sem resistência, quer se trate de monarquismo, de moderantismo ou de qualquer outra coisa.*" Burke não sabia em que condições essa monarquia pela qual ele lamentava nos deixara para nossos novos senhores. A administração do Antigo Regime tirara antecipadamente dos franceses a possibilidade e o desejo de se ajudarem mutuamente. Quando a Revolução sobreveio, em vão se procuraria na maior parte da França por dez homens que tivessem o hábito de agir em comum de um modo regular e de zelar pessoalmente por sua própria defesa; o poder central devia encarregar-se disso, de tal modo que o poder central, tendo caído das mãos da administração régia para as mãos de uma assembleia irresponsável e soberana, e que passara de cordata a terrível, nada encontrou diante de si que pudesse detê-lo ou sequer retardá-lo por um momento. A mesma causa que fizera cair tão facilmente a monarquia tornara tudo possível após sua queda.

Nunca a tolerância em matéria de religião, a brandura no comandar, a humanidade e mesmo a benevolência haviam sido mais preconizadas e, parecia, mais aceitas do que no século XVIII; até mesmo o direito de guerra, que é como o último asilo da violência, restringira-se e moderara-se. No entanto do seio de costumes tão brandos ia sair a revolução mais desumana! E entretanto, todo esse abrandamento dos costumes não era um simulacro; pois, assim que o furor da Revolução amorteceu, viu-se essa mesma brandura espalhar-se prontamente em todas as leis e penetrar em todos os hábitos políticos.

O contraste entre a benignidade das teorias e a violência dos atos, que foi uma das características mais estranhas da Revolução Francesa, não surpreenderá ninguém que levar em conta que essa revolução foi preparada pelas classes mais civilizadas da nação e executada pelas mais incultas e mais rudes. Como os homens das primeiras não tinham entre si nenhum laço preexistente, nenhum hábito de se ouvirem, nenhuma ascendência sobre o povo, este se tornou quase de imediato o poder dirigente, assim que os antigos poderes foram destruídos. Onde não governou por si mesmo, deu pelo menos seu espírito ao governo; e quem, por outro lado, pensar na maneira como esse povo vivera sob o Antigo Regime, não terá dificuldade em imaginar o que ele ia ser.

As próprias particularidades de sua condição haviam lhe dado várias virtudes raras. Libertado cedo e há muito tempo proprietário de uma parte do solo, mais isolado do que dependente, ele se mostrava comedido e altivo; era habituado ao sofrimento, indiferente às delicadezas da vida, resignado nos maiores males, firme no perigo; raça simples e viril que vai guarnecer aqueles poderosos exércitos sob cuja força a Europa se curvará. Mas a mesma causa fazia dele um senhor perigoso. Como durante séculos carregara quase sozinho todo o fardo dos abusos; como vivera apartado, alimentando-se em silêncio de seus preconceitos, invejas e ódios, calejara-se nesses rigores de seu destino e tornara-se capaz ao mesmo tempo de tudo suportar e tudo fazer sofrer.

É nesse estado que, apoderando-se do governo, ele se dispôs a concluir pessoalmente a obra da Revolução. Os livros haviam fornecido a teoria; ele se encarregou da prática e ajustou as ideias dos escritores a seus próprios furores.

Os que, lendo este livro, estudaram atentamente a França no século XVIII, puderam ver nascer e desenvolver-se em seu seio duas paixões principais, que não foram contemporâneas e nem sempre tenderam para o mesmo objetivo.

Uma, mais profunda e vinda de mais longe, é o ódio violento e inextinguível pela desigualdade. Ele nascera e alimentara-se da visão dessa mesma desigualdade e desde muito tempo impelia os franceses, com uma força contínua e irresistível, a querer destruir até as bases tudo o que restava das instituições medievais e, esvaziado o terreno, construir nele uma sociedade em que os homens fossem tão semelhantes e as condições tão iguais quanto a humanidade comporta.

A outra, mais recente e menos enraizada, levava-os a desejar viver não apenas iguais, mas livres.

Por volta do final do Antigo Regime essas duas paixões são tão sinceras e parecem tão vivas uma quanto a outra. Às portas da Revolução elas se encontram; então se misturam e se confundem por um momento, aquecem-se mutuamente no contato e por fim incendeiam ao mesmo tempo todo o coração da França. É 1789, tempo de inexperiência realmente, mas de generosidade, entusiasmo, virilidade e grandeza, tempo de imortal memória, para o qual se voltarão com admiração e respeito os olhares dos homens, quando aqueles que o viram e nós mesmos tivermos desaparecido há muito. Então os franceses ficaram suficientemente orgulhosos de sua causa e de si mesmos para acreditar que podiam ser iguais na liberdade. Assim, no meio das instituições democráticas colocaram em toda parte instituições livres. Não apenas reduziram a pó aquela legislação antiquada que dividia os homens em castas, em corporações, em classes e tornava seus direitos mais desiguais ainda que suas condições, como também destruíram de um só golpe aquelas outras leis, obras mais recentes do poder régio, que haviam tirado da nação a livre disposição de si mesma e colocado ao lado de cada francês o governo, para ser seu preceptor, seu tutor e, se necessário, seu opressor. Com o governo absoluto a centralização caiu.

Mas, quando essa geração vigorosa, que começara a Revolução, foi suprimida ou desfibrada, como costuma acontecer a toda geração que enceta esses empreendimentos; quando, seguindo o curso natural dos acontecimentos dessa espécie, o amor à liberdade desencorajou-se e arrefeceu em meio à anarquia e à ditadura popular, e a nação desnorteada começou a procurar como que às apalpadelas seu senhor, o governo absoluto encontrou para renascer e firmar-se facilidades prodigiosas, descobertas sem dificuldade pelo gênio daquele que ia ser simultaneamente o continuador da Revolução e seu destruidor.

De fato, o Antigo Regime tivera todo um conjunto de instituições recentes que, não sendo hostis à igualdade, podiam facilmente ocupar um lugar na sociedade nova e que entretanto ofereciam ao despotismo facilidades únicas. Procuraram-nas no meio dos escombros de todas as outras e encontraram-nas. Outrora essas instituições tinham gerado hábitos, paixões, ideias que tendiam a manter os homens divididos e obedientes; reavivaram esta e valeram-se dela. Recuperaram a centralização em suas ruínas e restauraram-na; e como, ao mesmo tempo que ela se reerguia, tudo o que anteriormente pudera limitá-la ficava destruído, das próprias entranhas de uma nação que acabava de derrubar a realeza viu-se sair subitamente um poder mais extenso, mais detalhado, mais absoluto do que o que fora exercido por qualquer de nossos reis. O empreendimento pareceu de uma temeridade extraordinária e seu sucesso, inaudito, porque pensavam apenas no que viam e esqueciam o que haviam visto. O dominador caiu, mas o que havia de mais substancial em sua obra permaneceu em pé; morto seu governo, sua administração continuou a viver; e desde então, toda vez que se quis derrubar o poder absoluto, não se fez mais que colocar a cabeça da Liberdade em um corpo servil.

Várias vezes, desde que a Revolução começou até nossos dias, temos visto a paixão pela liberdade extinguir-se, depois renascer, depois extinguir-se novamente e depois novamente renascer; assim fará por muito tempo, sempre inexperiente e mal regulada, fácil de desencorajar, de assustar e de vencer, superficial e passageira. Durante esse mesmo tempo a paixão pela igualdade continua a ocupar o fundo dos corações dos quais foi a primeira a apossar-se e onde se agarra aos sentimentos que nos são mais caros; enquanto uma muda continuamente de aspecto, míngua, cresce, fortalece-se e debilita-se de acordo com os acontecimentos, a outra continua a mesma, sempre apegada ao mesmo objetivo com o mesmo ardor obstinado e frequentemente cego, disposta a tudo sacrificar àqueles que lhe permitem satisfazer-se e a fornecer ao governo que quiser favorecê-la e afagá-la os hábitos, as ideias, as leis de que o despotismo necessita para reinar.

A Revolução Francesa não será mais que trevas para aqueles que quiserem olhar apenas para ela; é nos tempos que a precedem que se deve procurar a única luz que pode aclará-la. Sem uma visão nítida da antiga sociedade, de suas leis, de seus vícios, preconceitos, misérias, de sua grandeza, jamais se compreenderá o que os franceses fizeram no decurso dos sessenta anos seguintes à sua queda; mas essa visão ainda não bastaria a quem não se aprofundasse até a própria índole de nossa nação.

Quando considero esta nação em si mesma, acho-a mais extraordinária do que qualquer dos eventos de sua história. Terá jamais surgido na Terra uma única que fosse tão cheia de contrastes e tão extremada em cada um de seus atos, mais conduzida por sensações, menos por princípios; fazendo assim sempre pior ou melhor do que se esperava, ora abaixo do nível comum da humanidade ora muito acima; um povo tão inalterável em seus principais instintos que ainda é reconhecível em retratos feitos dele há dois ou três mil anos, e ao mesmo tempo tão variável em seus pensamentos cotidianos e em seus gostos que acaba se tornando um espetáculo inesperado até para si mesmo e frequentemente fica tão surpreso quanto os estrangeiros ao ver o que acaba de fazer; o mais caseiro e de todos o mais fiel à rotina quando o deixam entregue a si mesmo e, no momento em que o arrancarem a contragosto de sua morada e de seus hábitos, disposto a avançar até o extremo do mundo e a tudo ousar; indócil por temperamento e no entanto se adaptando melhor ao império arbitrário e mesmo violento de um príncipe do que ao governo regular e livre dos principais cidadãos; hoje inimigo declarado de toda obediência, amanhã pondo no servir uma espécie de paixão que as nações mais dotadas para a servidão não podem alcançar; conduzido por um fio enquanto ninguém resiste, ingovernável tão logo o exemplo da resistência é dado em algum lugar; sempre enganando assim seus senhores, que o temem demais ou não o bastante; nunca tão livre que se deva desesperar de subjugá-lo nem tão subjugado que não possa vir a romper o jugo; apto para tudo mas excelente apenas na guerra; adorador do risco, da força, do sucesso, do brilho e do alarde, mais que da verdadeira glória; mais capaz de heroísmo que de virtude, de genialidade que de bom senso, mais inclinado a conceber imensos projetos do que a levar a cabo grandes empreendimentos; a mais brilhante e a mais perigosa entre as nações da Europa, e a mais dotada para tornar-se sucessivamente um objeto de admiração, de ódio, de piedade, de terror, porém nunca de indiferença?

Apenas ela podia gerar uma revolução tão súbita, tão radical, tão impetuosa em seu curso e no entanto tão cheia de viravoltas, de fatos contraditórios e de exemplos opostos. Sem as razões que mencionei, os franceses nunca a teriam feito; mas é preciso reconhecer que todas essas razões juntas não teriam vingado para explicar uma revolução como essa em outro lugar que não a França.

Eis que chego ao limiar dessa revolução memorável. Desta vez não a adentrarei; em breve talvez possa fazê-lo. Então não a considerarei mais em suas causas: examiná-la-ei em si mesma e por fim ousarei julgar a sociedade que dela proveio.

APÊNDICE

Dos pays d'états *e particularmente de Languedoc*

Minha intenção não é examinar com detalhes como decorriam as coisas em cada um dos *pays d'états* que ainda existiam na época da Revolução. Quero apenas indicar quantos eram, apontar aqueles em que a vida local ainda estava ativa, mostrar que tipo de relações mantinham com a administração régia, em que aspectos saíam das regras gerais que expus anteriormente, em quais se encaixavam nelas e finalmente mostrar, pelo exemplo de um dentre eles, o que todos poderiam facilmente ter se tornado.

Haviam existido estados na maioria das províncias da França – ou seja, cada uma delas fora administrada, sob o governo do rei, por *gente dos três estados*, como se dizia então, o que se deve entender como uma assembleia composta de representantes do clero, da nobreza e da burguesia. Como as outras instituições políticas da Idade Média, essa constituição provincial existia com as mesmas características em quase todas as partes civilizadas da Europa – pelo menos em todas onde os costumes e ideias germânicos haviam penetrado. Há muitas províncias alemãs em que os estados subsistiram até a Revolução Francesa; onde estavam suprimidos, só desapareceram no decurso dos séculos XVII e XVIII. Nos últimos dois séculos, em toda parte os príncipes fizeram-lhes oposição ora velada ora aberta, mas ininterrupta. Em parte alguma haviam procurado melhorar a instituição de acordo com os avanços da época, mas tão somente destruí-la, ou deformá-la quando surgia uma oportunidade para isso e eles não haviam conseguido fazer pior.

Na França, em 1789 não havia mais estados, exceto em cinco províncias de certa extensão e em alguns pequenos distritos insignificantes. Na verdade a liberdade provincial não existia mais, a não ser em duas: Bretagne e Languedoc; em todos os outros lugares a instituição perdera totalmente sua virilidade e era apenas uma vã aparência.

Destacarei aqui Languedoc e farei dele o objeto de um exame particular.

Languedoc era o mais vasto e o mais povoado de todos os *pays d'états*; abrangia mais de duas mil comunas ou, como se dizia então, *comunidades*, e contava cerca de dois milhões de habitantes. Além disso, era o mais bem organizado, o mais próspero e também o maior de todos esses *pays*. Portanto é uma boa escolha para mostrar o que podia ser a liberdade provincial sob o Antigo Regime e a que ponto, mesmo nas regiões onde ela parecia mais forte, haviam-na subordinado ao poder régio.

Em Languedoc, os estados só podiam reunir-se mediante uma ordem expressa do rei e após uma carta de convocação que todo ano ele endereçava individualmente a cada um dos membros que deviam compô-los; isso levou um frondista da época a dizer: *"Dos três corpos que compõem nossos estados, um, o clero, é nomeado pelo rei, pois ele é que nomeia para os bispados e para os benefícios; e presume-se que os dois outros também o são, visto que uma ordem da corte pode impedir que um determinado membro que lhe aprouver compareça, sem que para isso seja preciso exilá-lo ou desacreditá-lo; basta não convocá-lo."*

Os estados deviam não apenas reunir-se mas separar-se em certos dias indicados pelo rei. A duração habitual da sessão fora fixada em quarenta dias por um decreto do conselho. O rei era representado na assembleia por comissários que tinham acesso a ela sempre que o solicitavam e que estavam encarregados de expor as vontades do governo. Além disso, os estados eram mantidos sob cerrada tutela. Não podiam tomar resoluções de alguma importância, estabelecer uma medida financeira qualquer, sem que sua deliberação fosse aprovada por um decreto do conselho; para um imposto, um empréstimo, um processo necessitavam da permissão expressa do rei. Todos seus regulamentos gerais, inclusive o que se referia à realização das sessões, deviam ser autorizados antes de entrarem em vigor. A totalidade de suas receitas e despesas, seu orçamento, como diríamos hoje, passava anualmente pela mesma fiscalização.

Além disso o poder central exercia em Languedoc os mesmos direitos políticos que lhe eram reconhecidos em todos os outros lugares; as leis que lhe convinha promulgar, os regulamentos gerais que fazia continuamente, as medidas gerais que tomava eram aplicáveis ali como nos *pays d'élection*. Exercia também todas as funções naturais do governo: tinha a mesma polícia e os mesmos agentes; como em toda parte, criava de tempos em tempos uma infinidade de novos funcionários cujos ofícios a província era obrigada a recomprar por alto preço.

Como as outras províncias, Languedoc era governado por um intendente. Esse intendente tinha ali em cada distrito subdelegados que se correspondiam com os chefes das comunidades e que os dirigiam. O intendente exercia a tutela administrativa, exatamente como nos *pays d'élection*. A menor aldeia perdida nos desfiladeiros das Cévennes não podia fazer a mínima despesa sem ser autorizada de Paris por um decreto do conselho do rei. Essa parte da justiça que hoje denominamos contencioso administrativo não era menos extensa que no restante da França; era-o até mesmo mais. O intendente decidia em primeira instância todas as questões viárias, julgava todos os processos em matéria de estradas e, em geral, decidia sobre todos os assuntos nos quais o governo estava ou se considerava interessado. Este não protegia menos que em outros lugares todos seus agentes contra as acusações imprudentes dos cidadãos prejudicados por eles.

Então o que Languedoc tinha de particular que o distinguisse das outras províncias e lhes causasse inveja? Três coisas que bastavam para torná-lo totalmente diferente do restante da França:

1º) Uma assembleia composta de homens importantes, apoiada pela população, respeitada pelo poder régio, da qual nenhum funcionário do governo central ou, na linguagem de então, *nenhum oficial do rei* podia fazer parte e onde todo ano eram discutidos livre e seriamente os interesses específicos da província. Ver-se colocada ao lado desse foco de luzes era o bastante para que a administração régia exercesse seus privilégios de modo muito diferente e, com os mesmos agentes e os mesmos instintos, não se assemelhasse ao que era em todos os outros lugares.

2º) Em Languedoc muitas obras públicas eram feitas às expensas do rei e por seus agentes; havia outras em que o governo central fornecia uma parcela dos fundos e cuja execução dirigia em grande parte; mas a maioria ficava a cargo unicamente da província. Depois que o rei aprovava o projeto e autorizava a despesa, essas obras eram executadas por funcionários que os estados designavam e sob inspeção de comissários escolhidos dentre eles.

3º) Por fim, a província tinha o direito de ela mesma recolher, e de acordo com o método que preferisse, uma parte dos impostos régios e todos aqueles que lhe era permitido estabelecer para atender às suas próprias necessidades.

Vamos ver que partido Languedoc soube tirar desses privilégios. É algo que vale a pena olhar de perto.

O que mais impressiona nos *pays d'élection* é a ausência quase absoluta de encargos locais; os impostos gerais frequentemente são opressivos, mas a província não despende quase nada para si mesma. Em Languedoc, ao contrário, a soma que as obras públicas custam anualmente à província é enorme: em 1780, ultrapassava 2 milhões de libras por ano.

O governo central às vezes perturba-se ao ver uma despesa tão grande; teme que a província, esgotada por um tal esforço, não possa quitar a parcela de impostos que cabe a ele; censura os estados por não se moderarem. Li um memorial no qual a assembleia respondia a essas críticas. O que vou extrair textualmente dele retratará melhor do que tudo o que eu poderia dizer o espírito que animava esse pequeno governo.

Esse memorial reconhece que efetivamente a província empreendeu e continua realizando imensas obras; mas, longe de desculpar-se, anuncia que, se o rei não se opuser, ela irá cada vez mais longe nesse caminho. Já melhorou ou retificou o curso dos principais rios que atravessam seu território e está tratando de acrescentar ao canal de Languedoc, aberto no reinado de Luís XIV e que é insuficiente, prolongamentos que, atravessando o baixo Languedoc, devem levar, por Cette e Agde, até o Ródano. Tornou praticável para o comércio o porto de Cette e cuida de sua conservação com grandes despesas. Todos esses gastos, salienta o documento, são de caráter mais nacional do que provincial; apesar disso, a província, que tira proveito deles mais do que qualquer outra, os assumiu. Também está drenando e entregando para a agricultura os pântanos de Aigues-Mortes. Mas foi sobretudo das estradas que ela decidiu ocupar-se: abriu ou deixou em boas condições todas as que a atravessam em direção ao restante do reino; até mesmo as que interligam apenas as cidades e os burgos de Languedoc foram reparadas. Todos esses diversos caminhos são excelentes, mesmo no inverno, em total contraste com as estradas dificultosas, precárias e malconservadas que se encontram na maioria das províncias vizinhas – Dauphiné, Quercy, a *généralité* de Bordeaux (*pays d'élection*, observa-se). A respeito disso, ela se apoia na opinião do comércio e dos viajantes; e não se engana, pois Arthur Young, percorrendo a região dez anos depois, diz em suas notas: "*Langedoc,* pays d'états*! boas estradas, feitas sem corveias*."

Se o rei houver por bem permitir, continua o memorial, os estados não se limitarão a isso; começarão a melhorar as estradas das comunidades (caminhos vicinais), que não são de menor interesse que os outros. "*Pois, se os gêneros não podem sair dos celeiros do proprietário para ir ao mercado*", observa, "*de que adianta poderem ser transportados para longe?*" – "*A doutrina dos estados em matéria de obras públicas*", acrescenta ainda, "*sempre foi a de que se deve levar em conta não a magnitude das obras e sim sua utilidade*." Rios, canais, estradas que valorizam todos os produtos do solo e da indústria, permitindo seu transporte sob qualquer tempo e a baixo custo, para qualquer lugar onde seja preciso e por meio dos quais o comércio pode cruzar todas as partes da província, enriquecem a região, mesmo que lhe custem caro. Ademais, planejadamente executadas ao mesmo tempo em diversas partes do território e de um modo mais ou menos uniforme, tais obras mantêm em toda parte o valor dos salários e vêm em socorro dos pobres. "*O rei não precisa estabelecer às suas expensas oficinas de caridade em Languedoc, como tem feito no restante da França*", diz concluindo a província, com um certo orgulho. "*Não solicitamos esse favor; as obras de utilidade que nós mesmos empreendemos todo ano substituem-nas e dão a todo mundo um trabalho produtivo.*"

Quanto mais estudo os regulamentos gerais estabelecidos pelos estados de Languedoc com a permissão do rei mas geralmente sem sua iniciativa, nessa parcela da administração pública que lhes deixavam, mais admiro a sabedoria, a equidade e a brandura que revelam, mais os procedimentos do governo local me parecem superiores a tudo o que acabo de ver nas regiões que o rei administrava sozinho.

A província é dividida em *comunidades* (cidades ou aldeias), em distritos administrativos que se denominam *dioceses* e por fim em três grandes departamentos chamados *senescalias*. Cada uma dessas divisões tem uma representação distinta e um pequeno governo à parte, que atua sob a direção seja dos estados seja do rei. Quando se trata de obras públicas que visem ao interesse de um desses pequenos corpos políticos, é apenas a pedido deste que são empreendidas. Se a obra de uma comunidade for útil para a diocese, esta deve contribuir com uma parte do custeio. Se a senescalia estiver interessada, deve por sua vez fornecer um auxílio. Por fim, a diocese, a senescalia, a província devem ajudar a comunidade, mesmo quando se trata apenas do interesse particular dela, contanto que a obra lhe seja necessária e exceda suas forças, pois, como os estados repetem sempre: "*O princípio fundamental de nossa constituição é que todas as partes de Languedoc são inteiramente solidárias umas às outras e todas devem sucessivamente entreajudar-se.*"

As obras que a província executa devem ser longamente preparadas e submetidas primeiro ao exame de todos os corpos secundários que contribuirão para elas. Só podem ser feitas à custa de dinheiro: a corveia é desconhecida. Já mencionei que nos *pays d'élection* as terras tomadas dos proprietários para serviços públicos eram sempre mal ou tardiamente pagas e muitas vezes simplesmente não o eram. Essa foi uma das grandes queixas que as assembleias provinciais levantaram quando foram reunidas em 1787. Li algumas que salientavam que lhes fora tirada até mesmo a faculdade de saldar as dívidas contraídas desse modo, porque o objeto da aquisição havia sido destruído ou desnaturado antes que o avaliassem. Em Languedoc, cada parcela de terra tirada do proprietário deve ser cuidadosamente avaliada antes do início das obras *e paga no primeiro ano da execução*.

O regulamento dos estados referente às diversas obras públicas, do qual extraio esses detalhes, pareceu tão benfeito ao governo central que, sem imitá-lo, ele o admirou. O conselho do rei, depois de autorizar sua entrada em vigor, mandou reproduzi-lo na Imprensa Régia e ordenou que fosse remetido a todos os intendentes como documento de consulta.

O que eu disse sobre as obras públicas é ainda mais aplicável a essa outra parte não menos importante da administração provincial, referente à cobrança das taxas. É sobretudo aí que depois de passar do reino para a província tem-se dificuldade em acreditar que ainda se esteja no mesmo império.

Tive oportunidade de dizer em outra passagem como os procedimentos adotados em Languedoc para estabelecer e perceber as talhas eram em parte os que nós mesmos seguimos hoje para a cobrança dos impostos. Não voltarei a isso; acrescentarei apenas que nessa matéria a província aproveitava tão bem a superioridade de seus métodos que, todas as vezes que o rei criou novas taxas, os estados nunca hesitaram em comprar muito caro o direito de cobrá-las à sua maneira e unicamente por seus agentes.

Apesar de todas as despesas que enumerei sucessivamente, os negócios públicos de Languedoc estavam em tão boa ordem e seu crédito era tão sólido que o governo central frequentemente recorria a ele e tomava emprestado em nome da província um dinheiro que a ele mesmo não seria emprestado em tão boas condições. Descubro que nos últimos tempos Languedoc tomou emprestadas, sob sua própria garantia mas para a conta do rei, 73.200.000 libras.

No entanto o governo e seus ministros viam com muito maus olhos essas liberdades particulares. Richelieu primeiro mutilou-as, depois as aboliu. O fraco e indolente Luís XIII, que não gostava de coisa alguma, detestava-as; tinha tanto horror a todos os privilégios provinciais, diz Boulainvilliers, que sua cólera se inflamava apenas por ouvir pronunciar-lhes o nome. Não se pode imaginar quanta energia as almas fracas têm para odiar o que as obriga a fazer um esforço. Nisso empregam tudo o que lhes resta de virilidade e quase sempre se mostram fortes, ainda que sejam fracas para tudo o mais. Quis a boa sorte que a antiga constituição de Languedoc fosse restabelecida durante a infância de Luís XIV: considerando-a como obra sua, ele a respeitou. Luís XV suspendeu sua aplicação durante dois anos mas em seguida deixou-a renascer.

A criação dos ofícios municipais sujeitou-a a riscos menos diretos, porém não menores. Essa detestável instituição não apenas tinha o efeito de destruir a constituição das cidades; tendia também a desnaturar a das províncias. Não sei se algum dia os deputados do terceiro estado nas assembleias provinciais haviam sido eleitos para a ocasião, mas há muito tempo não o eram mais; nelas os oficiais municipais das cidades eram por direito os únicos representantes da burguesia e do povo.

Essa ausência de um mandato especial e atribuído para atender aos interesses do momento pouco se fez notar enquanto as próprias cidades elegeram livremente seus magistrados, por voto universal e quase sempre para um período muito curto. Então o prefeito, o cônsul ou o síndico representava tão fielmente nos estados as vontades da população em nome da qual falava quanto se ela o tivesse escolhido expressamente. Compreende-se que não acontecia o mesmo com aquele que havia adquirido por dinheiro o direito de administrar seus concidadãos. Ele nada representava além de si mesmo, ou no máximo os pequenos interesses ou as pequenas paixões de seu círculo. Entretanto foi mantido para esse magistrado adjudicatário de seus poderes o direito que os magistrados eleitos haviam possuído. Isso mudou imediatamente todo o caráter da instituição. A nobreza e o clero, em vez de terem ao lado e diante de si na assembleia provincial os representantes do povo, depararam apenas com alguns burgueses isolados, tímidos e impotentes, e o terceiro estado tornou-se cada vez mais subordinado no governo, justamente quando se tornava cada dia mais rico e mais forte na sociedade. Isso não aconteceu em Languedoc, pois a província sempre se empenhou em recomprar do rei os ofícios à medida que ele os estabelecia. Apenas em 1773 o empréstimo que contraiu com esse objetivo elevou-se a mais de 4 milhões de libras.

Outras causas mais fortes haviam contribuído para fazer o espírito novo penetrar nessas antigas instituições e davam aos estados de Languedoc uma superioridade inconteste sobre todos os outros.

Nessa província, como em grande parte do Midi, a talha era real e não pessoal; ou seja, pautava-se pelo valor da propriedade e não pela condição do proprietário. Existiam, é verdade, algumas terras que desfrutavam do privilégio de não pagá-la. Haviam sido outrora terras da nobreza; mas, com o avanço do tempo e da indústria, acontecera que uma parte desses bens caíra nas mãos dos plebeus; por outro lado, os nobres haviam se tornado proprietários de muitos bens sujeitos à talha. O privilégio transferido assim das pessoas para as coisas era mais absurdo, sem dúvida, porém era bem menos sentido, porque, apesar de ainda incomodar, já não humilhava. Não estando mais ligado de modo indissolúvel à ideia de classe, não criando para nenhuma delas interesses absolutamente alheios ou opostos aos das outras, já não impedia que todas se ocupassem juntas do governo. Mais que em qualquer outro lugar, em Languedoc elas se uniam efetivamente para isso e encontravam-se em pé de total igualdade.

Na Bretagne os fidalgos tinham o direito de comparecer todos, individualmente, aos estados, o que muitas vezes fez com que estes se parecessem com as dietas polonesas. Em Languedoc os nobres figuravam nos estados apenas por representantes: vinte e três deles ocupavam o lugar de todos os outros. O clero comparecia na pessoa dos vinte e três bispos da província e – o que é mais notável – as cidades tinham tanta voz quanto as duas primeiras ordens.

Como a assembleia era única e não se deliberava por ordem mas por pessoa, o terceiro estado adquiriu naturalmente uma grande importância nela; pouco a pouco introduziu seu espírito particular em todo o corpo. Mais ainda, os três magistrados que, com a denominação de síndicos gerais, estavam encarregados, em nome dos estados, da condução habitual dos assuntos eram sempre homens da lei, ou seja, plebeus. A nobreza, suficientemente forte para manter sua posição, já não o era suficientemente para reinar sozinha. O clero, por sua vez, apesar de composto em grande parte de fidalgos, viveu em perfeito entendimento com o terceiro estado; associou-se com ardor à maioria de seus projetos, trabalhou em conjunto com ele para aumentar a prosperidade material de todos os cidadãos e para favorecer-lhes o comércio e a indústria, frequentemente colocando assim a seu serviço o grande conhecimento que tinha dos homens e a rara destreza no manejo dos assuntos. Era quase sempre um eclesiástico o escolhido para ir a Versailles discutir com os ministros as questões litigiosas que punham em conflito a autoridade régia e os estados. Pode-se dizer que durante todo o último século Languedoc foi administrado por burgueses, a quem nobres fiscalizavam e bispos auxiliavam.

Graças a essa constituição particular de Languedoc, o espírito dos tempos novos pôde penetrar pacificamente nessa antiga instituição e tudo modificar-lhe sem nada destruir.

Poderia ter sido assim em todos os outros lugares. Uma parte da perseverança e do esforço que os príncipes usaram para abolir ou deformar os estados provinciais teria bastado para aperfeiçoá-los desse modo e para adaptar todos eles às necessidades da civilização moderna, se algum dia esses príncipes tivessem desejado outra coisa além de se tornar e continuar a ser os senhores.

NOTAS

Página 18, linha 13. *A força do direito romano na Alemanha. – O modo como ele havia substituído o direito germânico.*

No final da Idade Média, o direito romano tornou-se o principal e quase o único estudo dos legistas alemães; nessa época, a maioria deles chegava a fazer seus estudos fora da Alemanha, nas universidades italianas. Esses legistas, que não eram os senhores da sociedade política mas estavam encarregados de explicar e aplicar suas leis, se não conseguiram abolir o direito germânico pelo menos o deformaram de modo que o enquadraram à força no direito romano. Aplicaram as leis romanas a tudo o que, nas instituições germânicas, parecia ter qualquer analogia distante com a legislação de Justiniano; introduziram assim na legislação nacional um novo espírito, novos usos; pouco a pouco ela foi se transformando tanto que se tornou irreconhecível, a ponto de o século XVII, por exemplo, praticamente já não a conhecer. Fora substituída por um não-sei-quê que ainda era germânico no nome mas romano na realidade.

Tenho motivos para crer que, nesse trabalho dos legistas, muitas condições da antiga sociedade germânica pioraram, principalmente a dos camponeses; muitos que até então haviam conseguido conservar total ou parcialmente suas liberdades ou suas posses perderam-nas então devido a assimilações eruditas à condição dos escravos ou dos enfiteutas romanos.

Essa transformação gradual do direito nacional e os esforços inúteis que foram feitos para detê-la aparecem claramente na história do Württemberg.

Desde o nascimento do condado desse nome, em 1250, até a criação do ducado, em 1495, a legislação é inteiramente autóctone; compõe-se de costumes, de leis locais feitas pelas cidades ou pelas cortes senhoriais, de estatutos promulgados pelos estados; apenas os assuntos eclesiásticos são regulamentados por um direito estrangeiro, o direito canônico.

A partir de 1495, o caráter da legislação muda: o direito romano começa a infiltrar-se; os *doutores* – como eram chamados os que haviam estudado o direito nas escolas estrangeiras – entram no governo e apossam-se da direção dos tribunais superiores. Durante todo o início e até meados do século XV, vê-se a sociedade política travar contra eles a mesma luta que ocorria na mesma época na Inglaterra, mas com um desfecho totalmente diferente. Na dieta de Tübingen em 1514 e nas que a sucedem, os representantes da feudalidade e os deputados de cidades fazem toda espécie de representações contra o que está acontecendo; atacam os legistas, que irrompem em todos os tribunais e mudam o espírito ou a letra de todos os costumes e de todas as leis. Inicialmente parecem levar vantagem; obtêm do governo a promessa de que doravante serão colocadas nos tribunais superiores pessoas honrosas e esclarecidas, escolhidas na nobreza e nos estados do ducado, e não doutores, e que uma comissão composta de agentes do governo e de representantes dos estados redigirá o projeto de um código que possa servir de regra em todo o país. Esforços inúteis! Em breve o direito romano acaba expulsando inteiramente o direito nacional de grande parte da legislação e plantando suas raízes até mesmo no terreno em que deixa essa legislação subsistir.

Vários historiadores alemães atribuem esse triunfo do direito estrangeiro sobre o direito autóctone a duas causas. Primeiramente, ao movimento que então impelia todos os espíritos para as línguas e as literaturas da Antiguidade, bem como ao menosprezo que isso gerava pelos produtos intelectuais do gênio nacional. Em segundo lugar, à ideia – que sempre havia preocupado toda a Idade Média alemã e vem à tona mesmo na legislação dessa época – de que o Santo Império é a continuação do império romano e de que sua legislação é uma herança vinda dele.

Mas tais causas não bastam para explicar que esse mesmo direito tenha, na mesma época, se introduzido em todo o continente europeu de uma só vez. Creio que a causa disso foi que simultaneamente o poder absoluto dos príncipes se estabelecia solidamente em toda parte sobre as ruínas das antigas liberdades da Europa e o direito romano, direito de servidão, encaixava-se magnificamente nos desígnios deles.

O direito romano, que em toda parte aperfeiçoou a sociedade civil, em toda parte tendeu a degradar a sociedade política, porque acima de tudo foi obra de um povo muito civilizado e muito subjugado. Por isso os reis adotaram-no com ardor e estabeleceram-no em toda parte onde foram os senhores: em toda a Europa os intérpretes desse direito tornaram-se seus ministros ou seus principais agentes. Os legistas forneceram-lhes, sempre que necessário, o apoio do direito contra o próprio direito. Assim fizeram com frequência desde então. Ao lado de um príncipe que violava as leis, é muito raro não ter surgido um legista assegurando que nada era mais legítimo e provando doutamente que a violência era justa e que o oprimido estava errado.

Página 20, linha 8. *Passagem da monarquia feudal para a monarquia democrática.*

Visto que todas as monarquias se tornaram absolutas por volta da mesma época, não parece que essa mudança de constituição se devesse a alguma circunstância particular que ocorreu por acaso no mesmo momento em cada Estado; acredita-se que todos esses acontecimentos semelhantes e contemporâneos tenham sido produzidos por uma causa geral que agiu igualmente em toda parte ao mesmo tempo.

Essa causa geral era a passagem de um estado social para um outro, da desigualdade feudal para a igualdade democrática. Os nobres já estavam caídos e o povo ainda não se erguera – uns baixo demais e o outro não suficientemente alto para entravar os movimentos do poder. Decorreram assim cento e cinquenta anos que foram como a idade de ouro dos príncipes, durante os quais eles tiveram ao mesmo tempo estabilidade e onipotência, coisas que habitualmente se excluem – tão sagrados quanto os chefes hereditários de uma monarquia feudal e tão absolutos quanto o senhor de uma sociedade democrática.

Página 20, linha 32. *Decadência das cidades livres na Alemanha. Cidades imperiais (Reichsstädte).*

Segundo os historiadores alemães, os séculos XIV e XV foram os de maior esplendor dessas cidades. Eram então o refúgio da riqueza, das artes, dos conhecimentos, as senhoras do comércio europeu, os mais poderosos centros da civilização. Sobretudo no norte e no sul da Alemanha, acabaram formando confederações independentes com os nobres que as rodeavam, como na Suíça as cidades haviam feito com os camponeses.

No século XVI elas conservavam ainda sua prosperidade; mas a época da decadência chegara. A Guerra dos Trinta Anos terminou de precipitar sua ruína; não há quase nenhuma que não tenha sido destruída ou arruinada nesse período.

Entretanto o tratado de Vestfália designa-as positivamente e mantém-lhes a qualidade de estados imediatos, ou seja, que dependem apenas do imperador; mas de um lado os soberanos que as cercam e do outro o próprio imperador, cujo poder, desde a Guerra dos Trinta Anos, podia exercer-se quase que apenas sobre esses pequenos vassalos do Império, retraem dia a dia sua soberania dentro de limites muito estreitos. No século XVIII ainda são em número de cinquenta e uma; ocupam duas bancadas na dieta e possuem ali uma voz distinta, mas na realidade nada mais podem na direção dos assuntos gerais.

Internamente todas estão sobrecarregadas de dívidas; estas provêm, em parte, de os impostos imperiais continuarem a ser-lhes cobrados de acordo com seu antigo esplendor e em parte de serem muito mal administradas. E o mais notável é que essa má administração parece decorrer de uma doença oculta que é comum a todas, qualquer que seja a forma de sua constituição; seja aristocrática ou democrática, ela dá motivo a queixas, se não semelhantes pelo menos igualmente veementes. Quando aristocrática, o governo, segundo dizem, tornou-se a camarilha de um pequeno número de famílias: o favor, os interesses particulares decidem tudo. Quando democrática, a intriga e a venalidade aparecem de todos os lados. Nos dois casos, queixam-se da falta de honestidade e do desinteresse por parte dos governos. Constantemente o imperador é obrigado a intervir em seus assuntos para tentar restabelecer a ordem. Despovoam-se, caem na miséria. Deixam de ser os núcleos da civilização germânica; as artes abandonam-nas para irem brilhar nas cidades novas, criações dos soberanos e que representam o mundo novo. O comércio afasta-se delas; sua antiga energia, seu vigor patriótico desaparecem; Hamburgo, quase sozinha, continua a ser um grande centro de riqueza e de luzes, mas devido a causas que lhe são particulares.

Página 30, linha 15. *Código de Frederico o Grande.*

Entre as obras de Frederico o Grande, a menos conhecida, mesmo em seu país, e a menos brilhante é o código redigido por ordem sua e promulgado por seu sucessor. Apesar disso não sei se há alguma que esclareça mais sobre o homem em si e sobre seu tempo e mostre melhor a influência recíproca de um sobre o outro.

Esse código é uma verdadeira constituição, no sentido que se atribui ao termo; tem como objetivo não apenas regulamentar as relações dos cidadãos entre si, mas também as relações dos cidadãos com o Estado: é simultaneamente um código civil, um código criminal e uma carta.

Baseia-se, ou antes parece basear-se, em um certo número de princípios gerais expressos de forma muito filosófica e muito abstrata, e que em muitos aspectos se assemelham aos que ocupam a Declaração dos Direitos do Homem na constituição de 1791.

Proclama que o bem do Estado e de seus habitantes é o objetivo da sociedade e o limite da lei; que as leis não podem delimitar a liberdade e os direitos dos cidadãos a não ser visando à utilidade comum; que cada membro do Estado deve trabalhar para o bem geral na medida de sua posição e de sua fortuna; que os direitos dos indivíduos devem ceder diante do bem geral.

Em parte alguma aborda o direito hereditário do príncipe, de sua família, ou mesmo um direito particular que fosse distinto do direito do Estado. O nome do Estado é já o único de que se serve para designar o poder régio.

Em contrapartida, fala do direito geral dos homens: os direitos gerais dos homens fundamentam-se na liberdade natural de fazer seu próprio bem sem prejudicar o direito de outrem. Todas as ações que não são proibidas pela lei natural ou por uma lei positiva do Estado são permitidas. Cada habitante do Estado pode exigir deste a defesa de sua pessoa e de sua propriedade, e tem o direito de defender-se pessoalmente pela força se o Estado não vier em seu auxílio.

Depois de expor esses princípios básicos, o legislador, em vez de extrair deles, como na Constituição de 1791, o dogma da soberania do povo e a organização de um governo popular em uma sociedade livre, detém-se bruscamente e volta-se para uma outra consequência igualmente democrática, mas não liberal; considera o príncipe como o único representante do Estado e dá-lhe todos os direitos que acaba de reconhecer para a sociedade. Nesse código o soberano não é mais o representante de Deus; é apenas o representante da sociedade, seu agente, seu servidor, como Frederico imprimiu textualmente em suas obras; mas representa-a sozinho, exerce sozinho todos seus poderes. O chefe do Estado, diz a introdução, a quem é dado o dever de produzir o bem geral, que é o único objetivo da sociedade, está autorizado a dirigir e regulamentar rumo a esse objetivo todos os atos dos indivíduos.

Entre os principais deveres desse agente todo-poderoso da sociedade encontro estes: internamente, manter a paz e a segurança públicas e proteger todos contra a violência. Externamente, cabe-lhe fazer a paz e a guerra; apenas ele pode ditar leis e decretar regulamentos gerais de polícia; só ele possui o direito de conceder indulto e de anular processos criminais.

Todas as associações que existem no Estado, todos os estabelecimentos públicos estão sob inspeção e direção suas, no interesse da paz e da segurança gerais. Para que o chefe do Estado possa cumprir obrigações, é preciso que tenha certos rendimentos e direitos úteis; tem portanto o poder de estabelecer impostos sobre as fortunas privadas, sobre as pessoas e suas profissões, comércio, produção e consumo. As ordens dos funcionários públicos que agem em seu nome devem ser obedecidas como as suas próprias, em tudo o que estiver dentro dos limites das funções deles.

Sob essa cabeça totalmente moderna vamos agora ver surgir um corpo totalmente gótico; Frederico não fez mais que lhe tirar o que podia entravar a ação de seu poder pessoal, e o todo vai formar um ser monstruoso que parece uma transição de uma criação para uma outra. Nessa produção estranha, Frederico mostra tanto menosprezo pela lógica quanto zelo por seu poder e desejo de não criar para si dificuldades inúteis atacando o que ainda era capaz de defender-se.

Com exceção de alguns distritos e algumas localidades, os habitantes dos campos estão em uma posição de servidão hereditária que não se limita apenas às corveias e serviços que são inerentes à posse de certas terras e sim estendem-se, como já vimos, até a pessoa do possuidor.

A maioria dos privilégios dos proprietários de terra é novamente homologada pelo código; pode-se mesmo dizer que contra o código, pois é dito que, nos casos em que o costume local e a nova legislação diferirem, o primeiro é que deve ser obedecido. Declara formalmente que o Estado não pode eliminar nenhum desses privilégios, a não ser resgatando-os e seguindo as formas da justiça.

O código assegura, é verdade, que a servidão propriamente dita (*Leibeigenschaft*), na medida em que estabelece a servidão pessoal, está abolida; mas a sujeição hereditária que a substitui (*Esbunterthänigkeit*) é ainda uma espécie de servidão, como se pôde julgar lendo o texto.

Nesse mesmo código, o burguês permanece cuidadosamente separado do camponês. Entre a burguesia e a nobreza, reconhece uma espécie de classe intermediária, composta de altos funcionários que não são nobres, dos clérigos, dos professores de escolas avançadas, ginásios e universidades.

Estando apartados do restante da burguesia, ainda assim esses burgueses não eram confundidos com os nobres; ao contrário, permaneciam em um estado de inferioridade com relação a eles. Em geral, não podiam adquirir bens equestres nem obter os postos mais altos no serviço civil. Tampouco eram *hoffähig*, ou seja, não podiam apresentar-se na corte, a não ser em casos raros e nunca com suas famílias. Como na França, essa inferioridade doía ainda mais porque dia a dia essa classe se tornava mais esclarecida e influente, e porque os funcionários burgueses do Estado, se não tinham os cargos mais ilustres, já exerciam aqueles em que havia o máximo de coisas e as coisas mais úteis a fazer. A irritação contra os privilégios da nobreza, que na França ia contribuir tanto para a Revolução, na Alemanha preparava a aprovação com que ela foi recebida inicialmente. Entretanto o principal redator do código era um burguês; mas sem dúvida obedecia às ordens de seu mestre.

A velha constituição da Europa não está suficientemente destruída nessa parte da Alemanha para que Frederico, apesar do desprezo que ela lhe inspira, acredite que já seja hora de dar fim a seus escombros. Geralmente limita-se a tirar dos nobres o direito de reunirem-se e de administrarem em conjunto, e deixa a cada um deles individualmente seus privilégios; não faz mais que lhes restringir e lhes regulamentar o uso. Assim esse código, redigido sob as ordens de um aluno de nossos filósofos e aplicado depois que a Revolução Francesa eclodiu, acaba sendo o documento legislativo mais autêntico e mais recente a dar um fundamento legal às mesmas desigualdades feudais que a Revolução ia abolir em toda a Europa.

Declara que a nobreza é o principal corpo do Estado; diz que os fidalgos devem ter preferência na nomeação para todos os cargos de honra, quando forem capazes de ocupá-los. Apenas eles podem possuir bens nobres, criar substituições, desfrutar os direitos de caça e de justiça inerentes aos bens nobres, bem como os direitos de patronagem das igrejas; apenas eles podem adotar o nome da terra que possuem. Os burgueses autorizados por exceção expressa a possuir bens nobres podem desfrutar apenas nos limites exatos dessa permissão os direitos e honras ligados à posse de tais bens. O burguês que possuir um bem nobre só pode deixá-lo para um herdeiro burguês se esse herdeiro for de primeiro grau. No caso de não haver tais herdeiros ou outros herdeiros nobres, o bem deve ser leiloado.

Uma das partes mais características do código de Frederico é seu anexo sobre o direito penal em matéria política.

O sucessor de Frederico o Grande, Frederico Guilherme II – que, apesar da parte feudal e absolutista da legislação, de que acabo de dar uma ideia geral, julgava perceber nessa obra de seu tio tendências revolucionárias, e que mandou suspender sua publicação até 1794 – só se tranquilizou, segundo dizem, ao pensar nas excelentes disposições penais com as quais esse código corrigia os maus princípios que continha. De fato, nunca se viu, mesmo depois, nada mais completo no gênero; não só pune com o maior rigor as revoltas e as conspirações como também reprime severamente as críticas desrespeitosas aos atos do governo. Proíbe diligentemente a compra e a distribuição de textos perigosos: o impressor, o editor e o distribuidor são responsáveis pelo delito do autor. As festas, as mascaradas e outras diversões são declaradas reuniões públicas e devem ser autorizadas pela polícia. O mesmo vale até para refeições em locais públicos. A liberdade de imprensa e de palavra está estritamente sujeita a uma vigilância arbitrária. O porte de armas de fogo é proibido.

Através de toda essa obra semicopiada da Idade Média aparecem por fim disposições cujo extremo espírito centralizador beira o socialismo. Assim, declara que cabe ao Estado zelar pela alimentação, pelo emprego e pelo salário de todos os que não podem sustentar a si mesmos e que não têm direito aos auxílios do senhor nem da comuna; deve ser-lhes garantido trabalho de acordo com suas forças e capacidade. O Estado deve fundar estabelecimentos que minorem a pobreza dos cidadãos. Além disso, o Estado está autorizado a extinguir as fundações que tenderem a incentivar a preguiça e distribuir ele mesmo aos pobres o dinheiro de que esses estabelecimentos dispunham.

As ousadias e as novidades na teoria, a timidez na prática, que caracterizam essa obra de Frederico o Grande, estão presentes em toda ela. Por um lado, proclama o grande princípio da sociedade moderna, de que todo mundo deve ser taxado igualmente em impostos; por outro lado, deixa subsistirem as leis provinciais que contêm isenções a essa regra. Afirma que todo processo entre um súdito e o soberano será julgado segundo as normas e de acordo com as prescrições indicadas para todos os outros litígios; na verdade, essa regra nunca foi obedecida quando os interesses ou as paixões do rei se opuseram a ela. Mostrou com alarde o moinho de Sans-Souci[1] e discretamente fez a justiça ceder em várias outras circunstâncias.

---

1. O moinho de Sans-Souci, perto de Postdam (Prússia), onde Voltaire morou durante sua permanência na Alemanha. (N. da T.)

A prova de quanto esse código, que aparentemente tanto inovava, pouco inovou na realidade – o que torna seu estudo tão interessante para se conhecer bem o verdadeiro estado da sociedade nessa parte da Alemanha no final do século XVIII – é que a nação prussiana mal pareceu se dar conta de sua publicação. Apenas os juristas estudaram-no; e em nossos dias são muitas as pessoas esclarecidas que nunca o leram.

Página 54, linha 20

Uma das características mais marcantes do século XVIII, em matéria de administração das cidades, é menos ainda a abolição de toda representação e de toda intervenção do público nos assuntos do que a extrema mobilidade das regras a que essa administração está sujeita: os direitos são dados, retomados, devolvidos, ampliados, diminuídos, modificados, de mil maneiras e continuamente. Nada mostra melhor o quanto as liberdades locais estavam aviltadas do que essa constante mudança de suas leis, às quais ninguém parecia dar atenção. Essa mobilidade por si só teria bastado para destruir de antemão qualquer ideia particular, qualquer gosto pelas recordações, qualquer patriotismo local, na instituição que entretanto lhes é mais propícia. Preparava-se assim a grande destruição do passado que a Revolução ia fazer.

Página 56, linha 13

O pretexto que Luís XIV adotara para suprimir a liberdade municipal das cidades fora a má gestão de suas finanças. Entretanto, diz Turgot com muita razão, o mesmo fato persistiu e agravou-se a partir da reforma que esse príncipe fez. Hoje, acrescenta ele, a maioria das cidades está consideravelmente endividada, em parte por terem emprestado fundos ao governo e em parte por causa de despesas ou embelezamentos que os oficiais municipais, que dispõem do dinheiro de outrem e não têm de prestar contas aos habitantes nem de receber instruções deles, multiplicam a fim de se destacarem e às vezes de enriquecerem.

Página 66, linha 16. *Como era no Canadá que melhor se podia avaliar a centralização administrativa do Antigo Regime.*

É nas colônias que melhor se pode examinar a fisionomia do governo da metrópole, porque é nelas que geralmente todos os traços que a caracterizam se reforçam e se tornam mais visíveis. Quando quero examinar o espírito da administração de Luís XIV e seus vícios, é ao Canadá que devo ir. Percebe-se então a deformidade do objeto como em um microscópio.

No Canadá, uma infinidade de obstáculos que os fatos anteriores ou o antigo estado social opunham, aberta ou veladamente, ao livre desenvolvimento do espírito do governo não existiam. A nobreza quase não se fazia presente ou pelo menos havia perdido quase todas suas raízes; a Igreja não tinha mais sua posição dominante; as tradições feudais estavam perdidas ou obscurecidas; o poder judiciário já não estava enraizado em antigas instituições e antigos costumes. Nada impedia o poder central de entregar-se a todas suas inclinações naturais e de moldar todas as leis de acordo com o espírito que o animava. No Canadá, portanto, nem sombra de instituições municipais ou provinciais, nenhuma força coletiva autorizada, nenhuma iniciativa individual permitida. Um intendente com uma posição muito mais preponderante do que a de seus iguais na França; uma administração imiscuindo-se em muito mais coisas ainda do que na metrópole e também querendo fazer tudo de Paris, apesar das mil e oitocentas léguas que a separam de lá; nunca adotando os princípios básicos que podem tornar uma colônia povoada e próspera, mas, em contrapartida, empregando toda espécie de pequenos procedimentos artificiais e de pequenas tiranias regulamentares para aumentar e espalhar a população: cultivo obrigatório, todos os processos oriundos da concessão de terras tirados dos tribunais e entregues ao julgamento unicamente da administração, exigência de cultivar de uma determinada maneira, obrigação de estabelecer-se em determinados lugares e não em outros etc. Isso acontece sob Luís XIV; esses éditos são rubricados por Colbert. É como se já estivéssemos em plena centralização moderna, e na Argélia. De fato, o Canadá é a imagem fiel do que sempre se viu lá. Dos dois lados estamos em presença dessa administração quase tão numerosa quanto a população, preponderante, atuante, regulamentadora, coercitiva, querendo prever tudo, encarregando-se de tudo, sempre mais a par dos interesses do administrado do que ele próprio, incessantemente ativa e estéril.

Nos Estados Unidos, o sistema de descentralização dos ingleses excede-se no sentido contrário: as comunas tornam-se municipalidades quase independentes, espécies de repúblicas democráticas. O elemento republicano, que forma como que o fundo da constituição e dos costumes ingleses, desponta sem obstáculos e desenvolve-se. Na Inglaterra a administração propriamente dita faz poucas coisas e os particulares fazem muito; na América a administração não se imiscui mais em nada, por assim dizer, e os indivíduos, unindo-se, fazem tudo. A ausência das classes superiores, que torna o habitante do Canadá ainda mais submisso ao governo do que o era na mesma época o da França, torna o habitante das províncias inglesas cada vez mais independente do poder.

Nas duas colônias chega-se ao estabelecimento de uma sociedade inteiramente democrática; mas aqui, pelo menos enquanto o Canadá continua a pertencer à França, a igualdade mistura-se com o governo absoluto; lá ela se combina com a liberdade. E, quanto às consequências materiais dos dois métodos coloniais, sabe-se que em 1763, época da conquista, a população do Canadá era de 60 mil pessoas e a das províncias inglesas era de 3 milhões.

Página 96, linha 30. *Influência anticasta da discussão em comum dos assuntos públicos.*

Vê-se pelos trabalhos pouco importantes das sociedades de agricultura do século XVIII a influência anticasta que a discussão conjunta tinha sobre os interesses coletivos. Embora essas reuniões aconteçam trinta anos antes da Revolução, em pleno Antigo Regime, e se trate apenas de teorias, simplesmente por se debaterem questões nas quais as diferentes classes se sentem interessadas e discutem juntas, percebemos de imediato a aproximação e o entrosamento dos homens, vemos as ideias de reformas sensatas apossarem-se dos privilegiados como dos outros; e entretanto se trata apenas de conservação e de agricultura.

Estou convicto de que apenas um governo que nunca buscava sua força senão em si mesmo e sempre tomava separadamente os homens, como o do Antigo Regime, poderia ter mantido a desigualdade ridícula e insensata que existia na França no momento da Revolução; o mais leve contato do *self-government* a teria modificado profundamente e logo a transformaria ou anularia.

Página 96, linha 32

As liberdades provinciais podem subsistir por algum tempo sem que exista liberdade nacional, quando essas liberdades são antigas, entranhadas nos hábitos, nos costumes e nas lembranças, e o despotismo, ao contrário, é recente; mas é insensato acreditar que se possa, à vontade, criar liberdades locais, ou mesmo mantê-las por muito tempo, quando se suprime a liberdade geral.

Página 98, linha 3

Turgot, em um informe ao rei, resume deste modo que me parece muito exato a verdadeira dimensão dos privilégios dos nobres em matéria fiscal:

"1º Os privilegiados podem valorizar com isenção de qualquer tributo um arrendamento correspondente a quatro arados, que nos arredores de Paris geralmente implica 2 mil francos de imposto.

"2º Os mesmos privilegiados não pagam absolutamente nada pelas matas, pastagens, vinhedos, lagos, bem como pelas terras cercadas anexas a seu castelo, de qualquer extensão que sejam. Há cantões cuja principal produção está em pastagens ou em vinhedos; então o nobre que manda administrar suas terras isenta-se de qualquer imposto, que recai sobre quem está sujeito à talha – segunda vantagem, que é imensa."

Página 109, linha 16

Há no livro *Voyage d'Arthur Young en 89* uma pequena cena que retrata tão agradavelmente e enquadra tão bem esse estado das duas sociedades que não resisto ao desejo de citá-la aqui.

Young, atravessando a França em meio à primeira comoção que a tomada da Bastilha causou, é detido em uma certa aldeia por uma tropa de populares que, ao verem que ele não ostenta a cocarda, querem levá-lo preso. Para salvar-se do apuro, Young tem a ideia de fazer-lhes este pequeno discurso:

"*Senhores*", falou ele, "*acabam de dizer que os impostos devem ser pagos como antes. Os impostos devem realmente ser pagos, porém não como antes. É preciso pagá-los como na Inglaterra. Temos muitas taxas que não tendes; mas o terceiro estado, o povo, não as paga; elas só recaem sobre o rico. Em nosso país, cada janela paga; mas quem tiver apenas seis janelas em sua casa nada paga. Um senhor paga as vintenas e as talhas, mas o pequeno proprietário de um pomar ou horta nada paga. O rico paga por seus cavalos, seus carros, seus criados; paga até mesmo para ter a liberdade de atirar em suas próprias perdizes; o pequeno proprietário permanece alheio a todas essas taxas. E mais ainda! Temos na Inglaterra uma taxa que o rico paga para auxiliar o pobre. Portanto, se é preciso continuar pagando impostos, é preciso pagá-los de outro modo. O método inglês é muito melhor.*"

"*Como meu mau francês combinava bastante com o dialeto deles, compreenderam-me muito bem*", acrescenta Young; "*não houve nesse discurso uma única palavra a que não dessem aprovação, e pensaram que certamente eu era um homem de bem, o que confirmei gritando:* Viva o terceiro! *Então me deixaram passar com um hurra.*"

Página 121, linha 30. *Análise dos cadernos da nobreza em 1789.*

A Revolução Francesa, creio eu, é a única em cujo início as diferentes classes puderam dar separadamente um testemunho autêntico das ideias que haviam concebido e revelar os sentimentos que as animavam, antes que essa mesma Revolução desvirtuasse ou modificasse tais sentimentos e ideias. Como todos sabem, esse testemunho autêntico foi registrado nos cadernos que as três ordens lavraram em 1789. Os cadernos ou memoriais foram redigidos com plena liberdade, em meio à maior publicidade, por cada uma das ordens a que correspondiam; foram longamente discutidos entre os interessados e maduramente pensados por seus redatores; pois o governo daquele período, quando se dirigia à nação, não se encarregava de formular ao mesmo tempo a pergunta e a resposta. Na época em que se redigiram os cadernos, suas partes principais foram reunidas em três volumes impressos que estão em todas as bibliotecas. Os originais estão depositados nos arquivos nacionais e com eles se encontram as atas das assembleias que os redigiram, bem como parte da correspondência que se desenvolveu na mesma época entre Necker e seus agentes a propósito dessas assembleias. A coleção forma uma longa série de tomos in-fólio. É o documento mais sério que nos resta da antiga França e o que deve ser constantemente consultado por quem quiser conhecer o estado de espírito de nossos pais no momento em que a Revolução eclodiu.

Eu pensava que a condensação em três volumes, que mencionei há pouco, talvez fosse obra de um partido e não reproduzisse exatamente o caráter dessa imensa enquete; mas, comparando ambos, encontrei a maior semelhança entre o grande quadro e a cópia reduzida[2].

O resumo dos cadernos da nobreza que aqui apresento mostra o que a grande maioria dessa ordem realmente pensava. Vê-se claramente o que ela queria obstinadamente conservar dos antigos privilégios, o que estava propensa a ceder, o que ela própria propunha sacrificar. Sobretudo entende-se plenamente o espírito que animava toda ela com relação à liberdade política. Um quadro interessante e triste!

---

2. Cf. *Résumé Général ou Extrait des Cahiers de Pouvoirs, Instructions, Demandes et Doléances, remis par les divers Bailliages, Sénéchaussées et pays d'Etats du Royaume, à leurs Députés à l'Assemblée des Etats Généraux, ouverts à Versailles le 4 mai 1789*, por Une Société de Gens de Lettres, 3 tomos, 1789. (Nota de J.-P. Mayer.)

Direitos individuais. Os nobres pedem, antes de tudo, que seja feita uma declaração explícita dos direitos que são de todos os homens e que essa declaração consigne sua liberdade e garanta sua segurança.

Liberdade da pessoa. Desejam que seja abolida a servidão da gleba onde ainda existir e que se busquem os meios de abolir o tráfico e a escravidão dos negros; que cada qual possa livremente viajar ou estabelecer residência onde quiser, seja dentro ou fora do reino, sem risco de ser detido arbitrariamente; que se corrija o abuso dos regulamentos de polícia e que dali em diante a polícia fique sob controle dos juízes, mesmo em caso de rebelião; que ninguém possa ser preso e julgado a não ser por seus juízes naturais; que consequentemente as prisões do Estado e outros locais de detenção ilegais sejam suprimidos. Alguns pedem a demolição da Bastilha. A nobreza de Paris insiste principalmente nesse ponto.

Todas as *lettres de cachet* devem ser proibidas. – Se o risco para o Estado tornar necessária a detenção de um cidadão sem que ele seja entregue imediatamente aos tribunais comuns de justiça, é preciso tomar medidas para impedir abusos, seja comunicando a detenção ao conselho de Estado seja de qualquer outra maneira.

A nobreza deseja que todas as comissões particulares, todos os tribunais especiais ou de exceção, todos os privilégios de *committimus*[3], sentenças de adiamento etc. sejam abolidos, e que penas muito severas sejam aplicadas contra aqueles que ordenem ou coloquem em execução uma ordem arbitrária; que na jurisdição comum, a única que deve ser conservada, se tomem as medidas necessárias para garantir a liberdade individual, sobretudo em matéria penal; que a justiça seja prestada gratuitamente e que se suprimam as jurisdições inúteis. "*Os magistrados são instituídos para o povo e não o povo para os magistrados*", diz um caderno. Muitos pedem até mesmo que em cada bailiado seja estabelecido um conselho e defensores gratuitos para os pobres; que a instrução do processo seja pública e que se dê aos litigantes liberdade para se autodefenderem;

---

3. Privilégio de responder diretamente perante os tribunais superiores, sem passar pelas jurisdições inferiores. (N. da T.)

que nas matérias criminais o acusado conte com um conselho e que em todos os atos do processo o juiz seja assistido por um certo número de cidadãos da mesma ordem do acusado, aos quais caberá decidir sobre o fato do crime ou delito do réu (a respeito disso mencionam como exemplo a constituição inglesa); que as penas sejam proporcionais aos delitos e iguais para todas as pessoas; que a pena de morte se torne menos frequente e todos os suplícios corporais, torturas etc. sejam abolidos; por fim, que se melhore a sorte dos prisioneiros e sobretudo a dos réus.

De acordo com os cadernos, devem-se buscar meios de fazer respeitar a liberdade individual no recrutamento das tropas terrestres e marítimas. Deve-se permitir que a obrigatoriedade do serviço militar seja convertida em prestações pecuniárias; não proceder ao sorteio sem a presença de uma delegação das três ordens reunidas; e, por fim, combinar os deveres da disciplina e da subordinação com os direitos do cidadão e do homem livre. As pranchadas de sabre serão abolidas.

Liberdade e inviolabilidade da propriedade. A nobreza pede que a propriedade seja inviolável e que não se possa agir em seu prejuízo, exceto por motivo de utilidade pública indispensável. Nesse caso o governo deverá dar, sem demora, uma indenização de alto valor. O confisco deve ser abolido.

Liberdade do comércio, do trabalho e da indústria. Deve-se assegurar a liberdade de produção e de comércio. Consequentemente se abolirão as mestrias e outros privilégios concedidos a certas companhias; as linhas alfandegárias serão transferidas para as fronteiras.

Liberdade de religião. A religião católica será a única dominante na França, mas haverá liberdade de consciência, e os não católicos serão reintegrados em seu estado civil e em suas propriedades.

Liberdade de imprensa, inviolabilidade do sigilo postal. A liberdade de imprensa será assegurada e uma lei estabelecerá previamente as restrições que podem ser-lhe introduzidas em nome do interesse geral. Ninguém deve ficar sujeito às censuras eclesiásticas, exceto para os livros que tratem do dogma; para o restante, basta tomar as precauções necessárias a fim de conhecer os autores e os impressores. Vários pedem que os delitos de imprensa só possam ser julgados pelos membros jurados da corporação.

Os cadernos insistem sobretudo, e unanimemente, para que se respeitem inviolavelmente os segredos confiados à correspondência postal, de modo que, dizem eles, uma carta não possa tornar-se um documento ou meio de acusação. Afirmam cruamente que a abertura das cartas é a mais odiosa espionagem, pois consiste na violação da fé pública.

Ensino, educação. Os cadernos da nobreza limitam-se a pedir que se cuide ativamente de favorecer a educação, que seja estendida às cidades e aos campos e que siga princípios conformes com a destinação provável das crianças; que sobretudo se dê a elas uma educação nacional, ensinando-lhes seus deveres e direitos como cidadãos. Querem até mesmo que se redija um "catecismo" que coloque ao alcance delas os pontos principais da constituição. Por outro lado, não indicam os meios a ser empregados para facilitar e difundir a instrução; limitam-se a exigir estabelecimentos de ensino para as crianças da nobreza indigente.

Cuidados que é preciso ter para com o povo. Um grande número de cadernos insiste em que se mostre mais consideração para com o povo. Vários reclamam contra os abusos dos regulamentos de polícia, que, segundo dizem, costumam, arbitrariamente e sem julgamento regular, arrastar para prisões, casas de correção etc. uma multidão de artesãos e de cidadãos úteis, muitas vezes por pequenas faltas ou mesmo por simples suspeitas, o que atenta contra a liberdade natural. Todos os cadernos pedem que a corveia seja definitivamente abolida. A maioria dos bailiados deseja que se permita a recompra dos direitos de banalidade e de pedágio. Um grande número pede que se alivie a cobrança de vários direitos feudais e a extinção do direito de feudo livre. O governo tem interesse em facilitar a compra e a venda de terras, diz um caderno. Essa razão é precisamente a que será apresentada para abolir de uma só vez todos os direitos senhoriais e pôr à venda os bens de mão-morta. Muitos cadernos querem que se torne o direito de possuir pombais menos prejudicial para a agricultura. Quanto aos estabelecimentos destinados a conservar a reserva de caça do rei, conhecidos pelo nome de capitanias, pedem sua abolição imediata, como atentatórios ao direito de propriedade. Querem que os impostos atuais sejam substituídos por taxas cuja percepção seja menos onerosa para o povo.

A nobreza pede que se procure espalhar abastança e bem-estar nos campos; que se criem nas aldeias estabelecimentos de fiação e tecelagem de tecidos grosseiros, a fim de dar ocupação às pessoas do campo durante a estação ociosa; que em cada bailiado se criem celeiros públicos supervisionados pelas administrações provinciais, para enfrentar os períodos de escassez de alimentos e manter o preço dos gêneros em um limite determinado; que se procure aperfeiçoar a agricultura e melhorar a condição dos campos; que sejam feitas mais obras públicas e particularmente que se trate de drenar os pântanos e evitar as inundações etc.; por fim, que se distribuam em todas as províncias incentivos ao comércio e à agricultura.

Os cadernos gostariam que os hospitais e asilos fossem divididos em pequenos estabelecimentos criados em cada distrito; que se abolissem os asilos para mendigos, substituindo-os por oficinas de caridade; que se estabelecessem caixas de socorro sob direção dos estados provinciais; que cirurgiões, médicos e parteiras se distribuíssem pelos distritos, às expensas das províncias, para atender gratuitamente os pobres; que para o povo a justiça fosse sempre gratuita; por fim, que se pensasse em criar estabelecimentos para cegos, surdos, mudos, crianças abandonadas etc.

Por outro lado, em todas essas matérias a ordem da nobreza geralmente se limita a expressar seus desejos de reformas, sem entrar em grandes detalhes de execução. Vê-se que ela conviveu menos do que o baixo clero com as classes inferiores e que, menos em contato com sua miséria, refletiu menos sobre os meios de remediá-la.

Sobre a admissibilidade às funções públicas, a hierarquia de classe e os privilégios honoríficos da nobreza. É sobretudo, ou antes é apenas no que se refere à hierarquia das classes e à diferença de condições que a nobreza se afasta do espírito geral das reformas requeridas e, ao mesmo tempo que faz algumas concessões importantes, apega-se aos princípios do Antigo Regime. Ela sente que está lutando por sua própria existência. Portanto seus cadernos pedem com insistência que o clero e a nobreza sejam mantidos como ordens distintivas. Desejam mesmo que se busquem meios de conservar em toda sua pureza a ordem da nobreza; assim, que se proíba a compra do título de fidalgo, que ele não seja mais atribuído a certos postos mas apenas por merecimento após longos e úteis serviços prestados ao Estado. Desejam que os falsos nobres sofram investigação e processo. Por fim, todos os cadernos insistem para que a nobreza seja mantida com todas as suas honrarias. Alguns querem que se dê aos fidalgos algum distintivo que os torne reconhecíveis exteriormente.

Não se poderia imaginar algo mais característico que um pedido como esse e mais adequado para mostrar a perfeita similitude que já existia entre o nobre e o plebeu, a despeito da diferença de condições. Em geral, em seus cadernos a nobreza, que se mostra bastante acomodatícia sobre vários de seus direitos úteis, apega-se com um ardor inquieto aos privilégios honoríficos. Quer conservar todos os que possui e gostaria de inventar outros que nunca teve, de tanto que já se sente arrastada na torrente da democracia e teme diluir-se nela. Coisa singular! ela tem o instinto desse perigo mas não sua percepção.

Quanto à distribuição dos cargos, os nobres pedem que a venalidade dos ofícios seja extinta para os postos de magistratura; quando se tratar desse tipo de postos, que todos os cidadãos possam ser apresentados pela nação ao rei e nomeados por ele indistintamente, atendendo apenas aos requisitos de idade e capacidade. Quanto às graduações militares, a maioria pensa que não se deve excluir o terceiro estado e que todo militar que tiver servido bem a pátria tem o direito de chegar aos postos mais eminentes. "*A ordem da nobreza não aprova nenhuma das leis que barram o ingresso nos empregos militares à ordem do terceiro estado*", dizem alguns cadernos; apenas, os nobres querem que se reserve unicamente a eles o direito de ingressar como oficial em um regimento sem antes ter passado pelos graus inferiores. Aliás, quase todos os cadernos pedem que se estabeleçam regras fixas e aplicáveis a todos para a distribuição das patentes do exército, que elas deixem de depender inteiramente do favor e que se chegue por direito de antiguidade aos outros graus que não os de oficial superior.

Quanto às funções clericais, pedem que se restabeleça a eleição para atribuição dos benefícios, ou que pelo menos o rei crie um comitê que possa esclarecê-lo na distribuição desses benefícios.

Por fim, dizem que doravante as pensões devem ser atribuídas com mais discernimento, que convém concentrá-las mais em certas famílias, e que nenhum cidadão possa ter mais de uma pensão nem receber emolumentos de mais de um posto ao mesmo tempo; que as sobrevivências[4] sejam abolidas.

Igreja e clero. Quando já não se trata de seus direitos e de sua constituição particular e sim dos privilégios e da organização da Igreja, a nobreza já não olha tão de perto; nesse momento tem os olhos bem abertos para os abusos.

Pede que o clero não tenha privilégio fiscal e que pague suas dívidas sem levar a nação a assumi-las; que as ordens monásticas sejam profundamente reformadas. A maioria dos cadernos declara que esses estabelecimentos se desviam do espírito de sua instituição.

Quase todos os bailiados querem que os dízimos se tornem menos prejudiciais para a agricultura e muitos chegam mesmo a exigir sua abolição. *"A maior parte dos dízimos"*, diz um caderno, *"é percebida por aqueles párocos que menos se empenham em proporcionar assistência espiritual ao povo."* Vê-se que em seus reparos a segunda ordem pouco poupava a primeira. Não agem muito mais respeitosamente com relação à própria Igreja. Vários bailiados reconhecem formalmente aos estados gerais o direito de extinguir certas ordens religiosas e de aplicar seus bens em um outro uso. Dezessete bailiados declaram que os estados gerais têm competência para regulamentar a disciplina. Vários dizem que os dias de festa são em número excessivo, prejudicam a agricultura e propiciam a embriaguez, e portanto é preciso abolir muitos deles, transferindo-os para o domingo.

Direitos políticos. Quanto aos direitos políticos, os cadernos reconhecem a todos os franceses o direito de participar do governo, seja direta ou indiretamente, isto é, o direito de eleger e ser eleito, mas conservando a hierarquia de classes; assim, que ninguém possa nomear e ser nomeado fora de sua ordem. Fixado esse princípio, o sistema de representação deve ser estabelecido de modo que possibilite que todas as ordens da nação

---

4. Favor régio pelo qual, mediante pagamento, o titular de um cargo não hereditário podia designar pessoalmente seu sucessor. (N. da T.)

assumam uma participação significativa na direção dos assuntos públicos.

Quanto à maneira de votar na assembleia dos estados gerais, as opiniões dividem-se: a maioria quer um voto separado para cada ordem; uns pensam que se deve fazer exceção a essa regra para o voto do imposto; outros, por fim, pedem que seja assim sempre. *"Os votos serão contados por cabeça e não por ordem"*, dizem aqueles, *"pois só essa forma é racional e só ela pode afastar e anular o egoísmo corporativo, fonte única de todos nossos males, aproximar os homens e conduzi-los ao resultado que a nação tem o direito de esperar de uma assembleia em que o patriotismo e as grandes virtudes serão fortalecidos pelas luzes."* No entanto, como no estado atual dos espíritos essa inovação feita muito bruscamente poderia ser perigosa, vários pensam que só se deve adotá-la com precaução e que a assembleia deve considerar se não seria mais prudente adiar o voto por cabeça para os estados gerais seguintes. Em todos os casos, a nobreza pede que cada ordem possa manter a dignidade devida a todo francês; que portanto sejam abolidas as formalidades humilhantes a que o terceiro estado estava sujeito no Antigo Regime, por exemplo a de pôr-se de joelhos, *"pois o espetáculo de um homem ajoelhado diante de outro ofende a dignidade humana e proclama, entre seres iguais por natureza, uma inferioridade incompatível com seus direitos essenciais"*, diz um caderno.

Sobre o sistema a ser estabelecido na forma de governo e sobre os princípios da constituição. Quanto à forma de governo, a nobreza pede que se mantenha a constituição monárquica, que se conservem na pessoa do rei os poderes legislativo, judiciário e executivo, mas que ao mesmo tempo se estabeleçam as leis fundamentais destinadas a garantir os direitos da nação no exercício de seus poderes.

Consequentemente, todos os cadernos proclamam que a nação tem o direito de reunir-se em estados gerais, compostos de um número de membros bastante grande para garantir a independência da assembleia. Desejam que esses estados passem a reunir-se em épocas periódicas fixas, bem como a cada nova sucessão do trono, sem que nunca seja preciso cartas de convocação. Muitos bailiados chegam a sugerir que essa assembleia seja permanente. Se a convocação dos estados gerais não ocorrer no prazo indicado pela lei, tem-se o direito de rejeitar o imposto. Um pequeno número quer que, no intervalo de tempo entre uma sessão de estados e a seguinte, seja estabelecida uma comissão intermediária encarregada de supervisionar a administração do reino; mas a grande maioria dos cadernos opõe-se formalmente ao estabelecimento dessa comissão, declarando que ela seria totalmente contrária à constituição. A razão que apresentam é interessante: temem que face a face com o governo uma assembleia tão pequena se deixe seduzir pelas instigações dele.

A nobreza quer que os ministros não tenham o direito de dissolver a assembleia e que sejam punidos judicialmente quando lhe perturbarem a ordem com suas cabalas; que nenhum funcionário, nenhum indivíduo dependente do governo em qualquer coisa possa ser deputado; que a pessoa do deputado seja inviolável e que não se possa processá-lo pelas opiniões que emitir, dizem os cadernos; por fim, que as sessões da assembleia sejam públicas e que, a fim de atrair mais a nação para suas deliberações, sejam divulgadas por meio da imprensa.

A nobreza pede unanimemente que os princípios que devem reger o governo do Estado sejam aplicados à administração das diversas partes do território; que portanto em cada província, em cada distrito, em cada paróquia se organizem assembleias compostas de membros eleitos livremente e para um período limitado.

Vários cadernos pensam que as funções de intendente e de recebedor geral devem ser extintas; todos consideram que doravante as assembleias provinciais devem ser as únicas encarregadas de distribuir o imposto e de supervisionar os interesses particulares da província. Pretendem o mesmo com relação às assembleias distritais e paroquiais, que passariam a depender apenas dos estados provinciais.

Distinção entre os poderes. Poder legislativo. Quanto à distinção de poderes entre a nação reunida em assembleia e o rei, a nobreza pede que nenhuma lei possa entrar em vigor enquanto não for aprovada pelos estados gerais e pelo rei, e transcrita no registro dos tribunais encarregados de manter sua execução; que cabe exclusivamente aos estados gerais estabelecer e fixar a quota do imposto; que os subsídios que forem aprovados só o sejam para o tempo que decorrer entre uma sessão e a seguinte; que todos os subsídios percebidos ou constituídos sem a aprovação dos estados sejam declarados ilegais e que os ministros e cobradores que houverem ordenado e percebido tais impostos sejam processados como concussionários;

Que da mesma forma não se permita empréstimo algum sem o consentimento dos estados gerais; que apenas se abra um crédito definido pelos estados e que o governo poderá usar em caso de guerra ou de grandes calamidades, com a condição de provocar uma convocação de estados gerais o mais rapidamente possível;

Que todas as caixas nacionais sejam postas sob supervisão dos estados; que sejam eles a fixar as despesas de cada departamento e que se tomem as medidas mais eficazes para que não se possa exceder dos recursos votados.

A maioria dos cadernos deseja que se solicite a supressão daqueles impostos vexatórios conhecidos como direitos de insinuação, centésima parte, homologações, agrupados sob a denominação de Regedoria dos Domínios do Rei: *"A simples denominação já bastaria para ofender a nação, visto que anuncia como pertencentes ao rei objetos que são uma parte real da propriedade dos cidadãos"*, diz um caderno; que todos os domínios que não forem alienados passem a ser administrados pelos estados provinciais e que nenhuma ordenação, nenhum édito de criação de impostos possa ser pronunciado sem o consentimento das três ordens da nação.

A ideia evidente da nobreza é conferir à nação toda a administração financeira, tanto na regulamentação dos empréstimos e impostos como na percepção desses impostos, por intermédio das assembleias gerais e provinciais.

Poder judiciário. Também na organização judiciária ela tende a subordinar o poder dos juízes, pelo menos em grande parte, à nação reunida em assembleia. Assim, vários cadernos declaram:

"Que os magistrados responderão pelo que diz respeito a seus cargos perante a nação reunida em assembleia"; que só poderão ser destituídos com o consentimento dos estados gerais; que sem o consentimento desses estados nenhum tribunal poderá, sob pretexto algum, ser entravado no exercício de suas funções; que as prevaricações do supremo tribunal de justiça,

bem como as dos parlamentos, serão julgadas pelos estados gerais. Segundo a maioria dos cadernos, o rei só deve nomear os juízes mediante uma apresentação feita pelo povo.

Poder executivo. Quanto ao poder executivo, é exclusivamente reservado ao rei; mas os cadernos definem os limites necessários para prevenir os abusos.

Assim, quanto à administração, pedem que a situação contábil dos diversos departamentos seja publicada pela imprensa e que os ministros respondam perante a nação reunida em assembleia; da mesma forma, que antes de empregar as tropas na defesa externa o rei dê a conhecer com precisão suas intenções aos estados gerais. Internamente, essas mesmas tropas só poderão ser usadas contra os cidadãos mediante requisição dos estados gerais. O contingente de tropas deverá ser limitado e em tempos comuns apenas dois terços permanecerão no segundo efetivo. Quanto às tropas estrangeiras que o governo possa ter a seu soldo, ele deverá afastá-las do centro do reino e enviá-las para as fronteiras.

O que mais impressiona ao ler os cadernos da nobreza, mas que nenhum resumo conseguiria reproduzir, é o quanto esses nobres estão atualizados: têm o espírito do momento, empregam com grande fluência sua linguagem. Falam dos *"direitos alienáveis do homem"*, dos *"princípios inerentes ao pacto social"*. Quando se trata do indivíduo, costumam ocupar-se de seus direitos e, quando se trata da sociedade, dos deveres dela. Os princípios da política parecem-lhes *"tão absolutos quanto os da moral, e tanto uns como outros têm por base comum a razão"*. Quando querem abolir os restos da servidão, *"trata-se de apagar até os últimos vestígios da degradação da espécie humana"*. Às vezes chamam Luís XVI de *"um rei cidadão"* e em várias ocasiões falam do crime de *"lesa-nação"* que tão frequentemente lhes será imputado. A seus olhos como aos de todos os outros, é da educação pública que se deve esperar tudo e é o Estado que deve dirigi-la. *"Os estados gerais"*, diz um caderno, *"cuidarão de inspirar um caráter nacional, por meio de mudanças na educação das crianças."* Como o restante de seus contemporâneos, mostram um gosto vivo e contínuo pela uniformidade legislativa, exceto porém no que se refere à existência das ordens. Querem a uniformidade administrativa, a uniformidade das medidas etc., tanto quanto o terceiro estado; indicam toda espécie de reformas e pretendem que essas reformas sejam radicais. Segundo eles, todos os impostos, sem exceção, devem ser abolidos ou modificados; deve-se mudar todo o sistema judicial, exceto as justiças senhoriais, que precisam apenas ser aperfeiçoadas. Para eles como para todos os outros franceses, a França é um campo de experiência, uma espécie de fazenda-modelo em política, onde se deve revolver tudo, tentar tudo, exceto em um cantinho onde crescem seus privilégios particulares; ainda assim é preciso dizer, em honra desses nobres, que mesmo esse praticamente não é poupado. Em uma palavra, lendo seus cadernos, pode-se julgar que para fazerem a Revolução só lhes faltou serem plebeus.

Página 155, linha 34

Afirmou-se que a filosofia do século XVIII se caracterizava por uma espécie de adoração da razão humana, uma confiança ilimitada em sua onipotência para transformar à vontade leis, instituições e costumes. Mas vamos falar claro: na verdade, o que alguns desses filósofos adoravam era menos a razão humana do que sua própria razão. Ninguém mostrou menos confiança na sabedoria comum do que eles. Eu poderia citar vários que desprezavam quase tanto a multidão quanto o bom Deus. Mostravam a ele um orgulho de rivais e a ela um orgulho de novos-ricos. A submissão autêntica e respeitosa para com as vontades da maioria lhes era tão alheia quanto a submissão às vontades divinas. Quase todos os revolucionários mostraram desde então essa dupla característica. Isso está muito longe do respeito testemunhado pelos ingleses e americanos aos sentimentos da maioria de seus concidadãos. Neles a razão é altiva e autoconfiante, mas nunca insolente; por isso ela levou à liberdade, ao passo que a nossa quase nada fez além de inventar novas formas de servidão.

Página 170, linha 15

Frederico o Grande escreveu em suas memórias: *"Os Fontenelle e os Voltaire, os Hobbes, os Collins, os Shaftesbury, os*

Bolingbroke, esses grandes homens assestaram um golpe mortal na religião. Os homens começaram a examinar o que haviam adorado estupidamente; a razão derrubou por terra a superstição; eles tomaram aversão pelas fábulas em que haviam acreditado. O deísmo conquistou um grande número de adeptos. Se o epicurismo se tornou funesto para o culto idólatra dos pagãos, em nossos dias o deísmo não o foi menos para as visões judaicas adotadas por nossos ancestrais. A liberdade de pensar que reinava na Inglaterra muito contribuíra para os avanços da filosofia."

Vê-se pela passagem acima que Frederico o Grande, no momento em que escrevia essas linhas, ou seja, em meados do século XVIII, considerava ainda nessa época a Inglaterra como o lar das doutrinas irreligiosas. Vê-se também algo mais impressionante: um dos soberanos mais versados na ciência dos homens e na dos assuntos públicos parece não perceber a utilidade política das religiões – tanto os defeitos do espírito de seus mestres haviam alterado as qualidades próprias do dele.

Página 191, linha 30

Esse espírito de progresso que se via na França no final do século XVIII aparecia na mesma época em toda a Alemanha, e em toda parte era igualmente acompanhado pelo desejo de mudar as instituições. Eis como um historiador alemão descreve o que ocorria então em seu país:

"*Na segunda metade do século XVIII*", diz ele, "*o novo espírito da época introduz-se gradualmente nos próprios territórios eclesiásticos. Eles começam a passar por reformas. A indústria e a tolerância infundem-se por toda parte; o absolutismo esclarecido que já se apossara dos grandes Estados abre caminho mesmo aqui. É preciso dizer que em nenhuma época do século XVIII esses territórios eclesiásticos haviam visto príncipes tão notáveis e tão dignos de estima quanto precisamente nas últimas décadas que precederam a Revolução Francesa.*"

Deve-se notar como esse quadro se parece com o que era apresentado pela França, onde o movimento de melhora e de progresso começa na mesma época e onde os homens mais dignos de governar surgem no momento em que a Revolução vai devorar tudo.

Deve-se reconhecer também a que ponto toda essa parte da Alemanha era visivelmente atraída para o movimento da civilização e da política da França.

Página 193, linha 1. *Como as leis judiciárias dos ingleses provam que instituições podem ter muitos vícios secundários sem que isso as impeça de atingir o objetivo principal que se propôs ao estabelecê-las.*

Essa faculdade que têm as nações de prosperar apesar da imperfeição que se vê nas partes secundárias de suas instituições, quando os princípios gerais, o próprio espírito que anima essas instituições, são fecundos, esse fenômeno nunca fica mais evidente do que ao examinarmos a constituição da justiça entre os ingleses no século passado, tal como Blackstone a mostra.

Notam-se inicialmente duas grandes diversidades marcantes:

I – diversidade das leis;

II – diversidade dos tribunais que as aplicam.

I – *Diversidade das leis*. 1º) As leis são diferentes para a Inglaterra propriamente dita, para a Escócia, para a Irlanda, para diversos apêndices europeus da Grã-Bretanha, como a ilha de Man, as ilhas normandas etc. e por fim para as colônias.

2º) Na Inglaterra propriamente dita veem-se quatro espécies de leis: o direito consuetudinário, os estatutos, o direito romano, a equidade. O direito consuetudinário, por sua vez, divide-se em costumes gerais, adotados em todo o reino, e costumes que são particulares a certas senhorias, a certas cidades, algumas vezes a certas classes apenas, tais como o costume dos mercadores. Esses costumes às vezes diferem muito uns dos outros, como por exemplo os que, em oposição à tendência geral das leis inglesas, querem partilha igual entre todos os filhos (*gavel-kind*) e, o que é mais singular ainda, dão um direito de primogenitura ao filho mais novo.

II. *Diversidade dos tribunais*. A lei, diz Blackstone, instituiu uma variedade prodigiosa de tribunais diferentes; pode-se avaliar pela seguinte análise muito sumária:

1º) Havia primeiramente os tribunais estabelecidos fora da Inglaterra propriamente dita, tais como as cortes da Escócia e da Irlanda, que nem sempre dependiam das cortes superiores da Inglaterra, embora todas elas devessem levar à Corte dos Lordes, penso eu.

2º) Quanto à Inglaterra propriamente dita, se bem me lembro, entre as classificações de Blackstone penso que ele conta:

1. Onze espécies de cortes ligadas à lei comum (*common law*), quatro das quais, na verdade, parecem já ter caído em desuso;

2. Três espécies de cortes cuja jurisdição se estende a todo o país mas só se aplica a determinadas matérias;

3. Dez espécies de cortes com um caráter especial. Uma dessas espécies compõe-se de cortes locais, criadas por diferentes atos do parlamento ou existentes em virtude da tradição, tanto em Londres como nas cidades ou burgos de províncias. Estas são tão numerosas e apresentam uma variedade tão grande em suas constituições e regras que o autor desiste de fazer uma exposição detalhada.

Assim, tomando-se como referência o texto de Blackstone, na época em que ele escreveu, ou seja, na segunda metade do século XVIII, apenas na Inglaterra propriamente dita havia vinte e quatro espécies de tribunais, vários dos quais se subdividiam em um grande número de unidades, cada uma com sua fisionomia particular. Descartando-se as espécies que desde então parecem ter desaparecido, ainda restam dezoito ou vinte.

Agora, examinando esse sistema judiciário, vemos claramente que ele contém toda espécie de imperfeições.

Apesar da multiplicidade de tribunais, frequentemente fazem falta pequenos tribunais de primeira instância instalados perto dos jurisdicionados e feitos para julgar *in loco* e com poucas despesas as pequenas causas; isso torna a justiça complicada e onerosa. Os mesmos casos são da alçada de vários tribunais, o que lança uma incerteza incômoda sobre o início das instâncias. Quase todas as cortes de apelação, tribunais de segunda instância, em certos casos julgam em primeira instância, às vezes cortes de *direito comum*, outras vezes *cortes de equidade*. As cortes de apelação são muito diversas. O único ponto central é a câmara dos lordes. O contencioso administrativo não é separado do contencioso comum, o que pareceria uma grande disformidade para a maioria de nossos legistas. Por fim, todos esses tribunais vão buscar os fundamentos de suas decisões em quatro legislações diferentes, uma das quais só se estabelece por precedentes e a outra, a equidade, não se estabelece sobre nada preciso, visto que quase sempre seu objetivo é ir contra o costume ou os estatutos e corrigir pelo arbítrio do juiz o que no estatuto ou no costume for obsoleto ou excessivamente rigoroso.

São muitos vícios; e, se compararmos essa máquina enorme e antiquada da justiça inglesa com a estrutura moderna de nosso sistema judiciário, se compararmos a simplicidade, a coerência, o encadeamento que vemos neste com a complicação, a incoerência que observamos naquela, os vícios da primeira parecerão ainda maiores. Entretanto não há no mundo país em que, na época de Blackstone, o grande fim da justiça fosse tão completamente atingido quanto na Inglaterra – ou seja, em que todo homem, qualquer que fosse sua condição, que intentasse um processo contra um particular ou contra o príncipe estivesse mais seguro de fazer-se ouvir e encontrasse em todos os tribunais de seu país melhores garantias para a defesa de sua fortuna, de sua liberdade e de sua vida.

Isso não significa que os vícios do sistema judiciário inglês servissem ao que chamo aqui de o grande fim da justiça; prova apenas que em toda organização judiciária há vícios secundários que apenas moderadamente podem prejudicar esse fim da justiça, e outros principais que não apenas o prejudicam mas o destroem, embora venham junto com muitas perfeições secundárias. Os primeiros são os mais visíveis; são os que costumam impressionar de imediato os espíritos vulgares. Saltam aos olhos, como se diz. Os outros frequentemente estão mais ocultos e nem sempre são os jurisconsultos e outras pessoas do ramo que os descobrem ou os apontam.

Observai ademais que as mesmas qualidades podem ser secundárias ou principais, de acordo com a época e com a organização política da sociedade. Nas épocas de aristocracia, de desigualdades, tudo o que tende a diminuir um privilégio para certos indivíduos perante a justiça, a assegurar garantias ao jurisdicionado fraco contra o jurisdicionado forte, a fazer predominar a ação do Estado, naturalmente imparcial quando se trata apenas de um conflito entre dois súditos, tudo isso se torna qualidade principal, mas diminui de importância à medida que a situação social e a constituição política mudam para a democracia.

Quem estudar de acordo com esses princípios o sistema judiciário inglês verá que deixando subsistir todos os defeitos que em nossos vizinhos podiam tornar a justiça obscura, emaranhada, lenta, cara e incômoda, foram tomadas infinitas precauções para que o forte nunca pudesse ser favorecido à custa do fraco, o Estado à custa do particular; à medida que se aprofundar nos detalhes dessa legislação, verá que nela se forneceu a cada cidadão toda espécie de armas para defender-se e que as coisas são organizadas de maneira que ofereça a cada um o máximo de garantias possíveis contra a parcialidade, a venalidade propriamente dita dos juízes e essa espécie de venalidade mais comum, e sobretudo mais perigosa nos tempos de democracia, que nasce do servilismo dos tribunais para com o poder público.

Sob todos esses pontos de vista o sistema judiciário inglês, apesar dos numerosos defeitos secundários que ainda apresenta, parece-me superior ao nosso – que, é bem verdade, não sofre de quase nenhum desses vícios, mas tampouco oferece no mesmo grau as qualidades principais que se encontram naquele; que, excelente quanto às garantias que oferece a cada cidadão nas contendas que surgem entre particulares, enfraquece-se no ponto que em uma sociedade democrática como a nossa seria preciso reforçar sempre, ou seja, nas garantias do indivíduo contra o Estado.

Página 214, linha 12

A Revolução não aconteceu por causa dessa prosperidade; mas o espírito que devia produzir a Revolução – esse espírito ativo, inquieto, inteligente, inovador, ambicioso, esse espírito democrático das sociedades novas – começava a animar todas as coisas, e, antes de convulsionar momentaneamente a sociedade, bastava já para agitá-la e para desenvolvê-la.

BIBLIOGRAFIA SUMÁRIA

BERTAUD (J.-P.), *Les origines de la Révolution française*, em *Dossiers Clio*, Paris, 1971.
BOUDON (R.), *Les Méthodes en sociologie*, "Que sais-je?", Paris, 1969. [Trad. bras. *Métodos em Sociologia*, Ática, 1993].
Esse estudo destaca com uma clareza instrutiva o significativo aporte da obra de Tocqueville para a sociologia contemporânea.
BRAUDEL (F.) e LABROUSSE (E.), *Histoire économique et sociale de la France*, t. II: *(1660-1789)*, Paris, 1970.
Obra indispensável; ver principalmente suas ricas bibliografias.
____, Prefácio, e MAYER (J.-P.), Posfácio, em Tocqueville, *Souvenirs*, Paris, ed. Folio, 1978.
Ver também as indicações bibliográficas, pp. 493 ss.
CAMERON (D.), *The Social Thought of Rousseau and Burke, A Comparative Study*, Londres, 1973.
Com bibliografia.
CHISICK (H.), *The Limits of Reform in the Enlightenment*, Princeton University Press, 1981.
COBB (R.), *Reactions to the French Revolution*, Oxford, 1972.
CORBAN (A.), *Aspects of the French Revolution*, Londres, 1968.
Índice sob Tocqueville.
DAKIN (D.), *Turgot and the Ancien Régime in France*, reimpressão, Nova York, 1965.
DOYLE (W.), *Origins of the French Revolution*, Oxford University Press, 1980.

DUBY (G.), *Histoire de la France*, vol. II: *Dynasties et Révolutions*, Paris, 1971.
Ver os caps. VI e VII e a bibliografia condensada, pp. 444 ss.

FURET (F.), org., *Ancien Régime et Révolution: Réinterprétations*, em *Annales*, Paris, 1974.

____, *Tocqueville est-il un historien de la Révolution française?*, em *Annales*, Paris, 1970.

____ e RIVET (D.), *La Révolution française*, Paris, 1973.

____, *Penser la Révolution française*, Paris, 1978. [Trad. bras. *Pensando a Revolução Francesa*, Paz e Terra, 1989].

GÉRARD (A.), *La Révolution française. Mythes et interprétations, 1789-1970*, Paris, 1970. [Trad. bras. *A Revolução Francesa*, Perspectiva, 2ª ed., 1999].

GILLISPIE (C. C.), *Science and Polity in France at the End of the Old Regime*, Princeton University Press, 1981.

GODECHOT (J.), *Les Institutions de la France sous la Révolution et l'Empire*, 2ª ed. revista e aumentada, Paris, 1968.
Cf. principalmente pp. 3-26; obra fundamental.

____, *Un Jury pour la Révolution*, Paris, 1974.

____, *Les Révolutions (1770-1799)*, em *Nouvelle Clio*, Paris, 1970. [Trad. bras. *As revoluções* (1770-1799), Pioneira, 1976].
Obra já mencionada em nossa impressão anterior, mas agora publicada em uma 3ª edição, atualizada. Cf. Índice sob Tocqueville.

GOUBERT (P.), *L'Ancien Régime*, t. I, Paris, 1969, Collection U.

____, *L'Ancien Régime 2: Les Pouvoirs*, Paris, 1973.

HERR (R.), *Tocqueville and the Old Regime*, Princeton, 1962.

HIGONNET (P.), *Class, Ideology, and the Rights of Noble during the French Revolution*, Oxford University Press, 1981.

HUFTON (O. H.), *The Poor of Eighteenth Century France, 1750-1789*, Oxford, 1974.
Estudo importante.

HYSLOP (B. F.), *A Guide to the General Cahiers of 1789*, reimpressão, Nova York, 1968.
Indispensável.

KEOHANE (N. O.), *Philosophy and the State in France: The Renaissance to the Enlightenment*, Princeton University Press, 1980.

BIBLIOGRAFIA SUMÁRIA

LEFEBVRE (G.), *La Naissance de l'historiographie moderne*, Paris, 1971.
Índice sob Tocqueville.
MARION (M.), *Dictionnaire des Institutions de la France au XVIIe et au XVIIIe siècles*, Paris, 1968.
Essa obra importante foi reeditada.
MAYER (J.-P.), org., Alexis de Tocqueville. *Der alte Staat und die Revolution*, Munique, Deutscher Taschenbuch-Verlag, 1978.
____, *Alexis de Tocqueville. Analytiker des Massenzeitalters*, 11ª ed. revista e aumentada, Munique, 1972.
Ver pp. 301-313.
MCMANNERS (J.), *French Ecclesiastical Society under the Ancien Régime. A Study of Angers in the Eighteenth Century*, Manchester, 1960.
MÉTHIVIER (H.), *La fin de l'Ancien Régime*, "Que sais-je?", Paris, 1970.
Estudo preciso e instrutivo.
____, *L'Ancien Régime en France: XVIe, XVIIe, XVIIIe siècles*, Presses Universitaires de France, Paris, 1981.
Uma análise indispensável.
MOUSNIER (R.), *Le Conseil du Roi, de Louis XII à la Révolution*, Paris, 1970.
____, *La Vénalité des Offices sous Henri IV et Louis XIII*, ed. revista e aumentada, Paris, 1971.
Obra fundamental.
PALMER (R. R.), *The World of the French Revolution*, Londres, 1971.
RUDÉ (G.), *Europe in the Eighteenth Century. Aristocracy and the Bourgeois Challenge*, Londres, 1972.
Estudo geral acompanhado de boa bibliografia.
SOBOUL (A.), *Histoire de la Révolution française*, 2 vol., em "Idées", Paris, 1962. [Trad. bras. *História da Revolução Francesa*, Zahar, 1974].
VOLGUINE (V.), *Le Développement de la Pensée sociale en France au XVIIIe siècle*, Moscou, 1973.
VOVELLE (M.), *La Chute de la Monarchie, 1787-1792*, vol. I: *Nouvelle Histoire de la France contemporaine*, Paris, 1972.
Ver também os volumes 2, 3, 4, 5 da mesma coleção.

Vê-se que as interrogações sobre o grande tema que Tocqueville abordou neste volume persistem... Cada geração define sua própria atitude ante os fenômenos da História.

J.-P. M.
Tocqueville Research Centre
University of Reading
Inglaterra
Agosto de 1975

BIBLIOGRAFIA SUPLEMENTAR

BADIE (B.) e BIRNBAUM (P.), *Sociologie de l'État*, Paris, 1979.
BOUDON (R.) e BOURRICAUD (F.), *Dictionnaire Critique de la Sociologie*, Paris, 1982. [Trad. bras. *Dicionário Crítico de Sociologia*, Ática, 1993].
CHAUSSINAND-NOGARET (G.), *La Noblesse au XVIIIe siècle. De la féodalté aux lumières*. Apresentação de Emmanuel Le Roy Ladurie, Bruxelas, 1984.
____, *The French Nobility in the Eighteenth Century: From Feudalism to Enlightenment*, Cambridge, 1985. (Bibliografia importante.)
CRAMPE-CASNABET (M.), *Condorcet, lecteur des Lumières*. Paris, 1985.
DELAPORTE (A.), *L'Idée d'Égalité en France au XVIIIe siècle*, Paris, 1987. (Bibliografia importante.)
EGRET (J.), *The French Prerevolution 1787-1788*. Chicago, 1977. (Notas e bibliografia instrutivas.)
FURET (F.), *L'Atelier de l'Histoire*, Paris, 1982.
GODECHOT (J.), *La Contre-Révolution: Doctrine et Action, 1789-1804*, Paris, 1961.
GOTTSCHALK (L.) e LACH (D.), *Toward the French Revolution: Europe and America in the Eighteenth-Century World*, Nova York, 1973.
GROETHUYSEN (B.), *Philosophie de la Révolution française*, precedido de: *Montesquieu*, Paris, 1982.
____, *J. J. Rousseau*, Paris, 1983.
HEMMINGS (F. W. J.), *Culture and Society in France: 1789-1848*, Leicester, 1987. (Bibliografia importante.)

HOFFMANN (S.) et al., org., *France: Change and Tradition*, Londres, 1963.
HULLING (M.), *Montesquieu and the Old Regime*, Berkeley, Califórnia, 1976.
LEFEBVRE (J.-P.) e MACHEREY (P.), *Hegel et la Société*, Paris, 1984. [Trad. bras. *Hegel e a sociedade*, Discurso editorial, 1999].
LOUGH (J.), *The Philosophes and the Post-Revolutionary France*, Oxford, 1982.
MAINTENANT (G.), *Les Jacobins*, Paris, 1984.
MESTRE (J. L.), *Introduction historique au droit administratif français*, Paris, 1985. (Notas importantes.)
MOLÉ (M.), *Souvenirs d'un témoin de la Révolution et de l'Empire (1791-1803)*, Genebra, 1943.
MOUSNIER (R.) e LABROUSSE (E.), *Le XVIIIe siècle: L'Époque des "Lumières" (1715-1815)*, Paris, 1985. (Bibliografia importante.)